国殇

GUOSHANG

方明 著

抗战时期国民政府
大撤退秘录

第六部

团结出版社

图书在版编目（CIP）数据

国殇：抗战时期国民政府大撤退秘录 第六部 / 方明
著 . -- 北京 : 团结出版社，2013.1（2023.5 重印）
ISBN 978-7-5126-1404-8

Ⅰ . ①国… Ⅱ . ①方… Ⅲ . ①国民党军 – 抗日战争时
期战役战斗 – 史料 Ⅳ . ① E296.93

中国版本图书馆 CIP 数据核字（2012）第 259183 号

出　版：团结出版社
　　　　（北京市东城区东皇城根南街 84 号 邮编：100006）
电　话：（010）65228880 65244790（出版社）
　　　　（010）65238766 85113874 65133603（发行部）
　　　　（010）65133603（邮购）
网　址：http://www.tjpress.com
E-mail：zb65244790@vip.163.com
　　　　tjcbsfxb@163.com（发行部邮购）
经　销：全国新华书店
印　装：三河市东方印刷有限公司

开　本：170mm×240mm　16 开
印　张：21.25
字　数：324 千字
版　次：2013 年 1 月　第 1 版
印　次：2023 年 5 月　第 6 次印刷

书　号：978-7-5126-1404-8
定　价：69.00 元

前　言

1940 年 5 月 21 日，在法国北部一片名叫"敦刻尔克"的海滩上，出现了一支离奇的"无敌舰队"。在这片望不到尽头的成千上万的船只中，有颜色鲜艳的法国渔船，有旅游船，还有维修拖驳、小型护航船、扫雷艇、拖网渔船、驱逐舰、英国救援船……

这支船队由各色各样的英国人、法国人驾驶着，船上的乘客除了士兵，还有银行家、牙科医生、出租车司机、码头工人、工程师、渔夫和文职官员以及普通市民。他们中有肤色娇嫩的儿童和古铜色皮肤映着苍苍白发的老人，也有很多穷人，穿着破旧的毛衣和有裂缝的胶鞋，在海水和寒风中瑟缩着。

沙滩上到处都是被炸弹击中的坦克和卡车的残骸、丢弃的救护车、人们扔掉的衣物箱笼，到处都是火光和硝烟，天空和沙滩上轰鸣着高射炮声、人声、机枪声。

等着上船的士兵和平民们孤立无援，缺少睡眠，忍饥挨饿，步履蹒跚地跨过海滩，冒着轰炸和扫射涉入水中，直至海水齐腰深他们才能爬到小船上。这些从岸上摆渡到大船去的小船经常因为载人过多而倾斜着，但人们的目光仍然眺望着海的那边，因为那边是生的希望。

1940 年 5 月 10 日，德军进攻西欧。几天后，德军的坦克突击部队直趋英吉利海峡，把近 40 万英法联军围逼在法国北部的狭小地带，只剩下了敦刻尔克这个仅有万余名居民的小港可以作为海上退路。英国政府和海军的计划，是力争从这里撤离 30000 人。

这支庞大的杂牌船队就在这样危险的情况下，在 8 天的时间里，救出了超过计划十倍的 335000 人。这就是第二次世界大战中令德国人，也令英国人自己震惊的奇迹——"敦刻尔克大撤退"。

44 年后的 1984 年，笔者曾在一篇文章中将抗日战争初期的中国被日军占领地区的工厂内迁和民众的流亡，比喻成了"中国的敦刻尔克大撤退"。但笔者人微言轻，这个说法不可能引起学界和读者的注意。近年，已经有不少关于抗战初期大撤退的著述和文章，几乎都把那场迁徙比喻成了中国的敦刻尔克大撤退。

然而多年后的现在，我却为自己曾经的比喻感到肤浅。

因为我已经意识到，涉及数千万人，涉及数千家工厂，涉及几百万吨机器设备，涉及上千所学校的极其悲壮、极其惨烈、极其艰难的大撤退，和仅有30多万人在几天内撤过30多海里海峡的、所谓成功的"敦刻尔克大撤退"根本就不具备可比性！

抗日战争爆发后，北平、上海、南京、武汉、广州等大城市相继沦陷，国民政府被迫从南京迁到武汉，又迁到重庆。伴随着工厂、学校和大批难民的西移，形成了中国历史上一次规模空前的西迁运动。这是一场中国工业的重新布局，是一场中国人口的大迁徙，又是波及全民族的几乎是灭顶的一场浩劫！

人们在战火中离开了自己世世代代生活的家园，他们失去了自己的田地、自己的房屋，失去了自己赖以谋生的工厂、学校、公司、机关单位，失去了自己的亲人、朋友，失去了自己熟悉的城市和习惯了的生活方式，那里有他们的父母、妻子、儿女，有他们温馨的家，有每天漫步的街道，有熟悉的商店和小菜场，有适合自己口味的小饭馆，有街边上默默劳作的老鞋匠，有沿着里弄叫卖的小贩……而在一个早上醒来时，所有这一切都被炮火毁掉了。

人们背起行囊，随着脸上布满愁苦、惊恐、迷茫的人流向着从来没有去过，甚至没有听说过的陌生地方踉踉跄跄奔去，不知道那里是不是有食物，是不是有可以遮风避雨的房屋，是不是还有每天在头顶上轰鸣着扔下炸弹、翅膀上涂着红膏药的日本飞机……

这不是一两天的暂时逃离，也不是咬咬牙就能挺过去的一年半载，而是整整的八年！近百年来几乎从来就没有丰衣足食过的亿万民众，又在将近3000个日日夜夜里，以他们的顽强和坚韧，生存着、斗争着，并最终取得了胜利。

这幅充满了悲壮和豪迈的波澜壮阔的画卷，值得我们子孙后代永远记取，更值得我们去回忆、去书写、去崇敬！

目 录
CONTENTS

第八章　高校及文化界的内迁

第一章 日本军队步步紧逼

纵观整个第二次世界大战的历史，几乎所有参战国都没有组织过大规模的居民、工厂、学校的疏散。第二次世界大战中损失最重的苏联是在受到纳粹德国突然袭击的情况下仓促应战的，而且在四个多月的时间内，德军就推进到了莫斯科城下，所以根本就无法组织起大规模的撤离。至于说到其他参战国，也包括挑起战火的德国本身，就更谈不上非战斗人员的大规模有序疏散了，参战国的民众只能选择在战火中煎熬。

对于人类来说，任何一场战争都是灾难！

抗日战争时期，疏散流亡到大后方的近千万人，每个人的背后都有一个悲凉凄惨的故事，每个故事都是难忘的，每个故事都充满了曲折和艰辛。但我们不可能去逐个讲述这么多人的经历，于是就只能从宏观上、从大局上去描述这个悲壮的画卷。

大流亡、大撤离的起因是战争，因此，我们不得不从战争来开始我们的讲述，而抗日战争最初的激战是始于上海的。

1. 大撤退前的激战

全面抗日战争始于华北的卢沟桥，但那场战斗的规模和激烈程度无法与上海的淞沪会战相比。

淞沪会战，可以说是中国历史上在最狭小的地域上、集中了最多最精锐的部队，展开的最为激烈、最为血腥的一场战役！就是这场战役，导致了中国的大撤退、大疏散的高潮。

1937 年 8 月 13 日，日军以黄浦江中的军舰为基地，炮击中国也是当

1937年淞沪会战时中国军队奋起反击

时亚洲最大最繁华的城市上海的闸北。这个战略动作既在国民政府的预料之中，也在预料之外，因为它来得似乎太突然了，可以说，中国军队的反击是十分仓促的。

尽管在次日，国民政府就发表了《自卫抗战声明书》，宣告"中国绝不放弃领土之任何部分，遇有侵略，唯有实行天赋之自卫权以应之"，但当时的上海驻军却只有以张治中为总司令的第九集团军。

翻开历史，令人略感惊讶的是，日本当时并没有把上海作为一个主要的战略突破点。

日军参谋本部的参谋次长石原莞尔战前制定的《国防国策大纲》，提出的假想敌顺序依次是美、苏。但首先，对苏联已经放弃了进攻，遵循着以武力为后盾与苏联谈判，不与其交恶的原则。对美国则是"努力与其保持亲善关系"，因为石原知道，满洲有丰富的煤铁资源，可是缺少更重要的战略资源石油和橡胶，这些物资都在美国人和英国人手里，所以日本不想和英美翻脸。石原认为，英美会默认"满洲国"的存在，因为有一个日本人控制的满洲，阻隔在苏联和中国内地之间，正好为英美消除了苏联的"共产主义南下"的忧虑。

对华战略则是"做好稳固日满和北支（华北），完成进行持久战准备的基础工作"，石原不赞成扩大战争。他主张挑动在西北的共产党和国民党内战，同时建设"满洲国"，巩固华北，再逐步向南洋渗透，得到马来西亚的橡胶和文莱的石油后再挤走英国人，争取把手伸到"东印"（荷属殖民地东印度群岛，即现在的印度尼西亚），确保石油供应，在这以后再和美国进行"最终的战争"。

在20世纪30年代早期，日本的计划中还有海陆军联合攻占中国腹地重镇武汉的计划，但在石原的这个计划中，鉴于中国政府的实力已经有所加强，日本便放弃了一旦开战就攻占武汉的计划，因为这是当时日本的国力所难以承担的。

日本在制造了卢沟桥事变，并侵占平津后，为减轻华北作战部队的压力，计划对上海发动进攻。但这一进攻仅仅是威慑性和试探性的，而不是实质上的，只是想通过进攻对国民政府施加压力，促使其坐到谈判桌前来。

但由于中国军队奋起反击，原本也力主不扩大争端的日本海军大臣米内光政大怒，极力主张向中国华东派兵，并下令日本海军航空兵进行轰炸。在8月14日晚上的内阁会议上米内叫嚣："事态不扩大主义已经死亡了！我们要打到南京去！"

日本陆军总参谋部采纳了他的意见，并立即向上海派遣了两个师团，同时召回了已退役的攻坚战专家松井石根大将担任上海派遣军司令。松井石根觉得，要进一步扩大战争，目前在中国华东的部队是远远不够的，于是向海军大臣米内光政和陆军大臣杉山元表示，如果再给他5个师团，他就一定能打到南京去。

8月14日，日军开始大规模进攻，空军也到上海协同作战，15日，松井石根大将率领两个师团的兵力紧急开往上海。随之，看上去温文尔雅，实质上却是铁骨铮铮的张治中也对日军发起全线反击，出动空军轰炸了驻在虹口的日本海军陆战队司令部。

中日之间的这场战争由此逐步升级。

淞沪会战中，中国军队总计先后投入了步兵78个师、7个独立旅、3个暂编旅、税警总团、中央军校教导总队、1个宪兵团以及上海市保安总团、上海市警察总队、江苏省4个保安团、炮兵7个团，兵力总数在75万人以上。中国空军的参战部队为第二至第九大队等8个大队和1个暂编大队，约200架飞机。中国海军的参战部队为第一、第二舰队和一个练习舰队、一个鱼雷快艇大队和江阴等地的要塞部队，共40余艘海军舰艇。

也就是说，国民政府几乎把可以调动的主力部队全线压了上去！不仅因为上海是当时中国的经济重心，蒋介石更是想通过这一仗灭掉日军的锐气，使战争就此止步。

这是一场双方厮杀得天昏地暗的大战！仅通过它所消耗的弹药就可以了解其激烈程度。

淞沪会战共消耗了5000万发步机枪子弹，22万发山炮、野炮炮弹，50万发步兵炮、迫击炮弹，3万发战防炮炮弹。为这场战斗还储备了50万人三个月的粮秣，10万匹次的战马。

在这场战役中，日军则先后投入了8个师团，另有从华北的第五师团分遣出来的国崎支队和原属台湾守备队的重藤支队，再加6个旅，共计30余万人。海军参战的有第三舰队和第四舰队，舰艇30余艘，其中航母3艘。另外，参加淞沪会战的作战飞机约390架，其中陆军航空兵210架，海军航空兵180架。

淞沪会战是中国抗日战争中的第一场重要战役，从1937年8月13日到11月12日上海沦陷，前后历时3个月。

淞沪会战刚开始时，国民政府军占了绝对上风，除两个精锐师外，还有两个装备德国火炮的重炮团，即炮兵第10团，它配备了100毫米加农炮，炮兵第8团配备了150毫米榴弹炮，这些火力强大的重武器加上坦克、空军助战，按理应该具有压倒优势。而当时日军在上海的部队仅有海军陆战队3000多人，后紧急从日本商团中动员了退役军人，合计也不过4000人，重武器也不足。但日军依靠坚固的工事顽强抵抗，致使国民政府军一直无法完成重大突破。

除在地面战场短兵相接外，双方在海上、空中也展开了全方位的较量。中国飞机于8月14日、17日和19日多次出动轰炸日军目标，并与日机展开激烈空战。8月14日，第四驱逐机大队大队长高志航率所部飞机于杭州笕桥机场上空击落敌机6架、击伤多架，首创中日战争史上击落日机的纪录，国民政府后来特将此日定为空军节。15日、16日，中日空军连续激战。海军奉命以商船沉于十六铺，封锁黄浦江，以防止日舰溯江向上游进攻。

此次为国民党军第一次诸军种（空军、海军、陆军）和诸兵种（步兵、炮兵、坦克兵）大规模的协同作战，但协同效果却很差。比如步兵冲锋时，坦克不能予以掩护，坦克进攻时步兵配合不上，结果不仅坦克被日军全部击毁，步兵失去坦克掩护后也伤亡惨重，甚至出现了一个营的部队挤在一条街道内被日军堵住两头的街口，用机枪扫射全部牺牲的悲剧。

陈诚回顾上海首攻未胜的教训时认为："以数师之众，对数千敌陆战队实行攻击，竟未能奏效，实在是部署种种不当的缘故。"

尽管如此，中国军队在淞沪战役中表现出来的敢打敢拼、不畏牺牲的斗志却是空前的。

甚至有上海和周边地区的学生及热血青年要求上战场，未经过任何训练，领了枪就往上冲，结果全部阵亡的惨剧。

翻阅日本近代战争史，他们也从来没有经历过如此规模和如此惨烈的战斗。尽管用武士道精神训练出来的军官和士兵们非常顽强，但在内心却对这场战争充满了恐惧。一个经历了罗店拉锯战的军官在他的日记中写道："这个名不见经传的小镇成了令人惊悚的人肉磨坊！"

日军惊恐地看到，中国士兵迎着密集的机枪子弹集团冲锋，根本就不讲什么战术，前面的人倒下，后面的立即冲上来，眼睛都不眨。白刃战时更是疯狂，不仅用大刀和刺刀，连拳头和牙齿也都用上了，好像根本不把死亡放在眼里，这让日军士兵非常恐惧！

开战的第二天，即8月14日，负责指挥进攻的第264旅旅长黄梅兴少将阵亡，为淞沪会战开战以来中国军队牺牲的第一位高级军官。他的旅伤亡1000余人，连排级军官牺牲大半。

8月23日拂晓，日军松井石根率领的两个师团援军的先头部队在海空火力掩护下，在狮子林、川沙口、张华浜等地方强行登陆，战况骤然吃紧。

蒋介石闻讯，急忙命以军政部次长陈诚为总司令的左翼军下属的第15集团军，在集团军司令罗卓英指挥下反击敌人登陆，第98师、第11师和刚赶到嘉定的第67师、第14师立即投入了激战。

罗店战况之惨烈，为开战以来前所未有。往往是一个整营，甚至是一个整团的士兵冲上去，就在日军的机枪扫射下全部阵亡，阵地前尸积如山，血流成河，后续部队冲锋时，经常被牺牲战友的血迹滑倒。第67师师长李树森身负重伤，第201旅旅长蔡炳炎及两个团长阵亡，两个师的营连长大半牺牲。血战至29日，罗店再次陷入敌手。

8月31日，中国军队第61师因损失惨重而被缩编为一个团，师长杨步飞被撤职，军政部命令第2师补充旅（即独立第20旅）充编该师，奉命在唐家宅、陈家行一线沿蕴藻浜右岸阻击日军，与日军第9师团为争夺阵地展开反复拼杀，伤亡惨重。

奉命坚守宝山的第583团第3营500余人在营长姚子青的率领下，与日军展开激战。日军炮火猛烈轰击，步兵轮番冲锋，然而中国守军全营官兵抱着与阵地共存亡的决心，一次又一次打退敌军进攻。至9月7日晨，日军以坦克为前导突入城内，姚子青率全营官兵与敌巷战，至当日上午10时，该营除一人受命突围向上级报告军情外，其余全部壮烈牺牲。

10月15日，日军突破蕴藻浜，战局再度告急。白崇禧这时向蒋介石献策，认为纯粹被动防守非长久之计，必须命一支突击部队主动出击，实行积极防御的策略。蒋介石同意了他的建议，但苦于无部队可调动。

也是凑巧，正在这时，从广西调来的桂军第21集团军抵达淞沪前线。这支部队属李宗仁、白崇禧桂系的王牌部队，以能打善拼在国民党地方军中享有威名。

蒋介石急忙将该集团军的10个师编入中央军序列，领取作战军械和弹药。

10月19日，中国守卫蕴藻浜南岸的部队，配合第21集团军发动全线反击。当日，日军吉住良辅第9师团、伊东政喜第101师团及第3师团一部，也向蕴藻浜南岸发起了猛攻，双方主力迎头相撞。

桂军初上战场，毫无与日军交锋的经验，以血肉之躯冲进密集弹雨，一时又将日军施放的烟雾弹误认为是毒气弹，使进攻队形瞬时混乱；加上当时淞沪战场上只有桂军头戴钢盔、身穿黄色军服，极为显眼，成为日军射击的活靶子，遭到日军飞机、火炮、坦克和机枪密集火力的突击，2万大军仅一天即被打散，上万敢死队大部战死，该集团军仅旅长就阵亡了6人。

"小诸葛"白崇禧见桂系溃兵被其他部队收容，自己多年经营的部队毁于一旦，不禁痛心疾首，一连几天连饭都吃不下去。

淞沪会战开始时正在德国军事学院留学、应召回国参加抗战的黄维，于"八一三"事变那天由柏林起程回国参战，他心急如焚，恨不能即刻飞到战场上。他经意大利热那亚搭乘康特罗梭号邮轮回国，船到香港，已不能驶往上海，而改乘火车经粤汉路、

白崇禧

浙赣路、沪杭路转赴上海。当时杭州到上海的火车遭到日机空袭，不得不走走停停。直到9月下旬，他才抵达上海前线。

一到上海，征尘未洗的黄维就接手指挥了第67师。该师原师长李树森、团长傅锡章都负了重伤，旅长蔡炳炎、团长李维藩均阵亡，官兵伤亡极大。他接过指挥权后的第三天拂晓，日军开始炮击，再次向我军阵地发动全线进攻。此时，罗店全镇已毁于炮火，成为一片瓦砾。

打到第三天，黄维麾下原有一万多兵力的第67师，经过反复肉搏

黄维

战，逐屋争夺，仅剩不到一千兵员。直到作战的第五夜，伤亡惨重的第67师才把阵地移交给教导总队接防。

鏖战三个月后，伤亡惨重的中国守军已无力再与日军对峙作战，蒋介石因此下令撤退，自此历时三个月的淞沪会战结束。

在撤退前，因为没有讲明各部队的行军顺序，三四十万将士挤在几条通往后方的公路上，光天化日下的明显目标成了日本空军轰炸的活靶子！一场撤退

又变成了大溃逃。

这次仓促进行的淞沪会战，国民党虽然最后撤离，并付出了沉重的代价，也没有能使日军的锐气受挫，但在战略上将日军主力吸引到了山川河流众多的长江以南地区，粉碎了日本"三个月灭亡中国"的狂妄计划。它还让世界清楚地看到国民政府的立场：不再等待日本"和平地"将其领土一块一块地征服侵吞，也证明了中国绝不会向日本投降，并最终争取美国和英国站到了中国一边。

淞沪会战为中国民族工业和教育机构的内迁争取了时间，这期间，从上海等地迁出了大批厂矿设备及战略物资，以及多所大中专院校，为坚持长期抗战发挥了重大作用。

2. 三十六计走为上

1937 年 11 月 12 日上海沦陷后，日军趁势分三路急向南京进犯，中国方面就此开始准备在上海以西仅 300 余公里的首都南京部署防御。

由于下达的撤退命令过于仓促，后方国防工事交接又发生失误，中国军队在上海至南京沿途未能组织起有效的抵抗。加上中国抗战初期的军队训练素质极低，致使撤退演变为大溃败。虽然锡澄线上的江阴保卫

唐生智

战对阻击日本海军逆江而上有一些积极意义，但无锡的陷落，使锡澄国防线基本上没有发挥作用，进而，北路日军主力几乎未遭到有效的抵抗，便顺利地进攻到南京城下。

1937 年 12 月 1 日，日本大本营下达了《大陆第八号命令》："华中方面军司令官须与海军协同，攻占敌国首都南京。"南京保卫战就此开始。

南京卫戍司令长官唐生智力主死守南京，主动请缨指挥南京保卫战，指挥

15万国军拼死抵抗。但国民政府当局在战役组织指挥上又出现了重大失误，战前未做周密部署，最后决定突围时，又未拟定周密的撤退计划，更没有经过参谋作业，致使南京保卫战失利。

南京保卫战打响后，蒋介石先后调集了15个师10余万人参与守城，然而此时参与南京作战的国民政府军各部队，不管是兵员素质还是士气已与淞沪会战时不能相提并论，部队战斗力严重下滑。

日军三路进攻势如破竹，南京外围战略要地相继失陷，很快日军就突破南京外围一线的防御阵地。12月9日，日军进抵南京城下，并用飞机向城中投撒日本华中方面军司令官松井石根致中国守军的最后通牒，进行劝降。

南京卫戍司令唐生智对松井的最后通牒置之不理，并于当日下达了"卫参作字第36号"命令作为回答：

"本军目下占领复廓阵地为固守南京之最后战斗，各部队应以与阵地共存亡之决心尽力固守，绝不许轻弃寸土、摇动全军。若有不遵命令擅自后移，定遵委座命令，按连坐法从严办理。各军所得船只，一律缴交运输司令部保管，不准私自扣留，着派第78军军长宋希濂负责指挥。沿江宪、警严禁部队散兵私自乘船渡江，违者即行拘捕严办。倘敢抗拒，以武力制止之。"

12月10日，日军见中国军队拒绝投降，遂向雨花台、通济门、光华门、紫金山第三峰等阵地发起全面进攻，战况进入白热化。特别是城东南方面，因复廓阵地已基本丧失，日军可以直接进攻城垣，所以形势十分严峻。卫戍司令部急令第83军的第156师增援光华门、通济门城垣的守备，并于城内各要点赶筑准备巷战的预备工事，同时将第66军由大水关、燕子矶调入城内，部署于中山门及玄武门内构筑工事，准备巷战；另以刚刚由镇江撤入南京城内的第103师及第112师由教导总队总队长桂永清指挥，负责中山门附近城垣及紫金山阵地的守备。

12月11日，日军第16师团猛攻紫金山南北的中国军队阵地。教导总队与其激战终日，日军右翼部队攻占了第2军团防守的杨坊山、银孔山阵地。日本上海派遣军为使其第16师团进攻得手，又从正在镇江等候船只渡江的第13师团抽调了山田支队从右翼加入战斗，向乌龙山、幕府山炮台进攻。

南京保卫战期间，蒋介石在武汉大本营每天询问南京的战况。当他发现撤至南京部队的战斗力及士气已远不如淞沪会战，南京外围主阵地仅防守两三天即告失守，而复廓阵地立足未稳即在主要方向上又被敌突破时，为避免南京守军被敌围歼，于11日中午给在江北的顾祝同打电话，让他转告南京卫戍司令唐生智，令守军相机突围。

顾要唐当晚渡江北上，唐生智由于自己曾力主固守，现在若突然先行撤走，怕今后责任难负，脸面上也难以交代，因而打算先向守军将领传达最高统帅的意图后再撤离。当晚，蒋介石致电唐生智："如情势不能久持时，可相机撤退，以图整理而期反攻。"唐生智于当夜与罗卓英、刘兴两副司令长官及参谋长研究后，决定14日夜开始撤退。遂于12日凌晨2时召集参谋人员制订撤退计划。

12日，日军第6师团先头部队部队长长谷川在南京中华门外下令准备对南京中华门发起总攻击。中午前后，在日军猛烈炮火的轰击下，中华门被突破，防守此处的第88师随即撤走，至此，南京失陷已成定局。

当时大批逃难居民与溃退的散兵拥挤在街道上，城中秩序大乱，南京守军也开始呈动摇态势。唐生智等决定改在当夜，即12日夜开始撤退。

当日17时，卫戍司令部召集南京守军师以上将领开会，布置撤退行动。唐生智首先简要地说明了当前的战况，询问大家是否还能继续坚守，与会将领面面相觑，无一人发言。唐生智遂出示了蒋介石命守军相机撤退的电令，即由参谋长周斓分发了参谋处已油印好的撤退命令及突围计划。

3. 仓皇的撤退

卫戍司令部突围计划的基本精神是大部分由正面突围，一部分随司令部由下关渡江。但在书面命令分发后，唐生智却又下达了口头指示，规定第87师、第88师、第74军及教导总队"如不能全部突围，有轮渡时可过江，向滁州集结"。

这样一来，就大大降低了原来下发的书面撤退命令的严肃性，也为不执行命令的部队制造了借口，以致计划中规定的由正面突围的部队，除第66军及第83军大部按命令实施突围外，其余各军、师均未按命令执行。以口头指示为依据的部队，一起拥向了敌人尚未到达的下关码头，以便迅速渡江北撤，许多未接到撤退命令的部队因发现友军撤退也都跟着撤退。虽接到命令但不知道撤退计划详情的旅、团长们也都认为上级既然要军队撤退，在下关就肯定已经准备好了大量的渡江工具，因而也全部拥向下关码头。

一时间，下关码头乱成了一锅粥。

自行决定由下关渡江的军、师长大多未按命令规定的时间开始撤退，而是在散会后就立即部署部队撤退。有的单位在接到命令前即已经撤走，如第2军团，是负责固守乌龙山要塞，以掩护其他部队撤退和突围的，本应该最后撤退，但徐源泉于12日下午即率其第41师和第48师从周家沙和黄泥荡码头乘坐其预先控制于该处的民船，最早撤至了江北。

防守乌龙山要塞的部队在徐源泉的部队撤走后，也于当晚撤到了江北。更有不像话的，有的将领只向所属部队打了一个命令撤退的电话，或回去安排了一下撤退事宜就偷偷脱离部队，先行到达下关，渡船到了江北，如第71军军长王敬久、该军第87师师长沈发藻等根本就未回指挥所。

教导总队总队长桂永清回到富贵山地下指挥所告知幕僚们撤退的任务后，即留下参谋长邱清泉处理文件，自己单独先去了下关。第2旅旅长胡启儒得知撤退消息比较早，他不等会议结束，即以奉命去下关与第36师联系为由，电话通知其第3团团长代行自己的旅长职责，自己先溜了。

唐生智则在撤退命令下达后，先自乘保留的汽艇出逃。司令官尚且如此，属下们不听指挥纷纷逃离，也就顺理成章了。

大撤退开始后，已经瓦解了的城中各部队都沿着中山路向下关涌去，挹江门左右两门洞已经被堵得水泄不通，不少人因摔倒而被踩死。如教导总队第1旅第2团团长谢承瑞，在光华门阵地上曾英勇地抗击日军多次冲击，却在挹江门门洞内被拥挤的人群踩死。有的将领，如第 83 军第 156 师师长李江见城门无法挤过，就从城门东侧的城墙上用绑腿布悬吊出城。

在下关码头，各部队均已失去掌握，争先抢渡，由于船少人多，有的船因超载而沉没。大部分官兵无船可乘，纷纷拆卸老百姓家里的门板等物制成木筏渡江，有相当多的官兵在冰冷的江水中丧生。

因乌龙山要塞守军撤走，原停泊于草鞋峡、三台洞的"文天祥"快艇中队的 4 艘鱼雷艇也于 12 日夜里开去了大通。12 月 13 日拂晓，日军山田支队未经战斗即占领了乌龙山；日海军舰艇通过封锁线到达了下关江面，日军第 16 师团一部也乘快艇进至八卦洲附近江面。

日军大为惊讶地看到，宽阔的长江江面上满是漂浮着的中国军队的小船，和抱着木板泅渡的老百姓。日军毫不犹豫地就向着他们扫射，并用舰艇冲撞，数不胜数的中国军人就这样被江水吞没了，南京宪兵副司令萧山令即死于半渡之中。与此同时，日军各师已分别由中山门、光华门、中华门、水西门等处进入南京城内。原在镇江的天谷支队已渡过长江，正向扬州前进；国崎支队已至江浦，正向浦口前进。

兵临城下，南京城内一片恐慌。由于渡船已经难以找到，其他人见渡江无望，只得返回城内。许多士兵脱下军装躲入所谓的安全区，但最终还是被日军搜捕出来后残杀。

12 月 13 日，南京沦陷，不足 5 万人的日军入城，由此开始了针对 30 多万战俘和平民的震惊世界的大屠杀。

第二章　迁都纷争

1. 为何是重庆

让我们再回过头来看看淞沪会战进行时和南京保卫战之前的首都南京。

1937年8月，淞沪抗战的硝烟迅即弥漫到首都南京，10月下旬形势更加紧迫，国都面临的威胁越来越严重，其安全成为人们关注的焦点，是否迁都被提上了议事日程。

淞沪会战开始的时候，四川省主席刘湘由成都飞赴南京，他通过宋子文向蒋介石建议，形势严峻，国都南京可能不日即将面临战火，国民政府最好是暂时迁往四川，以便指挥全国抗战。蒋介石觉得刘湘的建议值得考虑。

10月29日，在国防最高会议上，蒋介石做了题为《国府迁渝与抗战前途》的讲话，明确宣布："为坚持长期抗战，国民政府将迁都重庆，以四川为抗敌大后方。"蒋介石在讲话中分析了抗战以来的战争形势、迁都的重要性和必要性，他在阐述战略撤退的意义时说："军事上最重要之点，不但胜利要有预定计划，即挫败亦要有预见的打算。不但胜利要立于主动地位，就是退却也要有主动地位。然后一时的挫折，不致有全盘溃退之虑，而可以把握最后的

蒋介石

胜利。今天我们主动而退，将来可以主动而进。"次日，国民政府发表宣言："国府决定迁都重庆，继续抗战，以争取最后胜利。"

进入11月后，淞沪抗战即将结束，中国军队从淞沪战场撤出和上海的沦陷已经无可挽回。8日，蒋介石命令中国军队撤出淞沪战场。11日，蒋介石亲自拜谒国民政府主席林森，两人商讨确定了撤退、迁都的具体事宜。

国民政府之所以没有考虑将陪都定在西安，或是武汉、昆明，而是接受了刘湘的建议，对重庆情有独钟，是有其原因的。

首先，武汉位于中原和大后方的边缘地带。虽然湖北是个丰饶之地，在1937年时，日军也还没有攻占武汉的战略企图，但随着战事的发展，武汉一战绝难避免。而战端一开，地处平原的江城无险可守，将其作为战时首都显然不妥。

其次，西安尽管在历史上多次作为国都，但地处贫瘠的西北，战略物资难以征集，又有铁路通往东南方向，日军可轻易运动部队进攻这座古城。

昆明尽管远离前方，但交通不便，其身后又有距其不远的缅甸国境，战事的发展难以预料，一旦日军攻占缅甸，昆明就会处于腹背受敌的不利境地。而重庆作为陪都有其独特优势：

其一，重庆位于具有重要战略地位的四川的东南部。孙中山曾说过，中国可以做国都的只有两个地方，一个是南京，另一个是四川。重庆是西南重镇、四川门户，"襟带双江，控驭南北"，居于长江、嘉陵江汇合之处，水陆交通比较发达。东有长江三峡，西有青藏高原，南有云贵高原的天然屏障，北有大巴山、秦岭横亘其间，地势险要，素有"天险"之称，外敌万难进入。

其二，作为蜀地之主，四川省主席刘湘诚挚地向蒋介石表达了欢迎国民政府迁都四川之意。

其三，参谋团进驻重庆后，四川、西南已经逐渐被国民政府控制，这为各项工作的顺利开展奠定了基础。

其四，也是相当重要的一点，重庆的人力、物力资源丰富。四川人口众多，川人勤劳，反抗意识强。农产品种类繁多，矿产资源丰富，具有发展国防工业的优势，这些都能为抗日战争的战略储备和夺取最后胜利创造有利条件。

11 月 16 日，国防最高会议在铁道部的防空室举行。会议刚开始不久，林森即行色匆匆地步入会场。他神色凝重地双手抱拳，用浓重的福建官话向大家道别："诸位，我马上就要上军舰到重庆去了。白天日本飞机轰炸得厉害，军舰没法开，只好夜里起航，我这就向诸位告辞了。"接着，他更动情地说："我老了，今生再回南京，不作此想了。你们一定抗战到底啊……"话音中饱含着难言的凄楚。

林森

蒋介石答道："主席，走吧！这是没办法的事。"林森不知如何回答，会场鸦雀无声。这时，有人站起来说："重庆乃重生之意，迁都重庆，乃更生之兆。最后胜利可操胜券。"借了这句吉言，与会人员的精神才稍显亢奋一些。在大家的目送下，林森依依不舍地离开了会场。

最后，这次会议议决："为长期抵抗日本侵略，中央党部、国民政府迁至重庆办公。"也就是正式做出了迁都重庆的决定。

转移政府、迁移首都是天大的事，国民政府从中央到地方，从各部部长、各省省长到一般的办事员，思想波动都很大，情绪低沉。为了稳定众人情绪，蒋介石专门致电各省市党部、各省市政府，阐明了迁都重庆的意义，电文指出：

此项措施，在使中枢不受敌人暴力之威胁，贯彻我全国持久抗战之主旨，以打破日寇速战速决之迷梦。国民政府迁渝以后，不唯我前方抗战军事仍本既定方针，照常进行，绝无牵动；且中枢移驻内地，首脑既臻安固，则耳目手足更能充分发挥其效用；就整个抗战大计而言，实为进一步展开战略之起点。

2. 别离南京

1937 年 11 月 17 日夜半时分，林森率领国民政府直属的文官、主计、参军三处的工作人员以及随行者匆匆登上军舰，与南京挥泪告别。林森已是七十多岁的老人，他行前立下了遗嘱，对自己的后事和财物做了处理。

林森一行，无心观赏沿途的风景，逆着长江的滚滚波涛，急速西行。

当年随行西迁的国府文官处书记官丁绍兰回忆道：

国民政府本身的机构只有文官、参军、主计三处直属于主席领导，但全府员工不下一千人。筹迁工作中，限于财力、物力的拮据和交通运输的困难，不可能全部迁移，只能是既迁移又疏散。根据工作的需要，以既自愿又强迫的原则，除高级官员外，下级人员中认为不需要的，一律以"非必要人员"疏散，留职停薪，每人发一点疏散费。

往武汉去的船只舱位本来就分等级，除主席林森居于专舱之外，其余员工以职位高低，依次乘坐不同的舱位，并允许携带家属，随身行李携带有限制，不得携带家具。

装船工作整整进行了一天，自上午开始，先搬重要档案、文件、印信，然后人员陆续登船。船队由直属的侍卫队随船护航，军乐队随行。文官处铸印局还带走了一部分印铸技工和必要的机件，部分随行医生还携带了医疗器材和药物。全船还有一个临时船长，由参军处总务局局长、海军中将田士捷担任，负责航行的指挥和保卫。

林森离开南京不久即抵达汉口，随后，又由汉口抵达宜昌，由于船大而江面越来越狭窄，川江夜里不允许航行，只好换船，转乘民生公司的"民风"轮。当时三峡水流很急，又是逆水行舟，阻力大，其艰难程度可想而知。面对此情此景，平时乐观开朗、喜好游览的林森一路上没有一次笑容。

26 日林森抵达重庆时，停泊在重庆江面上的兵舰数艘鸣礼炮 21 响致敬，各界代表、军队、学生、童子军等一万多人列队欢迎。军乐声中，林森身披青色斗篷，挂着黄色手杖徐步登岸，却是默然无语，满面戚容。

20日，国民党中央通讯社发表了移驻重庆的宣言："国民政府兹为适应战况，统筹全局，长期抗战起见，本日移驻重庆，此后将以最广大之规模，从事更持久之战斗。"

在林森的主持下，南京国民政府各院、各部机关的工作人员积极忙碌地开始了搬迁工作。虽然国民政府在10月底已经部署西迁的行动，但正式起程却是仓促决定的，所以离开南京的时候，政府员工们大多缺乏心理准备，大家情绪沮丧，以至于南京城里弥漫着一股明显的慌乱之象。

当时未被军队征用的船只都参与了南京的紧急撤退，民生公司也派船参加了抢运。如民元轮在南京港转运的都是国民政府机关的各部门工作人员，在船上各层甲板的各个舱室门上，都分别标明着"立法院"、"行政院"、"兵工署"、"主计处"等。船员打趣道："民元轮变成国民政府了。"

1937年上海市民在淞沪会战时向大后方撤离的情景

随着战事逐渐向南京推进，首都的气氛越来越紧张。机关、学校要西撤，工商厂家也急于将机器设备运往大后方，一时间南京的码头一片拥挤惊慌。特别是日军飞机这时已经开始飞临南京上空轰炸和扫射，逃难的人群大量涌向下关码头，争相上船，秩序混乱不堪。一些大轮船不敢靠岸，只得在江心抛锚，人们只能靠小船往大轮船上转运。

12月8日，在主持了南岳军事会议后，蒋介石也率军事委员会部分成员乘飞机抵达了重庆。

蒋介石抵达重庆，标志着中国现代历史上长达一年的大规模国都迁移宣告完成，至此，重庆成为抗战中名至实归的国家政治、经济、文化、军事中心。

3. 迁都重庆

对于国民政府各部机关的到来，重庆市民和各界团体给予了大力帮助，他们主动让出自己的房屋、土地，以做国民政府"规划官衙"之用。

国民政府各机关大多在重庆新市区的上清寺、曾家岩和大溪沟、罗家湾等处办公，如交通部驻上清寺交通巷，粮食部驻打铜街，农林部驻上清寺，卫生部驻新桥，警备司令部驻中营街等。

国民政府将曾家岩原重庆高级工业职业学校作为办公处所，在原来的两层砖木结构房子的基础上进行了改建，这项工程由著名的建筑师杨廷宝设计，杨廷宝与梁思成齐名，并称建筑学界的"南杨北梁"。他别出心裁地加建了一座门楼，使这座官衙显得古色古香。林森还亲自设计了路面的石子花纹与花圃、草坪，并在水池边修建了一座茅亭，可容纳几十个人开会，抗战时期，国民政府的许多重要会议都是在此举行的。

当时国民政府各院、部、会大多将重庆的公私房屋简单修建后，即搬入办公。据记载：

朝天门是扬子、嘉陵两江合流之处的第一大码头，大溪沟便是抗战时期改称为国府路的渝简马路。这一条蜿蜒曲折的大道长逾十里，由西往东把大重庆一分为二。可以说，十里大道两侧的好房子和贵地皮是全重庆乃至全四川精华之所在。

迁川初期，川民习惯称呼逃难客为"下江人"、"脚底下人"，尽管这让沿海地区迁来四川的人们颇不愉快，但是无可否认，他们客居四川八年，受惠于四川地主甚多。四川地主比其他各地远为慷慨豪爽，有白送房子给下江人住的，也有借地建房收一块钱象征性租金或竟分文不收的。多一半借地所建的房舍，胜利以后虽然连屋带地一并归还了，但因为抗战时房屋建筑因陋就简，住了八年也大多倒了坏了，地主们最后一无所得，却也并无埋怨。

第三章　工业大迁徙

战争，不仅是军队在战场上的直接拼杀，更是两国经济力量及精神意志的一场较量。经济不但是推动战争的动力，也是维持战争的支点。

在抗战期间，大后方的经济建设成了中国能否坚持到最后胜利的必要物质保证。然而，近代中国不但工业发展落后，布局也相当畸形，全国绝大部分工业均分布在东部沿海地区。

据1937年国民政府实业部的统计，当时全国已登记的合乎工厂法规标准的（即用机器作动力的工厂，平时雇佣工人在30人以上者）工厂共3935家，然而集中在沿海地区的竟超过了3300家，占总数的75%。尽管在内地各个城镇中还有不少类似作坊的小工厂，但却没有登记在册。

作为最大的工业城市上海，在工业上的地位，无论从数量上、资源上，还是从技术力量上来看，均是首屈一指的。上海一市即有工厂1235家，占全国总数的33.51%，资本额超过1.5亿元，占全国总额的39.73%；工人为11万多人，占全国工人总数的31.78%，而内地各省所有工厂只占工厂总数的19%左右。

工业如此集中于沿海地区，一旦遭遇战争破坏，将会给中国的工业带来毁灭性的打击。处于中国工业核心地位的上海，其厂矿无论是毁于战火，或是落入敌手，都会使中国的工业元气大伤，严重削弱本来就十分脆弱的经济力量，正所谓"借寇兵而资盗粮"。抗战前广大内地的工业，除了武汉等在洋务运动中打下过基础的几个城市外，几乎是一片空白。

抗战爆发后大量沿海工厂的内迁，不但填补了内地工业的大片空白，亦为后来内地工业的发展打下了一定的基础，从这一层意义上说，抗战时期民族工业大迁移的重要性便更显得突出。

经过三年多的抢运，数百家工厂，数十万吨器材，从东南沿海，从华北、华中、华南迁到了西南，形成了重庆、桂林、昆明、常德、宝鸡等 11 个新的工业中心，建立和初步健全了轻重工业的上百种门类，形成了一个能基本满足战时需求的工业体系。

战略性的工业大迁徙粉碎了日本妄想摧毁我国民族工业，使我们丧失长期抵抗能力的企图。大迁徙的成功还为抗战提供了物资保障，为最后的胜利奠定了强大的基础。

1. 兵工厂——战争的命脉金陵兵工厂内迁

工厂企业的迁徙首先要考虑的，当然是关系到战争进程的兵工厂。

民国时期最大的兵工企业是金陵兵工厂，它的前身是金陵机器制造局，始创于 1865 年。晚清时期，金陵机器制造局与同年创办的上海江南机器制造局、1866 年创办的福州船政局以及 1867 年创办的天津机器制造局以及汉阳兵工厂齐名，是我国 19 世纪六七十年代洋务运动期间创办的四大兵工企业之一。

1929 年该厂改隶兵工署直辖，工厂以"卍"字为厂徽，外国人称之为 Reverse Swastika，不明就里的人常将它与纳粹党的党徽混为一谈。其实这个徽记图案的方向与纳粹党徽相反，且源自印度，是佛教的图样。在东方还有类似于红十字会、红新月会等组织的红"卍"字会。"卍"字中国人一般念为"万"字，是一个幸运和祥和的象征，当然把它放在武器上有点滑稽。

1931 年该厂月产马克沁水冷式重机枪 35 挺、子弹 9 万发、50 公斤和 18 公斤炸弹 700 颗。1937 年时，金陵兵工厂得到了进一步的发展，拥有机器设备 1000 多台，职工 4000 余人，能年产重机枪 600 余挺、八二迫击炮 480 门、八二迫击炮弹 20000 余发，规模可观。

抗日战争前夕，这家中国最大的兵工厂属国防部兵工署直辖。兵工署署长俞大为将军早年与著名的历史学家陈寅恪、数学家华罗庚等人一起留学美、德等国家。从德国回国后，俞大为出任国防部兵工署署长，主持全国的兵工生产，并逐渐在国际上赢得了一定的声誉，被英国籍的中国科技史大师李约瑟博士称为"魔术师一样的科学家"、"数理逻辑的学者"。

"八一三"淞沪抗战爆发后，日机屡次轰炸首都南京，兵工厂也被炸数次，器材人员均受损失。如果这家工厂被日军占领进而利用它为侵略战争生产军火，或者将其破坏，都是中国抗日战争的巨大损失。

当时，民生公司的总经理卢作孚正在南京参与起草内迁总动员的计划。10月，俞大为与卢作孚开始商谈金陵兵工厂所属的枪炮厂2000吨机器设备启运进川的问题，并很快达成两个月内把这批设备运抵重庆的协议。这是民生公司所承担的第一批兵工厂的内迁任务，由于撤运这批器材比较顺利，得到了兵工署的信任，为以后承运大批兵工生产设备进川打下了基础。

第一批迁出的器材安全运抵重庆后，从11月5日开始，金陵兵工厂进行了全厂性的大拆迁。在厂长李承干的带领下，夜以继日地将多种枪炮弹制造机器、发电设备等拆卸装箱，仅用10天就将这4300吨机器的拆卸工作全部完成。12月1日，分水陆两路全部撤离南京运往武汉。

当李承干和撤离的职工们告别工厂的时候，他们向着工厂的大门脱帽三鞠躬，大家含着热泪大声喊道："再见了！我们一定要回来的！"

在大批器材运离南京以后，金陵厂留守的职工突然发现在仓库里还有70吨重机枪的毛坯铸件，这些毛坯进一步加工后，能形成对敌人多大的杀伤力，工人们非常清楚。于是留守的姚志良、王相越、吴堂三个人在南京陷落前夕，想方设法找到了几条木帆船，把这最后的70吨物资装上，靠着人力和风力，夜行晓宿，驶向武汉。

撤往三线的一线工厂

兵工企业是为最前线服务的，但在特殊时期，不得不后撤到我们今天所说的三线地区。

与金陵兵工厂内迁的同时，河南巩县的兵工分厂也开始了拆卸装运，巩县的这家兵工厂主要是生产子弹和炮弹所需要的火药的。1937年11月初，全厂职工不分昼夜地拆迁机器设备，仅仅两周，就把近8000吨设备起载转运，经过平汉铁路先到武汉，再经重庆转运至四川泸州重新建厂生产。

后撤至四川的兵工厂恢复生产

除了金陵兵工厂和河南巩县兵工分厂，在湖南也有兵工厂以及储存的大批弹药，这些东西分别存放在岳阳和株洲，总共有13000余吨。兵工署决定在武汉失守前，要尽快把这批物资运往后方。于是，把在株洲的器材先用火车运往岳阳，再和岳阳的物资一起转运到宜昌，用了40天才全部运完。

1938年2月，兵工署有1800吨子弹由宜昌运出，准备放到四川暂时储藏，但民生公司几乎所有的运输船只这时全被调出去了，卢作孚焦急万分。一旦这些弹药被日军飞机发现并轰炸，那将是灾难性的后果！情急之下，他于2月3日夜间致电何应钦和张群，建议"将这批子弹暂时秘密存放在宜昌上游一二十里的一座隐秘的山洞中，既可免去敌机的轰炸，又可在前方一旦需要时方便调运"。但因当时的忙乱状况，他的建议未被重视，也没有人给他回复。卢作孚不知如何处理这批弹药，所幸子弹不久后终于还是被启运四川，没有出事。为了这件事，卢作孚真是惊出了几身冷汗！

在这批兵工器材中，有相当多的重型设备，最重的可达到25吨。其中20吨到25吨的有数十件，10吨到20吨的有四五百件，而10吨以内的约有3万件，民生公司在此之前从来没有运输过这么重的大件设备。这些机械在南京装船，在汉口转运，又要在宜昌换成吨位小的货轮，可以说是费尽了周折，民生公司为此还临时设计了很多重型起重设备。

在运输金陵兵工厂的设备期间，民生公司还承担了两家飞机制造厂的搬迁任务。

一家是杭州的中央飞机制造厂，该厂位于杭州笕桥。早在淞沪战役刚开始的时候，航空委员会就决定把这家工厂迁往武汉。由民生公司的轮船将飞机厂的设备运到武汉以后，很快就在武昌南湖机场附近一所旧厂房中恢复了生产。武汉沦陷前的短短几个月时间里，飞机厂就修理和制造了飞机128架，员工也增加到1500余人。在遭到日军飞机轰炸之后，工厂又迁到了汉口的日租界内，后来奉命迁往昆明。

另一家工厂是南昌飞机制造厂，抗战时名为"空军第二制造厂"。抗战前夕，这家工厂已经建成了主厂房8座，均为世界较先进的进口设备，甚至厂房内还安装了当时罕见的空调，这在当时中国的工厂中是绝无仅有的。该厂从1937年初就开始仿制飞机，在沦陷前仿制了布瑞达25型教练机20架、萨孚亚S81型轰炸机6架。淞沪抗战开始后，这家飞机厂成为了日军轰炸的重要目标。被炸后，南昌飞机厂立即组织员工把残余的机器设备装船，由民生公司经九江、武汉，一直运抵重庆，并在距重庆200余里的南川县境内的一个长80米、宽50米的天然溶洞中建厂恢复了生产。

除了我们已经讲到的这几家兵工厂和飞机制造厂外，武汉的汉阳兵工厂也是内迁的重点。

汉阳兵工厂是湖广总督张之洞于1890年创立的中国第一家近代兵工企业，曾对中国的兵器工业有过很大的贡献，在中国战场上使用了几十年的"汉阳造"步枪就是由这个厂生产的。

一旦这家工厂被日寇利用，后果将不堪设想，因此武汉的内迁工厂中它是重点。汉阳兵工厂本来已经于1938年6月奉命迁往湖南的辰溪，并于次年改名为兵工署第一兵工厂复工生产。它属下的炮厂与炮兵研究处、上海龙华枪弹厂等合并后设在了湖南株洲，称第十兵工厂，并于1938年5月开工，日产子弹4万发。

但后来由于战事紧张，这几家兵工企业于1939年奉命全部迁往四川。

由已经或将要被敌人占领的地区先后撤往大后方的兵工厂的机器设

备总共有 8 万吨。从 1937 年 8 月开始启运，一直到 1939 年 12 月底才基本运完。这 8 万吨器材分属兵工署管辖的第一、三、十一、二十、二十一、二十三、二十四、二十五、三十、五十等兵工厂，以及航空兵器研究处、炮兵技术研究处、弹道研究所、百水桥精密研究所、开封实验厂、陕西第一兵工厂等 21 家兵工单位。这批数量惊人的设备器材主要是由民生公司承运的，完成了 72000 余吨，三北公司和招商局的船只也完成了数千吨的运量。

为了前方

这些内迁的兵工企业在大后方为抗战的胜利发挥了重大作用。

迁到重庆后与济南兵工厂、四川第一兵工厂、汉阳兵工厂的步枪厂和轻机枪厂合并，并改名为第二十兵工厂的金陵兵工厂，购进了德国的最新式机器，于 1938 年 3 月即恢复了生产。开工初期，即达到月产子弹 200 万发的生产能力。到 1943 年，因为材料供应趋于正常，更是达到了月产 800 万发子弹、200 万件雷管的生产能力。

到 1944 年，该厂共生产了马克沁重机枪 17000 挺、捷克式轻机枪 9833 挺、八二迫击炮 6900 门、汉阳式七九步枪 106864 支、中正式步枪 88000 支，生产的弹药计有八二迫击炮弹 235 万发、手榴弹 44 万枚。

巩县兵工厂内迁到四川泸州后，改名为第二十三兵工厂，1939 年全面复工，所生产的催泪气、硫酸、盐酸、烧碱、氯化苯都超过了战前水平。每天还能装填各种毒气弹和飞机炸弹 500 枚，并生产了大量的防毒衣、防毒面罩等军用物资。

由株洲内迁的第二十五兵工厂 1939 年复工后，投产了 10 套新式枪弹机，日产 2 万套。

济南兵工厂内迁后很快恢复了生产，每个月生产二七式掷弹筒 500 具、"甜瓜式"手榴弹 20 万枚以及大量木柄的老式手榴弹。

迁到重庆的原广东第二兵器制造厂 1938 年底复工，改为第五十兵工厂。到抗战结束时，共生产了三七式战防炮 94 门、六零迫击炮 3400 门、三八式野炮弹 32400 发、一五零式迫击炮弹 74600 发。

汉阳兵工厂所属的赫山火药厂迁到重庆的鸡冠石后，于 1940 年开工。

到 1942 年时，年产黑色炸药 12 万公斤、代汽油 7 千加仑、代柴油 4 万加仑、酒精 1.5 万加仑。

第十兵工厂迁到重庆后，到 1945 年止，生产了六零迫击炮 2770 门，各种炮弹、子弹 1000 多万发。

由诸家内迁的钢铁企业合并而成的大渡口钢铁厂每月能生产生铁 1900 吨、钢 650 吨、铸铁 120 吨，并轧制了大量各兵工厂急需的钢板、圆钢、角钢、扁钢和炮弹钢。

这些兵工企业生产的武器弹药不仅为抗战作出了直接的贡献，更是在大后方形成了数个新的兵工生产基地，改变了中国的工业布局。

2. 迁厂的争执

"不内迁就是当汉奸！"

1937 年 7 月底北平、天津失守，华北危急。鉴于形势的紧迫，一些有识之士出于爱国热情及为使工厂免遭日本掠夺的考虑，纷纷向国民政府呼吁将沿海的工厂迁往内地，却未被国民政府采纳。随着战局的不断恶化，工厂内迁的呼声日甚一日，而国民政府仍然没有采取任何有效的举措。

随着战局的恶化及各界人士一浪高过一浪的呼吁，7 月 22 日，国民政府终于成立了"国家总动员设计委员会"，全面筹划战争动员事宜，决定立即将粮食、资源、交通等统制起来。根据这一设计，资源委员会副主任钱昌照向蒋介石上了一个有关动员内迁的条陈，并要求批准两件事：一是资助拆迁上海主要民营工厂移至后方生产，以利继续抗战；二是紧急拨款抢购积存于青岛等沿海城市的战略物资如水泥、钢材、木材等，因为这些物资眼下属于私人或企业所有，只有把它们收购归为国有，才能供战争之需。

以上两事得到批准后，钱昌照于 24 日在南京召集实业部、军政部、财政部、经济委员会、交通部、铁道部筹商如何统制资源时，提出内迁沿海工业，得到了与会者的赞同。会议分为 8 个组，即财务、矿冶、燃料、机器及化学、棉业、建筑材料、牲畜毛革及专门人才组进行了讨论。

7 月 28 日，在机器及化学组会议上，资源委员会专员林继庸提出了将上海工厂迁往内地的建议，他认为：

中国工业布局极不合理，重要工厂绝大部分都集中于上海。鉴于中国军备薄弱，缺乏强大的海军、空军，上海势将不守，而内地各省地广人稀，几乎无工业基础，难以满足抗战的物资需要。从头建设也为时过晚，最佳的办法是将上海的工厂迁至内地。这样做，一则可以增加抗战的物资力量，成为国家军需和人才的一支重要力量；二则可以避免上海沦陷后为日军所利用。

为工厂内迁作出重要贡献的
国民政府资源委员会专员林继庸

大家对林继庸的建议掀起了一番激烈的争辩，反对、赞同的意见相持不下。

反对者认为：迁移工厂的事是应该办的，但恐怕来不及了，因为眼看上海方面的战事就要发生了。上海各家机器厂全部凑合起来，其设备也抵不过一家国营兵工厂，实在不值得迁移。

赞同者认为：现在民有的力量，即是国家的力量，能把他们的生产机器搬往内地最好，即使不能把工厂搬进内地，动员这些工厂的管理和技术骨干同政府一起走，也是人才储备，我们不妨尝试一下，尽我们的力量去做，国家因此花些钱也是值得的。民间工厂的规模确实比不上国营兵工厂，但搬去内地也有其用处，况且现在各民营机器厂也多接受国营工厂的订货，总之，把这些工厂搬进内地对抗战有利。

最后，会议通过了一项决议："调查上海各厂现有工具机械，并接洽有无迁移内地之可能，估计其迁移及建设费用或询明收买之价格，由资委会担任调查。"会议结束后，资源委员会立即派林继庸等三人前往上海与各实业界人士接洽内迁事宜。

在这里，我们不能不提到上海工厂内迁的一个重量级人物胡厥文。

胡厥文是上海嘉定人，1918 年他从北京高等工业专门学校毕业后，进了当时国内最大的工厂汉阳铁工厂，从学徒工做起，开始了"实业救国"道路的摸索。1921 年他创办了自己的第一家工厂——上海新民机器厂。1932 年"一·二八"抗战爆发，他团结上海工商界同仁，赶制了一批批手榴弹、地雷、穿甲弹，送往前线，支持第 19 路军抗战。

抗日战争时期，他带头拆厂内迁，在重庆、桂林、祁阳等地创办机器厂，任总经理，并任迁川工厂联合会理事长。在重庆，他有机会接触了毛泽东、周恩来、董必武、王若飞等中共领导人，了解了中共的抗战主张。1945 年，他和黄炎培等人发起并组织了工商业界自己的政治团体——民主建国会。

1937 年 7 月 30 日，胡厥文召集上海机器五金同业公会举行执委会议，专门讨论工厂内迁问题。会上大鑫钢铁厂的余名任、上海机器厂的颜耀秋、新中工程公司的支秉渊、中华铁工厂的王佐才等企业家都表明了强烈的迁厂愿望，其态度非常坚定，爱国热情溢于言表。胡厥文在会上更是有明确的表态："不内迁就是做汉奸!"与会的各厂老板纷纷表态响应。

当时列席会议的林继庸记述了这一情景：

上海各机器厂家感于国难严重，自愿将各厂机器迁移内地，以应军事制造之需。各工厂种类为翻砂、打铁、冲压、电器及各种五金机器之属，其机器数目，约有 2000 部，连同工具等项，可值 400 万元，并表示各工厂之技术工人亦不难设法随同机器前往工作。

大鑫钢铁厂存有废钢铁原料约 2000 吨，其所处地点，适在日本人势力范围之内。厂中设备，有炼钢电炉 4 只，每日能出各种钢 20 吨以上，现该厂愿将上项原料 2000 吨及其设备的 3/4 先行移至内地。中国炼气公司愿将制造氧气机械之半数迁移内地，每小时约可产氧气 30 立方米，另备钢瓶 1000 只，运往政府指定之地点，该厂所出氧气，于机械电焊及医院救护均甚需要。际此国防紧急时期，诚属亟应办理之事。

大中华橡胶厂愿将厂内机器一部分，足供每日生产汽车内外胎 150 套、飞机内外胎 20 套及军用胶底布鞋 2 万双之设备，迁往政府所指定之地点，其地须能供给该厂 1200 匹马力之电力，希望政府商由银行借给搬运、购地、建筑等费用。现在我国内地，尚无橡胶厂之设立，该厂为国内最大之橡胶工厂，若能迁入内地，则对于各种橡胶用品及防毒面具之供给，当有补益。

康元制罐厂为我国最大之制罐工厂，其设备有印刷机 9 部，制罐机器约 200 部，每日能出各种罐头铁盒 5 万只。厂址在日本人势力范围下之虹口华德路，现愿迁往政府所指定之地点。

民营化学工业社，专制防毒面具，每日可产金陵兵工厂式防毒面具500 具，拟迁往内地，并希望政府商由银行借给搬运、建筑、设备等各项费用。

会议同时要求，苏浙一带的工厂与西北、山东两省厂矿也应及时内迁。

资源委员会批准了这一提案，随后即着手组织实施。

坚决反对迁厂的是龙章造纸公司的常务董事傅筱庵，此人与日本人早就有勾结，后来堕落成了汪伪"上海特别市政府"的市长，被军统暗杀。当时，他不但坚决反对迁厂，而且还公开表示说："很多日本人都是我的朋友，他们一定能帮忙的。"监委会只得警告他限期拆迁，否则即将工厂炸毁，并下令由该厂总经理庞赞匦负责拆运。

热土难离

号称东方巴黎的上海是当时亚洲最为繁华、最为奢靡、最为时尚的城市，各国租界和先进的通信方式向崇尚西方生活方式的上海人，传递着最新的国际商业和社会生活的信息。

在这里可以品尝到世界各国的美食，有领先潮流的时装，有中国最高的楼房，有中国最便捷的交通工具，有第一家夜总会（如闻名遐迩的"百乐门"被称为"远东第一乐府"）、第一家游乐园"大世界"。每当夜幕降临，这座城市更是张扬着它的纸醉金迷、灯红酒绿的舒适和享乐，当时中国的二、三线城市，甚至包括北平、南京在内的城市与之几乎都不具备可比性，上海人一贯的傲慢似乎有着充足的理由和资本。

所有这些，都使习惯于固有的思维和行为方式的企业家们不愿离去，

繁华的大上海

更不要说一旦到了内地，自己的工厂将会失去原料产地和沿海富庶之地的市场，闭塞的西南更是不可能尽快得到国际市场的最新信息。想到这些，企业家们便有着强烈的迷茫和失落感。

当时在上海、江苏，只有胡厥文、颜耀秋、支秉渊、吴蕴初、薛福基等少数有远见的工商界爱国人士为工业内迁积极奔走，四方求援，但国民党政府尚未采取切实可行的措施。直到日寇的大炮打进了厂里，才仓促搬迁。

当时的企业界有很多人因为对战争的进程心存侥幸，对内迁采取了消极抵制的态度，尤其是纺织界因留恋上海的优越条件，多数人不肯内迁。首先，有人感到搬迁困难重重，易地营业，运输、原料、动力、资金流转等诸多问题均无着落。有的人则是抱着苟安的心理，认为战争不会扩大，有可能像1932年"一·二八"事变那样，打一阵子就会停战，故无拆迁的必要。其次，工厂内迁费时费力，长途辗转，难免遭到损失。到达目的地后，能否顺利建厂复工，有无利润可图，都属未定之数。大厂尚可凭借实力勉强应付拆迁和重建复工的经费，小厂势单力薄，难以承担拆迁的巨额费用和损失。最后，上海与内地比较起来，其人口稠密，市场广大，是一个有利可图的大都市。内地经济落后，再加上战争的原因，购买力十分低下，工厂恐怕难以支撑维持。

那些过惯了十里洋场舒适生活的厂主和老板们从内心是不愿意到内地冒风险吃苦受累的，在他们看来，即使上海沦陷，还有租界可躲。迁入租界挂上英美的招牌，照样可以继续生产。有西洋人做护身符，东洋人奈何不了。这些思想阻力，对内迁计划的实施十分不利。

因此，当资源委员会的代表林继庸、庄前鼎、张季熙三人到上海动员民营工厂内迁时，遇到了相当大的困难。

胡厥文回忆当时的情况时说：

> 不少人认为战事短期就可结束，心存观望，企图侥幸；有的认为机器设备极为笨重，战时交通阻塞，长途迁移要冒大风险，不愿共赴国难；还有人只想在英法租界栖身，企图苟安一时。由于想法不同，会上大家辩论得很激烈……最后我说，凡是不愿做亡国奴的工商业者，都应本着抗日至上、国家至上的宗旨，国家存亡，匹夫有责，宁为玉碎，不为瓦全，要下决心内迁，以保存物资和机器设备，支援抗战，绝不能苟安求全，助纣为虐。内迁是为了充实，以图久战，我当即表示了将自己所办的工厂率先迁往内地。

由于有了胡厥文等人的积极动员，最终，会议通过了迁厂的相关细则。随后，为了向国民政府表示实业界响应民族工业内迁的号召、共赴国难的决心，胡厥文、颜耀秋和林继庸等人于当晚就去了南京，想呼吁国民政府解决内迁的经费和交通工具等问题。

8月9日，资源委员会正式向行政院提出了《补助上海各工厂迁移内地工作，专供充实军备以增厚长期抵抗外侮之力量案》。次日，行政院第324次会议通过了资源委员会的提案，并责令资源委员会会同财政部、军政部、实业部共同组织"上海工厂迁移监督委员会"（简称"监督委员会"），以资源委员会为主办机关，林继庸为主任委员，负责经办工厂内迁事宜。

有关迁移费问题，钱昌照从资源委员会拨借了56万元，供迁移工厂之用，总算初步解决了民营工厂内迁资金匮乏的燃眉之急。

8月11日，监督委员会在沪正式成立，并举行了第一次会议。林继庸又召集五金、机械、化学、冶炼等各行业的厂方代表，开会讨论办法，责令克日组织上海工厂联合迁移委员会（简称"迁移委员会"），在监委会的指导及监督下开展工作。根据上海民营工厂分布状况，监督委员会决定：先将机器、材料拆迁至武昌徐家棚集中，然后分别西上宜昌、重庆，北上西安、咸阳，南下岳阳、长沙。至于迁往广西、云南两处的工厂，则视广东方面拆迁进度而定。

上海南头一带的工厂集中在闵行、北新径或南市起运。在闸北、虹口、杨树浦一带者，则先行抢拆至租界装箱，由苏州河或南市水陆起运。凡机件、材料、半成品、工具等，经审查准许迁移者，发给装箱费每立方尺三角五分，运费至武昌者53元，成品运费准发至镇江，每吨12元。各厂抢运机件如在危险地带，可不待检验径自装船运出，其应领费用，经殷实厂商做保亦可发给，候到镇江或汉口再为检验证明。

"八一三"事变后，资源委员会又于9月间派人去华北拆迁工厂，但为时已晚，此时华北的工厂已丧失殆尽。搬迁的工厂仅占11.4%，仅运出机器设备14600吨，撤退技工2500名。后来这些设备和人员辗转集中到了武汉，以待再次内迁。

除此以外，整个华北和华东沿海城市的工业，包括国内主要煤矿和基本化学工业，以及全国华商纱厂的77.3%都沦于敌手。

仓促的拆迁

拆迁工作刚起步，淞沪会战的炮声就响起来了。

8月14日，敌机开始对上海进行狂轰滥炸，工厂的拆迁工作不得不在战火纷飞的环境中进行，这使得拆迁工作更加繁重和忙乱。

8月27日，第一批由新民机械厂、顺昌机械厂、上海机械厂等组成的联合船队开出，沿长江西上。8月28日，大鑫钢铁厂、启文机械厂、新中机械厂、姚兴昌机械厂等六家组成的船队也开出了苏州河，尾随第一批船队西迁。随后又有接二连三的拆迁船队驶出苏州河，溯江西上。

战事的急剧变化，机械加工类的数家工厂成功内迁，再加上国民政府对工厂内迁实行的鼓励政策，使原本摇摆不定的其他民营工厂也纷纷要求内迁，到9月中旬，已有125家民营工厂报名内迁。国民政府一时感到难以招架，无法全部接受，又不能公开阻拦。因为如果按照原来的奖励办法对所有的内迁工厂都应该一视同仁，给予奖励，但这样做国民政府在财力上是绝难负担的，而且各工厂竞相迁移，如不加以选择，给大后方的安置和复工也会带来许多困难。

于是，迁委会在9月11日公布了新办法：（1）严格限制成品的运输；（2）由政府拨付的原料、半成品及制品的运费减半；（3）自镇江后往上游的运费一律自理；（4）生资运费全部自理，机件运费津贴照旧。

由此可见，国民政府由开始时的全面鼓励内迁，开始转变为有选择地鼓励内迁了。

由于政府对内迁的重视力度不够，加之时间仓促、资金不足与交通工具落后及日军破坏等原因，上海迁出的民营工厂仅148家，工人2500余名，机器物资1.46万余吨，仅占全市已登记工厂数的1/9。这些工厂迁到武汉的共121家，随之又迁往大后方的和直接迁往大后方的共有137家，其中，四川106家，占77.4%；广西17家，占12.4%；湖南9家，占6.6%；陕西1家，占0.7%；其他省份4家，占2.5%。

牵一发动全身

上海工厂拆迁在紧张进行的同时，沿海其他省份的内迁也纷纷开始动作，但许多地区观望气氛浓厚，所以平、津、塘地区的众多工厂还来不及拆迁就被日军占领。

如河北省仅运出一批材料，未能迁出一家工厂；山东省济南迁出了陆大工厂；青岛迁出了冀鲁制钉厂及华新纱厂，并炸毁了日资在青岛投资建成的9个纱厂和52万枚纱锭的设备。江苏省在军委会第四部和资源委员会的直接督导下，决定加强工业户拆迁工作，要求纺织业、造纸业等行业选择精良的设备和装备齐全的厂家迅速拆迁，并规定拆迁目的地为湖北的襄阳、沙市、宜昌，湖南的长沙、常德、岳阳，江西的樟树、宜春以及陕西的西安，同时规定按工厂的种类及迁移地点的远近给予不同的迁厂补助费。

江苏省政府还制订了拆迁的具体计划，拟订了拆迁名单，其中纺织业16家、缎丝业2家、面粉业2家、造纸业2家、机械业6家。11月15日，林继庸、顾毓琇受命赴苏、锡、常督促工厂内迁，但由于上海很快失守，仅迁出了庆丰纱厂、苏伦纱厂、公益铁厂、震旦机器厂和大成纱厂等少数几家，南京仅迁出永利公司机器厂及京华印书馆。

浙江省对拆迁工作开始是持消极态度的，未能有力地配合中央政府的行动，所以战事扩大后，浙江省措手不及。在省政府的协助下，杭州迁出了武林、大来、协昌、胡金兴、应镇昌5家规模较大的机器厂，但当重要物件装箱起运后，却被日军追上，大部分设备被夺，只抢出了50箱设备运到浙西地区，未及再行西运。由苏州迁往杭州的中元造纸厂因事变仓促，只得在工矿调整委员会的协助下，将圆网机及木浆机运抵广西。嘉兴民丰纸厂亦仅抢出一部分机件，西运昆明。

沿海工厂是在战火中进行内迁的，所以混乱、困难、危险是无法避免的，国民政府在组织上没有建立起一个统一的、权威的领导机构，是内迁不力的重要原因之一。许多工厂的拆迁都是自主进行的，监委会权责小，力量弱，只负责由资源委员会提案内注明内迁的一些工厂，无权批准其他行业工厂的内迁，且对指定的工厂的内迁只起协调、监督作用，没有起到真正的领导作用，不能应付突发事件。

另外，在交通运输上存在的问题更多。由于国民政府及地方官员事先缺乏充分准备，仓促应变，手忙脚乱。军队的频繁调动，政府的紧急征用，居民的蜂拥疏散，使本来就不够用的车船等运输工具更加紧张，加上军队强行扣押，机关征用，民间高价抢雇，车船主趁机抬价，沿途军警、流氓把头敲诈刁难、趁火打劫等现象成为常态，给拆迁工作造成了极度的困难。因此，有的船只因时间延误，被敌机炸沉于运输途中；有的船只被敌军追上，被迫退回上海。

林继庸在回忆录中十分感慨地写道："往事不堪回首。假若当时有准备、有计划，能有一个机关公平地统制分配运输工具及主发通行凭证，则对于我们的工作，必可增加许多顺利，物资抢救出来的数量也必可大大地增多。"

由于以上的客观原因，沿海工厂内迁数量少，广东、山东的省营工业和苏杭地区的民营工业共约200家未能依照计划拆迁。

淞沪会战时，上海工厂最为集中的闸北、虹口、杨树浦等地旋即陷入战火之中。胡厥文的长城砖瓦厂首当其冲，被炸得荡然无存，其在嘉定的合作五金厂的领班也在搬运机器时中弹身亡。更为悲惨的是申新纺织厂，正在开工时突遭轰炸，酿成数百工人悉数遇难的惨剧。

内迁的工作本来就极为艰巨，战火又加大了它的难度。但是，广大工人和民族工商业者在爱国热情的驱使下，为了力争多运走一吨机件、一台设备，常常冒着生命危险在连天炮火下抢拆机器。

当年《工程月刊》第1卷第1期报道了这种英勇的行动：

> 在炮火连天的时候，各厂职员拼着命去抢拆他们宝贵的机器。敌机来了，伏在地下躲一躲，敌机飞走了，又爬起来拆，拆完就马上扛走。当看见前面那位伙伴被炸死了，大声喊声"嗳唷"，洒着眼泪把死尸抬过一边，咬着牙仍旧向前工作。冷冰冰的机器，每每涂上热腾腾的血！白天不能工作了，只好夜间开工。在那巨大的厂房里，暗淡的灯光常笼罩着许多黑影在那里攒动，只闻锤凿轰轰的声响，打破了死夜的沉寂，这是一幅由血泪交织而成的"工业动员图"。

"八一三"事变后，林继庸在报告中写道："现在车运在商洽中，或用船拖至杭州转赣、湘、鄂，能救多少则多少。"当时，车辆运输难度的确非常大，公路不仅拥挤不堪，而且不时遭到日机轰炸。铁路也受到日军飞机的严重威胁，这样一来，陆上运输遂成为了泡影，也就是说，上海与外地的交通只剩下水上这一条路了。

林继庸是监督委员会的主任委员，为了内迁事宜，他连日奔走于南市、闸北之间，左脚不幸受伤中毒，然而情势紧迫，不容他有片刻的休息时间。林继庸回忆那段经历时说："伯特利医院石成志医生诊治之后嘱我休息，要把左脚悬起来，不可放下，否则恐成残废，须割去一足。闻此，各厂家代表相顾无言，我亦只得一只脚跳来跳去！但我不能终止我的工作。我在马当路租了一家跳舞厅作为办公室，悬高左脚坐着办公，接应各方面来往的人物，替他们办事。工业界朋友们见我这样不屈不挠拼命苦干，心亦为之感动，工作更加迈进，很多小事不再麻烦我了，有问题他们自己想办法解决。

如此工作效率反而增加了，原来我常陪他们到各处办交涉浪费了不少时间，现在他们分头工作，我则驻厅（跳舞厅）从中指挥，在万难之中，鼓励着各厂当事人的勇气。不要灰心，要冷静着头脑，把紧张的情绪按捺住，他们每当走投无路之时，常大发牢骚，对他们只有忍耐，只有安慰，只有勤勉。当此千钧一发的时机，假若我们的意志稍现颓丧，我们之处理稍感畏难，则此后工作进行将必陷于停顿。厂家各人，打不破重重难关，均已失望，以为迁厂事必无所成。

我们心念上海一隅的战事，不知能支持几时，岂肯轻易放松一瞬的时间！幸得资源委员会责任者指导于上，各厂家又分头合作负责于下，工作虽是艰苦，但进行还算相当顺利。"

8月22日，顺昌机器厂装船开始内迁，是上海所有内迁工厂中的首家。25日，上海机器厂的5艘内迁船也载着70余名员工、50余部机床及一批原料出发了。27日，又有21艘木船装载着新民机器厂、合作五金厂、顺昌机器厂及上海机器厂的机器、设备和物资，连同各厂员工、家属和160余名技工，踏上了内迁的征途。

30日，大鑫钢铁厂等更多的内迁工厂也起航出发了。林继庸本来对水运能否成功还缺少把握，而这些内迁工厂的成功，使其下定了决心，他表示："取道水运，几经考虑乃决定此后当源源由此道而行，虽稍缓，但较安稳，其他捷径每有欲速不达之感。"

装满了机器设备的木船为了躲避日本飞机的轰炸，每艘船均保持250米左右的距离，而且还在船上进行了一些简单的伪装，如在船身上盖些树枝、茅草之类的东西。在船的四周，还放有钢板，用来防御流弹和弹片。回首那段凄惨的内迁经历，中国标准铅笔厂的吴羹梅回忆说：

> 我与全体职工在敌机轰炸、炮火连天的危险时刻，争分夺秒，随拆随运。我们将拆下的机件，装上木船，在船外以树枝、茅草伪饰，掩蔽船内物资。各船沿苏州河前行，途中遇到敌机空袭，就停避在芦苇丛中，空袭过去，再继续前进，终于经镇江运达武汉。

颜耀秋在《抗战期间上海民营工厂内迁纪略》一文中也写道：

> 用木船，上覆树枝、茅草等伪装，循苏州河用人力划出，每艘相距里许，互相照应，途中遇敌机来袭就停泊于芦苇丛中暂避。抵苏州后，乃雇用小火轮将原船拖至镇江，再换装江轮直驶汉口。我们在苏州、镇江两处都设有运输站，与当地军运机构及政府取得密切联系，并与上海时通情报。那时因江阴已被封锁，铁路又侧重军运，我们只有循苏州河一条路运至苏州，或取道南市由松江转苏州。初次尝试成功的消息传到上海后，中国建设工程公司、慎昌铁工厂、康元制罐厂、中华铁工厂、益丰搪瓷厂等的物资都相继采用这种办法急速运出。

木船将数千人、上万吨的机器设备匆匆从上海千里迢迢运往内地，的确是一幅悲壮的场景！有人这样描写道：

> 当我们在各处的江河上，看到无数张帆挂橹的木船，顺着风力，迎着水流，蚂蚁样地渡过了千数百里的时候，该意料不到那些行动笨拙得可怕的木船里，尽是满载着无数吨的机械。

> 木船作为运载工具是非常落后的，加之搬迁工作又是在炮火下抢运，许多内迁的民营工厂损失十分惨重。当时的《西南实业通讯》中记录道：

> 机械的拆运，可说是千辛万苦。在苏州河的那段艰苦情形，至今谈来没有不被人钦叹的。天上有敌机的追袭，地上又得想尽办法领护照通过防线，尤以敌机的追炸与扫射，使得迁移工作寸步难行，时时刻刻如过火焰山。

随着淞沪战事的日益加紧，工厂迁移的风气日渐高涨。一些原来不愿迁移的工厂，纷纷前来接洽，要求迁移委员会帮助内迁。林继庸回忆道：

> 最初虽经苦劝而不肯动弹者，后来竟有人自动前来要求加入工厂拆迁的行列。小型工厂拆迁较易，动作亦较迅速，宣传的作用很大，一传十，十传百，造成一呼百应的趋势，工厂拆

迁蔚为社会风尚，变成一种时髦。好像谁的工厂不搬迁，谁就表示对抗战不力，被认为准备做顺民、做汉奸。故一个大型工厂搬了，必有十数个小型卫星工厂随之。

3. 全国工厂总动员

军事家的远见

当我们今天查阅史料时，就会惊奇地发现，"七七"事变后，全面抗战已经开始，但直到"八一三"事变爆发，国民政府竟然还没有打算将上海以外广大地区的工厂内迁。

最早提出内迁上海以外地区的工厂建议的，是军事理论家蒋百里。

蒋百里

蒋百里名蒋方震，字百里，是民国时期中国著名的军事学家、军事教育家，与广东李浴日、云南杨杰同为中国军事学巨擘，驰名海内外。他早年留学德国，先后担任过保定陆军军官学校校长及代理陆军大学校长。蒋百里最重要的军事论著是1937年初出版的《国防论》。

蒋百里将军对日本人的军事评价不高，是国民政府对日作战计划的主要设计者，《国防论》成为整个第二次世界大战中国军队的战略指导依据。在这部让蒋百里耗尽心血的千钧之作的扉页上，有这样的铮铮字句："千言万语，只是告诉大家一句话，中国是有办法的。"

蒋百里的主要论点是：第一，用空间换时间，"胜也罢，负也罢，就是不要和它讲和"；第二，不畏鲸吞，只怕蚕食，全面抗战；第三，开战于上海，利用地理条件减弱日军的攻势，阻日军到第二棱线（湖南）形成对峙，形成长期战场。蒋百里还犀利地指出，中国不是工业国，是农业国。对工业国，占领其关键地区它就只有投降，比如纽约就是半个美国，大阪就是半个日本。但对农业国，即使占领它最重要的沿海地区也不要紧，农业国是松散的，没有要害可抓。

所以，蒋百里在《国防论》中首次提出了"抗日持久战"的军事理论：抗日必须以国民为本，打持久战。日后白崇禧、毛泽东等人的相关言论、理论中均有蒋百里的影子。

他的这些理论，天才地、精确地预见了中国抗日战争的进程和结局。

八年抗战的战场上，蒋百里将军在保定军官学校、在陆军大学带出来的无数国防军子弟浴血沙场，成为中国军队高层指挥官的柱石。

1938 年 11 月 4 日，蒋百里病逝于广西宜山，国民政府追赠他为陆军上将。遗憾的是，他没有看到自己的理论变成现实。

附带要说一句的是，蒋百里先生的女儿蒋英后来嫁给了著名的科学家钱学森。

1937 年，在抗战初期沿海地区工矿企业内迁的问题上，蒋百里同样有着惊人的预见性。9 月中旬，随着战火的日益扩大，蒋百里致函蒋介石，提出山东潍县等地的中小钢铁企业较多，应设法尽快迁移。蒋介石采纳了他的建议，并命资源委员会副主任钱昌照派人前往山东、江苏接洽内迁。

令人惋惜的是，由于国民党军队在战场上的溃败，致使抗战初期内迁的工厂以上海居多，其他各省迁入内地的工厂甚少。

限制内迁的京畿之地

江苏省系京畿地区，工厂较多。国民政府采取有限制的迁移政策，指定只迁移若干家，对大多数工厂不准迁移。1937 年 11 月 1 日，工矿委员会派员与江苏省主席及各主管人员谈话，在确定迁厂对象时表示"锡、常一带设备较精之机器厂可酌量选择数家，迁至武汉以外较有需要之城市"，对"纺织业应先注重纱厂，但不必全部迁移"，"火柴业不必迁厂"，等等。

他们拟定迁移的工厂名单如下：

纺织工业：无锡的申新三厂（先迁动力设备及扩充之纱布机）、庆丰纺织染厂（先迁第二厂）、丽新纺织染厂（先迁纺织部分）、广勤纺织厂（先迁一部分较新机器）、豫康纺织厂（先迁一部分较新机器）、协新毛织厂、庚豫毛织厂，武进的大成纺织染厂（先迁第二厂）、民丰染织厂（先迁动力设备及较新之一部分机器），南通的大生纺织公司第一厂及副厂（先迁移一部分），启东的大生纺织公司第一厂，江阴的利用纺织厂，太仓的利泰纺织厂，吴县的苏纶纺织厂、美纶织造厂（先迁纱罩及宽紧带部分）。

针织工业：无锡的中华针织厂。

缫丝工业：无锡的华新缫丝厂、永泰缫丝厂。

面粉工业：无锡的广丰面粉厂、吴县的泰和面粉厂。

造纸工业：无锡的利用造纸厂、吴县的华盛造纸厂。

机器制造工业：无锡的公益铁工厂、公艺机器厂、广勤机器厂、震旦机器厂，武进的万盛机器厂、厚生机器厂。

然而，由于国民政府军在上海沦陷后一溃千里，致使苏、锡、常等地迅速沦落敌手，结果，江苏全省只有9家工厂得以迁出。此外，还有未经调处协助而自行内迁的几家工厂，如金华化学工业社、公昌机器厂、中国窑业公司火砖厂、宜大昌机器厂、中益电工机器厂等。

富庶温柔乡亦未能幸免

浙江是经济比较发达的省份，向称温柔富贵之乡。截至1937年9月底，全省较大的工厂有781家，约占同期全国已登记工厂的近1/5，经济地位十分突出。

然而，由于战局的急速恶化，使得省主席黄绍竑本拟召开一次各工厂负责人参加的迁厂会议的想法也无法实现，遂仓促下令：各工厂如不自动搬迁，即派工兵来炸毁。

有的工厂遵令自动搬迁了，有的则是省政府强制他们搬迁。可是，因交通工具缺乏，时间又十分紧迫，许多笨重的机件虽已拆卸下来，却搬不走。为此，杭州5家较大的民营机器厂武林、大来、协昌、胡金兴和应镇昌内迁时，省建设厅拨款 10 万元作为迁移补助费。

孰料，机件运抵钱塘江码头的时候，日军已抵达杭州市郊，大批国民党溃兵和难民涌向钱塘江，内迁工厂找船困难，仅运出 50 余箱机件，其余全部丢弃。待运至高阳，日军又追踪而至，内迁工厂只得将这些机件连夜赶运到南溪，然后再改由陆路运入浙江腹地。

杭州的林长兴织带厂等 6 家纺织厂自动联合内迁，在杭州失陷前安全运出，后辗转迁入四川。此外，杭州著名的景纶衫袜厂也将部分机件迁到重庆。

除杭州外，宁波、温州等地也有一些相当规模的工厂。省政府建设厅原拟将宁波顺记铁工厂、温州大华针织厂和毓蒙铁工厂等内迁，并建议由省政府出资，把一些工厂合并组成联合铁工厂，但遭到了厂商的反对，结果，在浙江省政府的压力下，这些工厂只得将机件做价卖给了省建设厅。

1938 年春，浙江省政府又强令拆迁沿海一带的民营工厂，其中，永嘉、瑞安等地迁移的有铁工厂 17 家、棉纺织厂 7 家、印刷厂 33 家、锯木厂 29 家。另外，还拆迁电话公司电话机 272 架，交换机 1 部，淘化罐头食品公司机器 19 部，光明火柴公司 75 匹马力引擎 1 部等，全部迁往浙江省腹地。

对一些较大的民营工厂，省政府则像对待宁波的铁工厂一样，设法予以吞并，如恒丰印染织厂，便被改办成浙江省染织厂。温州沿海一带小发电厂内迁后，即被浙江省政府收购，改办成浙东电力厂。

抗战期间，浙江全省仅迁出工厂 86 家。

冀鲁豫企业内迁

1937 年 11 月，工矿调整委员会派员前往郑州商谈内迁事宜，却毫无结果。同年底，日军侵入河南时，焦作中福煤矿公司才将锅炉、发电机、鼓风机、抽水机、起重机等关键设备以及煤车、钢轨、器材等物资共 2000 余吨，连同职员 300 余人、工人 700 余人，分乘火车沿平汉路南迁。此后，中福公司把一部分机件运往湖南湘潭谭家山煤矿，做价 98 万元，资源委员会又投资 102 万元，与其合作开采。1938 年 9 月，湖南告急，该煤矿被迫停办，之后，又将机件拆运至安徽安庆。而该公司另一部分机件则西迁四川，与天府煤矿合作，并协助当地的嘉阳、石燕、威远等煤矿采用较为先进的开采方式采煤。

郑州豫丰纱厂于 1938 年 2 月开始拆迁，经过两个月的努力，共拆下了全厂的纱机 56448 锭，并线机 5600 锭，布机 224 台，发电设备 3500 千瓦及锅炉、机件等，计有 8150 吨，沿平汉路南下，于同年 4 月底到达汉口。此外，许昌等地亦有数厂迁出。另外，河南省尚有一些中小工厂自动内迁，如许昌的和合面粉厂、三泰面粉厂，郑州的光华机器厂、全盛隆弹花厂，孟县的华兴铁工厂等。最终，这些工厂悉数迁往了陕西。

山东省虽然有 22 家工厂，但因国民政府没有过问工厂内迁的事，所以迁出者很少。虽然 1937 年 9 月中旬，蒋百里曾致函蒋介石，认为潍县等地铁工厂应设法迁移。蒋介石侍从室也把该函转给资源委员会，要它在内迁工厂时注意这一点，实际上却无人予以办理。最终，山东沦陷时，迁出的工厂仅有青岛的华新纱厂、冀鲁制针厂，济南的陆大铁工厂、成通纺织厂及枣庄的中兴煤矿。

华新纱厂是青岛唯一的华商纱厂，抗战全面爆发后，该厂总经理、爱国企业家周学熙之子周志俊即决定拆迁，然而，刚拆迁了一部分，青岛即告失守。拆迁的机件运抵上海租界，兴办了信和纱厂、信孚印染厂和信义机器厂，以后又计划内迁，却未能实现。

冀鲁制针厂以制针技术先进著称于国内，青岛危急时迁往上海，以后又迁至重庆。陆大铁工厂属自动内迁，共迁出机件物资 103 吨，随迁工人 64 名，经由津浦、陇海、平汉铁路辗转到达汉口，但因汉口无法建厂，遂于 1938 年 1 月再次决定西迁重庆。成通纺织厂的机器制造部有一部分机件内迁到了陕西，但沿途损失严重。

此外，山西省的西北制造总厂在该厂总办张书田的努力下，迁出了 2000 余吨物资及两台卡车。

河北省因军事关系，所有厂矿均未能迁出。

广东省方面，虽然林继庸认为也有一些工厂十分重要，并几次就内迁事宜与有关部门进行接洽，但因种种原因，工厂非但未能迁出，反而大部资敌。而与广东毗邻的福建省，却有 105 家工厂在地方政府的安排下，得以迁出。

急中生智的冠生园老板

闻名全国的百年老字号"冠生园"食品厂以生产糖果、点心而驰名中外。

抗战开始时，该厂的创建者冼冠生就联合多家食品厂的老板赶赴南京，要求将他们的厂内迁到武汉。但被战事和机关、工厂、学校内迁闹得头晕脑胀的军需署官员哪有时间听这几家卖点心的商人絮叨，只一句话就回绝了他们："你们不属于内迁厂，那么多要内迁的单位我还应付不过来呢，回去吧。"

冼冠生情急之下，突然冒出来一个主意，说："我的厂不仅能生产点心糖果，设备只要稍加改造，就可以生产前线士兵急需的罐头食品啊！"官员听了这话，颇感意外地认真问道："果真如此？"冼冠生答道："一言既出，驷马难追，绝不食言！"几天后，冠生园就与军需署签订了生产协定，获得了一大批订单，还因为被批准内迁到武汉，而得到了一笔搬迁补助费和一批原材料。

1937 年 10 月 9 日，冠生园开始分两批内迁。第一批的设备和原材料顺利地抵达武汉，第二批的两艘木船装了刚刚进口的制罐头用的马口铁和几百袋进口的加拿大面粉，但当船行至安徽芜湖时，该市已经被日寇占领，结果所有物资都被日军截获，冠生园损失惨重。迁到武汉后，冠生园很长时间才恢复元气。

抗战胜利后，冠生园虽然迁回了上海，但也将一部分设备和技术骨干留在了武汉。武汉的这家冠生园分号，几十年来成为了江城糕点行业的领头羊。

4. 哪里是终点

"还要再迁？"

因为没有考虑到日军会把武汉作为下一步攻击目标，武汉的失守也还没有进入人们思考的范围，所以江城是当时沿海工厂企业内迁的主要目的地。

历经千辛万苦后，最终迁往武汉的沿海和其他地区的民营工厂有137家，其中上海的有121家。到达武汉后，大家都松了一口气，把武汉作为了一个可以久居之地，想到总可以安定一段时间了，接下来便考虑尽快复工，希望能弥补一些损失。

工矿调整委员会在汉口设立办事处之后，一面忙着在当地寻找合适的地点建立工业区，一面设法从兵工署接来一批军需订货，交给各厂承造。一些接到任务的内迁工厂，立刻利用空余的仓库或租借民房充当厂房，在那里架起一些简易的机器设备后，匆匆开工。由于多数内迁工厂设备不全，于是有些工厂便联合起来进行生产。然而，在武汉短暂复工的工厂毕竟是少数。多数工厂因为当地条件的落后，均未能在武汉立足，而同当地官民的矛盾，也使得很多工厂难以复工。

胡厥文在回忆录中写道：

> 当时普遍认为武汉是比较安全的，因此成立了内迁工厂联合会，准备在武昌城外的洪山、簸箕山一带建立一个工业区。当各厂与地主们洽商买地时，不料每交涉一次，地价即高涨一倍，竟至无法成交。后来工矿调整委员会派代表出面交涉，又因有人提出洪山是产红菜苔著名的地方，让厂家在那里办厂，是助长工业打倒农业；更由于长春观的道人侯永德等煽动佃户荷锄执斧地反对，事情就拖下来了。

此时，湖北省政府又表示在汉所有工厂一律不得减免产销税，林继庸曾去有关部门进行交涉也告失败。此举对于刚刚落脚、惊魂未定的内迁企业家们来说，无疑是雪上加霜。

正当很多人为武汉的如此情况手足无措的时候，有两件事情促成了他们再次决定内迁。

当时，四川省主席刘湘正在汉口养病，他听说了内迁工厂在武汉的窘境后，为了四川省工业的发展，随即派人向内迁的企业家们详细介绍四川的情况，表示欢迎他们去四川设厂。刘湘表示：

"四川有原料，有人力，但是缺乏资本，缺乏技术人才。四川不仅宜于各种工业的发展，尤其适于国防工业、动力工业的建设，我可以代表四川同胞欢迎全国企业家、民族产业家、华侨资本家及一切技术专家在四川投资建设。"

为了鼓励内迁，四川省政府又以"凡迁川工厂厂地印契准免收附加税"为优惠条件，如此一来，确有不少工厂为他的热情所打动。

当然，仅凭刘湘等人的热情相邀，是无法造成后来那样大规模内迁的局面的，战局的迅速恶化，才是迫使工厂再次大规模内迁四川的主要原因。

曾任国民政府四川省主席的刘湘

1937 年 12 月 13 日，首都南京被日军攻陷，随即武汉的形势亦开始紧张起来。工矿调整委员会以武汉有沦陷之虞，遂又通知各厂准备再次内迁。

1938 年 3 月 22 日，工矿调整处召集内迁工厂开会，正式通知各厂做好再次内迁的准备。其实，早在 1 月，一些大工厂的负责人便联合一起，乘飞机赴四川进行了实地考察，随后，他们在重庆举行了会议，具体商量迁川事宜，并决定筹建迁川工厂联合会。

但社会舆论对再次内迁深表担心，当时，《武汉日报》的一篇社论认为：

厂家对于迁移以后的问题，像那个地方运输的方法、原料的来源等不但生疏得很，并且人口突增以后情况与以前有什么程度的差别，都全然不知，完全持一个"到了那里再说的态度"。这样的盲目搬迁，也许会成为中国工业界的一个严重问题。……在战时情况下，如果放着许多有用的机器搬来搬去而不能开工生产，实在可惜，如果政府能加以统制，指定地点，代为运输，协助开工与生产，对于各方面都会有很大的利益。

接到再次内迁的通知时，的确有些工厂出于对再次内迁失去信心，或因资金短缺、已经无力再迁等原因，最终只得出卖机器或返沪另谋出路，还有的干脆关门停业。但多数工厂虽然对国民政府毫无准备的内迁"磋怨激愤"，然而在爱国心的驱使下，仍是置危险于不顾继续内迁。截至1938年9月，上海及其他沿海地区内迁武汉的工厂，基本上全部迁出武汉，再次开始了艰难的征途。

从武汉再次内迁时，上海内迁工厂的工人发挥了拆迁主力军的作用。在拆迁过程中，上海工人不仅展现了娴熟的技术，也表现了高尚的品质。拆迁湛家矶造纸厂时，工矿调整处为了抢时间，允许将湛家矶造纸厂的整座铁架房顶作为奖励送给拆迁工人，可以变卖换钱。但在起运时，工人们发现运载的物资太重，就毅然舍弃房顶，全力装运机器。后来，这些机器为四川造纸业的发展立下了汗马功劳。

拆迁位于大冶的厂矿时，日本飞机已经在上空反复盘旋轰炸。工人们在白天只得隐蔽起来装箱，黄昏时分再将装箱后的机件抬到河边，一直等到晚上才能装船。为了迷惑敌机，他们将机件放置于舱底，上面盖上煤屑。在拆迁和搬运过程中，工人们屡屡遭到敌机的俯冲扫射，有很多人为此而牺牲。

从武汉再次迁出的工厂大部分是迁往四川的，从武汉到宜昌，很多工厂用的是排水量千余吨轮船装运，但从宜昌到重庆的这段水路，全长约650公里，一共要经过10个县、76个险滩，正所谓"川江狭窄，水急滩多"，大轮船无法再用，无奈之下，唯有改搭民生公司的小型川江轮入川。由于当时后撤者势如潮涌，待运物资堆积如山，到后来，这些小江轮也被机关及军队征用了，最终内迁工厂只好租用木船入川。

蜀道难于上青天

我们现在无法得知当时内迁四川的工厂在路上艰难的细节，但是通过林继庸、胡阙文等人的回忆，还是可以对其略知一二的。

> 下行时，木船日可行300里，甚是迅速，李白诗："千里江陵一日还"即指此而言。然而上行时则无一定，在静水无风时，日可行50里；遇顺风时，张帆每小时可行10里；但在遇险滩

时，就需拉纤方可通过。由于船多纤夫少，因此内迁厂的工人自己也都背起了纤绳。

岸边的江石年年被江水冲刷，变得分外尖利，工人们一不小心就把脚划得鲜血淋漓。在许多危险的地段，两岸均是陡峭的山崖，简直难以立足，一只船往往需要一二百名工人拉纤。他们身背沉重的纤绳，尽管迎面而来的是冬天凛冽刺骨的江风，但还是累得汗流满面，气喘吁吁。他们时爬时走，伛偻着腰，体向前倾，同声喊着短促的号子，合力向前拉。顺利时每小时约可前进两丈，但更多的时候是寸步难行。在拉纤过程中，四根纤绳断了一根是常有的事，若是第二根纤绳断了，即须立即将其余两根一齐砍断，任船下流至静水处，以免危险。而纤夫只得重回原处，再从头拉起。若是遇上大石挡路，须将纤搬过石头再拉。

停船时，最怕的是停在淘金旧址。水退时船陷入淘金穴中，进退不得，船底碰着石尖，石尖套入船内，水涌入，船破，船主哭，无奈何只得把两船并作一船，再待雇得空船方得分载。在过巫峡时，由于峭壁数百尺，无容足地，纤夫不能上岸拉纤，只有扎水候风，或缓行，有风时一天可以过此 80 里长的巫峡；但是常常候至五六天始得遇风，黄昏或大雾不能行，水涨时更不能行……

天上的敌机，长江的急流、险滩，在随时威胁着船队的安全。在离巴东 30 里处，一木船误触暗礁，船舱进水，船沉及半，幸经抢救拖到岸边，把机器物资搬到岸上，请木匠把船整修好，再装船西行。……进三峡后两岸峭壁悬崖，站在拉纤的地方，看不见崖壁下边的船，纤夫个个趴在地上拼命地拖拉纤绳，船上敲着鼓，催促鼓劲……

行驶中，遇到轮船从旁边经过，所掀起的大浪常使木船上下颠簸，左右摇摆，甚至翻船。于是有人想了个方法，发给每一个押运员一个铁皮话筒，一面小红旗，见轮船上下，便摇红旗示意，用话筒呼喊"开慢车，以免触暗礁"，这样才躲过了多次险情。

这天是旧历除夕夜，寒气袭人，当船队行至万县上面石宝寨的地方，遇到海军鱼雷艇两艘直冲而上，一条60吨的木船随波浪颠簸触礁沉没，只余少许桅杆露于水面。

后来，经过多方面打听，得知离此30里有一水性高超的老汉，手下有徒弟数人，俗称"水老鼠"，专门为沉船打捞物资……年初一开始打捞。用两只小船在沉船位子上固定，小船上放着火盆、烧酒。烤火喝酒后"水老鼠"轮流下水，用铁钩、铁夹子，把木箱吊好，上面的人一件件往上拉。随着重量减少，沉船渐渐浮起。为了提高打捞速度，还动员了有水性的其他人员参加打捞，凡捞出物资一箱或铁皮一张，发奖金一元或五角。经十来天的打捞，沉船终于浮出水面。但船底的洞太大，一时难以修好，只得另雇木船西上。

1944年5月，日军为了打通大陆交通线，发动了豫湘桂战役，向长沙发起猛烈的攻势，湖南局势岌岌可危。5月底，工矿调整处通知这一带的工厂再次迁移，并于6月初派人赴衡阳，协助各工厂办理运照、交涉交通、商洽运费等事宜。

然而，和几年前的内迁情况相同，政府机关对内迁工厂仍然缺乏有效的安排和帮助。在事前缺乏充分准备、搬迁时间又仓促的情况下，一些工厂再次走上了艰辛的内迁路。

如华成电器厂在6月5日便已经将内迁机件装船，准备赴冷水滩。但是，这次内迁无水路可走，只好利用原本已显得运力有限的湘桂和黔桂铁路。豫湘桂战役中，国民党军队一溃千里，这使得内迁各厂不得不扔下笨重的机器物资，匆忙撤离。

据统计，截至1944年12月6日，湖南内迁工厂共95家，内迁器材7873吨。但是，因运输困难及在途中被日军追赶而损失的，竟然高达7672.5吨，所以最终到达目的地的内迁器材只有201吨，仅仅占了总量的2.55%而已，损失极为惨重。

抗日战争全面爆发后，以上海为首的战时工厂大内迁，是整个中华民族在历史上最严重的生存危机的特殊背景下发生的。这次民族工业的大迁徙，迁徙的企业种类之多，几乎涵盖了当时中国工业的所有门类；跋涉路途之遥远，几乎贯穿了整个中国的东西南北；历时之长久，从1937年到1944年底，前后持续了近7年。

至于动员力量之大、辗转周折之艰险，在中国近现代经济史上更是绝无仅有的。那些民族实业家们为了国家和民族的利益，不顾个人安危，甘愿赴汤蹈火。他们历尽千辛万苦，胜利地完成了工厂内迁这一无比艰巨的任务，为支援全民族的抗战出了大力，为奠定大后方的工业基础立下了汗马功劳，也对改变中国工业布局长期以来的不合理局面起到了举足轻重的作用。

这其中，资源委员会在民族工业内迁中的贡献是不可磨灭的，他们在中国百年近代史上，书写了光辉的一页。

据统计，仅截至1940年底，内迁的民营工厂就有639家，由国民政府助迁者448家。其中，钢铁工业2家，机械工业230家，电器制造业41家，化学工业62家，纺织工业115家，饮食品工业46家，教育用品工业81家，矿业8家，其他工业54家，迁器材共计12万吨。内迁至四川的有250家，占55.8%；迁往湖南的121家，占27%；迁往陕西的42家，占9.4%；迁往广西的25家，占5.6%；迁往其他省份的共10家，占2.2%。

工业内迁的目的是为了支援抗战，因此这些工厂内迁至大后方后，立刻着手复工生产。后来，为了展示迁川工厂在大后方艰难的条件下所取得的成就及民族工业的雄厚实力，迁川工厂联合会于1942年和1944年分别在重庆举办了"迁川工厂出品展览会"和"会员厂矿出品展览会"。

两次展览会不仅吸引了各界知名人士、国共两党的要人，连美国、苏联及其他国家的驻华大使都前往参观。

第四章　百年老厂内迁路

1. 民族工业领头羊

绝不和日本"提携"

旧中国的钢铁冶炼业非常薄弱，除了在洋务运动中建设起来的几家厂，如汉阳铁厂外，几乎没有什么钢铁厂。东北的鞍钢早就已经落入日本人之手，因此位于上海的大鑫钢铁厂的地位就显得非常突出了。

上海的工厂内迁时，机械业是重点。上海的钢铁厂、机器厂大部分集中于杨树浦、江湾、虹口一带，而这里正是淞沪会战的战场，至少是在战场的边缘上。

上海大鑫钢铁厂（简称"大鑫厂"）是1933年秋由余名钰创办的，并于第二年的9月建成投产。

最初，大鑫厂主要是生产铁路与火车所需的钢材，"一·二八"事变之后，大鑫厂开始接受军方的订货，生产战车所用的各种配件。"七七"事变爆发后，有军工性质的大鑫厂成为日军觊觎的重要目标。8月初，日军以重利相诱，要求与大鑫厂搞"中日提携"，当即遭到了厂长余名钰的拒绝。面对恼羞成怒并扬言要对大鑫厂实行军事占领，或予以炸毁的日军，为了不使自己辛苦创办的工厂毁于战火或沦落敌手，余名钰对全厂进行了内迁动员，又向政府申请内迁。为防万一，余名钰下令连夜拆运工厂设备，先行抢运进租界。

在淞沪会战进行的过程中，将机器及物资运出上海，其困难是可想而知的，更不要说是一家有诸多重型设备的钢铁厂，就算炼铁的高炉和炼钢的平炉运不走，其他的轧钢设备等也都是庞然大物。这些设备历尽千辛万苦拆卸装船后，又遇到了运输的问题。

当时，公路运输是不可能的，每时每刻都可能遭到空袭，而火车几乎都被军队征用。唯一的办法，就是用木船装载，循苏州河至苏州，再以小火轮船拖运至镇江，然后再转大轮船驶往武汉。

10 月下旬，因闸北已被日军攻占，苏州河暴露在日军的炮火之下。不得已，内迁船队只好改经黄浦江绕道松江，转往苏州至镇江再往武汉。不久，杭州湾又遭攻陷，松江告急，因此内迁船队又改由黄浦江租装外轮，先运抵南通，再驳装木船至镇江，最后逆水而上武汉，一路上历经了重重险阻。

迁移损失惨重，最终，该厂物资只运出了四分之三。

脱胎换骨

大鑫厂历经了千辛万苦，终于抵达了武汉，结果却发现武汉连适合建厂的地方都没有。各地的内迁工厂一齐涌入武汉，使武汉的建厂地皮问题成为焦点。

9 月初成立的国家工矿调整委员会曾决定在武汉大规模征地，并于 10 月 14 日派工矿调整处处长林继庸到武汉寻找工业新基地，却遭到地方势力的反对，使工厂厂址难以落实，而已落实的厂址，也根本无法满足需求。

大鑫厂于 1937 年 9 月 16 日抵达武汉，圈定了武昌洪山簸箕山基地 50 余亩为厂址，着手平地建厂，却发现当地电力严重不足。余名钰正在商请当局解决电力问题的时候，突然接到军事委员会的通知，称空军缺乏炸弹，要大鑫钢铁厂迅速恢复运转，生产炮弹所用的钢壳。余名钰只得遵命，准备将炼钢设备迁移到大冶，在简陋的条件下生产炮弹钢壳。

余名钰紧急赶至大冶，布置电炉地点，筹划用煤借电等问题，并将已经运到武汉的电炉炼钢设备重新装箱，着手运往距武汉 70 公里的大冶。这时南京已经沦陷，武汉形势也日趋紧张，仓促之间实在难以决定去向，军委会在紧急的情势下，也似乎顾不上大鑫厂了。

在四川省主席刘湘欢迎各界共同开发四川的号召下，余名钰最终决定将工厂转迁重庆。

长途迁移急需大笔现金，而大鑫厂经过数月的搬运，原先 10 万元的运费、搬运津贴及 20 万元的购地、建筑等低息贷款，早已所剩无几，再也无力负担这笔经费，同时运输所需的大量船只，一时也难以征集。

另一方面，国民政府因战事吃紧，根本就没有帮助民营工厂内迁的周密计划。余名钰只得于 1937 年 11 月间与卢作孚的民生公司签订合同，由民生公司加入 50%的资本，并提供大鑫厂迁移所需的船只，而大鑫厂的厂名也改成渝鑫钢铁股份有限公司。

之后，渝鑫厂又添置了一些设备与原料，从 12 月起，分五批由武汉向重庆迁移。1938 年 2 月，历经几个月风雨的渝鑫厂终于在重庆的土湾重新建厂投产，主要是生产各类武器用钢。还先后设立了机器、木工、炼钢、锻钢等分厂，从开始时仅仅生产钢锭、钢轨和钢板，发展到制造飞机炸弹、炮弹、手榴弹和各式大炮等。1939 年后，渝鑫厂又逐渐转向民用生产，其产品不仅以种类繁多而著称，产量也颇高。

实际上，大鑫钢铁厂经历了一次脱胎换骨的蜕变。

作为后方最大的民营钢铁厂渝鑫厂，为战时民族工业的发展作出了较大的贡献。笔者的一位德高望重的远亲长辈，就曾是这家工厂的工程师，新中国成立后曾在国家冶金部担任要职。

1942 年 1 月 14 日，在重庆的周恩来参观渝鑫厂后题词："没有重工业，便没有民族工业的基础，更谈不上国防工业，渝鑫厂的生产已为我民族工业打下了初步的基础。"

但是，在日军飞机对重庆的大轰炸中，渝鑫厂的损失也是极其惨重的。截至 1941 年底，日军飞机先后五次轰炸该厂，厂房和员工宿舍中弹 90 余次。面对狂轰滥炸，渝鑫厂的工人们并没有退缩，他们在遭轰炸后，立刻进行抢修，然后再次投入生产。余名钰本人也和广大员工一起工作在最前线，他常常戴着护目镜，站在炼钢炉前研究解决生产中的难题。然而，渝鑫厂顶得住日本飞机的轰炸，却顶不住官僚资本的侵入与掠夺，尤其是抗战后期美援大量涌入以后，一度几乎陷于停产状态。到了抗战后期，渝鑫厂只能生产一些烧饭、煮盐用的铁锅及铁钉了。

渝鑫厂的经理曾愤愤地说："美制钢板、角铁等源源涌来，而国民政府却发出'西南工业落后，不堪扶植'的论调，把我们一脚踢开了。"

事实上，渝鑫厂的遭遇只是数百家内迁民营工厂的一个普通例子而已。

2. 橡胶业"旗舰"

声震业界的"大中华"

规模较小、资金短缺、设备和技术落后，是当时中国大部分企业的共同特征。虽然如此，甲午战争之后，在"实业救国"旗帜的号召下，经过大批爱国民族工商业者的不断努力，中国的民族工业在某些领域还是取得了一些令人欣慰的成绩。这些企业宛如黑暗中的点点灯光，虽然十分微弱，却彰显出在内忧外患的困境中，中华民族不屈不挠、勇于奋斗的优秀品质。其中，上海的大中华橡胶厂（简称"大中华厂"），便是黑暗中熠熠发光的一颗星。

中国橡胶业的鼻祖企业是成立于1917年、总厂设立于广州的兄弟树胶公司。到了1937年，上海也已有了大小31家橡胶企业。其中，大中华厂拥有4家分厂，经过增资，资本高达300万元，远远高于其他30家总和的218万元，是中国民营橡胶业当之无愧的旗舰型企业。

抗战全面爆发后，国民政府资源委员会打算将与军火制造有直接关系的少量有影响力的企业内迁至武汉，大中华厂也被列在其中。

1937年7月28日，资源委员会专门委员林继庸赴沪与大中华厂经理薛福基、新民机器厂的胡厥文及上海机器厂的颜耀秋等工商业人士商讨内迁事宜。经过大中华厂董事长余茂芳与薛福基等人协商后，于8月3日向前来调查具体内迁情况的林继庸表示愿意内迁，并决定立即着手估算内迁所需的物资和费用。

国民政府指定其将专制轮胎与胶鞋的机器设备迁往湖南湘潭。大中华厂则希望湘潭方面能够供给1200匹马力的电力，并能向银行借款65万元，用于搬运、购地、建筑等事宜，其中利息由厂方负责，分10年还清，同时还希望政府能够以10年为限，每年拨奖励基金5万元。

薛福基本人对于内迁事宜一直持积极的姿态，并为此四处奔走。他一边忙于遣散工厂里的职工回乡，一边张罗内迁事宜。不幸的是在"八一三"事变的次日，薛福基为接洽工厂内迁事宜乘车时，被一颗恰好落在"大世界"附近的炸弹炸成重伤，送入医院后抢救无效，于8月30日不幸去世。作为大中华厂内迁的具体负责人，薛福基的死对该厂的内迁打击很大。之后，大中华厂对于内迁，态度变得暧昧起来，一直按兵不动，以至于让监委会误以为大中华厂不想内迁了。

直到11月2日，上海沦陷前10天，大中华厂才将内迁的清单递交给监委会，并决定于同月5日开始内迁。其内迁的物资主要有制造轮胎的一套设备和南市第四分厂的全部机械，此外还有70余只汽车外胎、1万余双胶鞋和一部分原材料，共计120余吨。这些物资一共分装4艘木船，由顾炳臣、沈锦春、李成德等人带领着，从南市启运。

当时，局势已经十分危急，九江、马当一线已被封锁。木船在内迁过程中不仅遭到日机的威胁，还时常有国民党军队溃兵的滋扰。最终，内迁的4艘木船中仅有1艘装运轮胎机械的船到达汉口，另外的3艘航行至长江裕溪口到巢湖一带时不幸失踪，共计损失金额6.4万元。

这只唯一没有受损的船，于1938年1月18日到达汉口，2月底又转往湖南的长沙。这艘船装载的物资共计31.3吨，其中有一台90匹马力的电动机、四只大滚筒、一台面子车、一组大减速机及一套大烘灶。而到达长沙不久，又逢长沙大火，不得不再次内迁。

轮胎上的抗战

与此同时，工矿调整处根据国民参政会第四次会议的提案，计划在云南开办橡胶厂，便派人与大中华厂协商。

橡胶工业当时是中国工业的薄弱环节。一是没有原料，云南虽然能种植橡胶，但产量太少，还是要靠从马来西亚等东南亚国家进口。二是生产技术落后，因此，国内仅有的能生产汽车和飞机轮胎、关系到战事进程的大中华厂就显得格外重要。尽管中国空军还处于初创阶段，飞机零配件大部分都需要进口，但起落架轮胎如果能自给自足，无疑是解了燃眉之急。

　　大中华厂派出经理吴哲生和一名技师长当即奔赴重庆，经过与有关部门的协商，决定在云南设立一家专门制造轮胎的橡胶厂，厂址设在昆明郊外的黑龙潭，董事长由工矿调整处处长张兹闿担任，吴哲生出任筹备主任兼总经理。设备大部分向英国订购，共计价值 6 万英镑，计划于1941 年在英国利物浦交货。技术人员则由大中华厂提供，建筑厂房的水泥工、木工也是从上海招募过来的。这些事宜都是由吴哲生具体负责的，同时，他又通知其他人，将在途中的内迁物资立即从湘桂途经越南同登运到云南。

　　然而，当这批物资历经千辛万苦到达越南同登、那岑时，法国维希政府已经向日本投降了，日军在越南登陆，形势变得十分危急，交通也很混乱。而那批物资因为机件庞大，抢运不及，最后竟全部落入日军的手里，押送人员见状只得逃回上海。

　　这样，大中华厂内迁的物资丧失殆尽。随着战火的延伸，尤其是太平洋战争爆发后，日军切断了滇缅路、滇越路，上海与大后方的交通也完全中断，在云南开办橡胶厂一事，最终只能不了了之。

　　虽然上述的计划未能实现，但在太平洋战争爆发之前，大中华厂曾将大批物资运往大后方。当时，大中华厂从上海的租界中组织了百余人，冒着生命危险向温州、广州、香港、海防等地抢运物资。1940 年时，大中华厂还通过越南的海防，用汽车经中越边境的镇南关把物资运送到西南地区。除此以外，大中华厂还先后在赣州、上饶、汉口、长沙、重庆、广州、香港和海防等地设立分所和办事处，主要出售在上海生产的各类胶鞋和车胎。

　　截至太平洋战争爆发，共有 340 余万双胶鞋，7 万余副人力车胎，3万余副自行车胎，1000 余只飞机、汽车的轮胎被运往大后方。

　　太平洋战争爆发后，大中华厂在各地设立的分所和办事处，不是被炸毁就是被占领，连幸存的重庆、贵阳两处也因无货可卖，最后竟改作了运输生意。

资敌的商人和不屈的工人

除了内迁的设备和人员，大中华厂还在上海留下了一部分生产能力。

为避免被日军占领，大中华厂的留沪部分便依托德、美两国的商人，一些厂甚至还领了德国大使馆发的执照，而董事长余茂芳为了逃避与日军的合作，避居香港山林道7号，并将公司总部也迁到香港乍畏街84号。

但是太平洋战争爆发之后，日军进入租界完全控制了上海，并继续对大中华厂进行威逼恐吓，又对各种原料和物资实行了严格的控制。在这样的情况下，大中华厂虽然仍设法拒绝与日商合作，但也不得不为日伪军生产一些军用胶鞋和汽车轮胎。

和大中华厂方最终未能保持住民族气节相比，作为大中华厂工人中的杰出代表共产党员邱新培、薛福生等人与敌人进行不屈斗争的事迹，则显得光辉许多。

在租界的岁月里，他们以聚会、文娱活动等多种方式领导大中华、美亚第九织绸厂、金城工艺厂等厂的工人进行抗日救亡活动，先后培养了近百名群众骨干，发展了一批中共党员。1941年初，邱新培被工厂开除，不久，他又在老同仁街创办了工人消费合作社，继续领导工会工作，并将其作为党支部的秘密活动据点，还动员近百名工人参加了新四军。薛福生在邱新培被开除后，继续领导厂内工人运动，担任了地下交通员。他曾冒着生命危险，数十次将志愿参军的人员送到苏北各个抗日根据地，遇到路费不足的，他还拿出自己的工资，甚至曾在严冬季节卖掉自己的棉袍来垫用。

1942年2月15日是大年除夕，由于叛徒的出卖，邱新培、薛福生等人这一天同时被日本特务逮浦，受尽酷刑。当天晚上，便被投入硝镪水池，惨遭杀害。

3. 硬骨头吴蕴初

"总要对得起国家！"

提及中国近代的化学工业，吴蕴初是一个避不开的话题。他在化学工业方面的功绩卓著，中国第一粒味精便是在他的手中凝结出来的。

1950年国庆节，周恩来接见他时赞誉他为"味精大王"。此外，他还是中国近现代化学工业的奠基人之一，与天津的范旭东齐名，被并称为"南吴北范"。不仅如此，像许多的爱国企业家一样，吴蕴初一生以振兴民族化学工业为己任，从生产第一袋"佛手"牌味精时起，他就不断地创新，力求突破，使得中国民族化学工业能够在与英、日等外商的激烈竞争中站稳脚跟。

1932年的"一·二八"事变中，吴蕴初积极地协助第19路军抗战，生产军用物资。1937年"八一三"事变后，吴蕴初又主动向监督委员会提出了内迁要求。由于日军的野蛮轰炸，吴蕴初的化学工厂遭受了极大的破坏，不但是上海的企业，甚至连内迁到武汉的企业都几遭灭顶之灾。尽管如此，吴蕴初仍然雄心不减，毅然将自己的天厨味精厂、天原电化厂、天利氮气厂和天盛陶器厂的机器内迁入川，并重振旗鼓，实现了他于1937年由德国返回战火纷飞的上海时所发下的誓言："还得奋斗下去，图个东山再起。"

已故的全国政协副主席刘靖基称他为"科技先导，爱国楷模"。

20世纪30年代中叶，正值中国的民族工商业蓬勃发展的黄金时代，此时的吴蕴初正值事业的巅峰阶段，他不但是天厨的主要股东，还拥有了天原、天利、天盛这几家轻重化学工业企业，构成了实力雄厚的"天"字号系列，所获的巨大利润可谓是"此生享用不尽"。

然而，卢沟桥的硝烟打碎了这一切。1937年，吴蕴初踌躇满志、雄心勃勃地想干一番更大的事业。7月中旬，他受资源委员会的委派，赴英国和德国考察。在德期间，吴蕴初与德方洽谈购买用煤炭炼石油的设备事宜，并购买了整套设备与技术。此刻，"七七"事变已经爆发，吴蕴初虽然身在海外，却心系上海，深深地为上海的命运担忧，为了及时了解国内战事的最新动向，他每日都要留意当地媒体的有关报道。

"八一三"的炮声响起来以后，吴蕴初再也无法安心待在国外了，他立刻匆匆回国。返沪不久，适逢国民政府资源委员会派出以林继庸为首的三名专员赴沪，与上海工商界接洽民营工厂内迁事宜。当时，上海工商界中对时局抱有观望态度、对内迁抱有迟疑态度的人很多，但吴蕴初则不同，他常说："做一个中国人，总要对得起自己的国家。"他从一开始便对内迁表示了积极的态度。林继庸在报告中也表示："天利、天原两厂恳请指定迁厂地点，化学厂多家愿随同迁往。"此外，吴蕴初还担任了上海工厂内迁工作的负责人。

规模空前的工厂内迁工作在隆隆炮声中匆忙展开了。

时间紧迫，吴蕴初在向监督委员会递交内迁申请书之后，并没有静待回复，而是利用这段时间，连夜着手将工厂内的一些重要机件拆卸装箱。鉴于当时的实际情况，吴蕴初采取的是兵分两路的策略：一路是把天原、天利两个重型化工厂的主要设备运到内地；另一路是将味精存货运到香港销售，以这笔价值90万元的资金作为开办香港天厨味精厂之用。天厨厂没有特殊的设备，若在内地建厂，可以就地取材。上海的这套设备仍可利用租界的保护，继续进行生产。

实际上，"八一三"事变一爆发，天原、天利便被迫停工。于是，吴蕴初亲临现场，组织留在厂里的一些职工进行内迁准备。他们冒着生命危险，顶着头上日本飞机的轰炸、机枪的扫射，日夜不停地拆卸机器。一边是硝烟弥漫的厮杀战场，一边是争分夺秒的拆卸战场，在那些炮火连天的岁月里，吴蕴初等人与时间赛跑。历时3个月，不但将天原、天利的机器化整为零，还将精密的仪器及零件包装成箱。

吴蕴初几乎每天都要跑去看看厂房，此举无疑是十分危险的。一次吴蕴初驱车到离天原厂500米时，一颗炮弹正好落到厂区内，厂房中弹起火，滚滚的浓烟霎时便将厂房吞噬。吴蕴初本人虽然安然无恙，但是他为之辛劳的工厂却被烧毁了，他曾经对夫人吴戴仪痛心疾首地说："我总算亲自去为天原厂送了终。"

障碍来自"自己人"

最令吴蕴初痛心疾首的是，国民革命军竟然成了他内迁的主要障碍。国民政府批准"天"字号企业内迁时，距离吴蕴初提出内迁申请已将近一月，不仅如此，工矿调整委员会还把"天"字号企业内迁的补助费分别减至40万元（天原、天利）和173万元（天盛）。待吴蕴初欲将装卸的机器设备运出上海时，上海的民用交通已完全瘫痪。当时的上海，西、北两火车站的钢轨已经被军队拆除用以构筑工事，铁路则全力担负运送军队、军火的任务，其他运输完全陷于中断状态。同时，铁路又是日军飞机重点轰炸的目标，非常不安全。

至于公路，由于车辆严重缺乏，根本无法运送大批机件。于是上海的对外交通只剩下三条水路：一是由苏州河经苏州至镇江，再换船溯江而上。二是经十六铺河道到松江，再转至镇江。三是通过海道至广州或香港，再由粤汉铁路最后到达汉口。

吴蕴初好不容易雇来了车辆准备装运，却又被军队和警察局扣用。尽管他向资源委员会求援，但问题并未得到丝毫的解决。10月20日，他再次向资源委员会告急。

之后，经资源委员会商于工厂内迁监督委员会及上海市公用局、社会局，托时任上海市市长的俞鸿钧出面帮忙，天原、天利被扣去的雇船才获得放还。然而，麻烦事接踵而来。10月22日，天原厂费了很大心血，总算雇了一批空木船到厂准备装运，可是，由于白天敌机空袭频繁，晚间军队又下令不准作业，导致搬运进程十分缓慢，直至10月26日才将已装就的11艘船起运，准备由内河绕道入长江。第二天，当天利厂的内迁船队开到上海郊区北新浜时，恰遇军队转移阵地，这些船居然被强行拦截充作浮桥。尽管押运人员出示了通行护照，一再婉言恳求，均无济于事。

当时，空中有日本飞机的野蛮轰炸，稍不留神就有生命之虞，押运的人员和所雇的船工见状，纷纷离船逃回，最后，这些船只均被日本飞机炸毁，天原厂停泊在门口埠头的一艘尚未装载完毕的大木船亦被日军飞机炸沉。上海沦陷后，天原厂附近的日资中山钢铁厂将沉船打捞上来，并栽赃天原厂趁乱将中山钢铁厂的设备偷拆装运，他们不顾顾乃智等留守人员的再三解释，强行派人到天原厂搜查，结果只是找到了一口有"中"字印记的铁锅。但是，日军竟然以此为据，诬蔑天原厂偷盗，并派人将顾乃智强行绑架，对其屡屡严刑逼供，顾乃智坚不招供。日军竟将他囚禁在沪西长达半年之久，最后又将他杀害。

天原厂先遭轰炸，又被抢劫，厂内设施早已所剩无几，尽管如此，仍被日军接管，交给了由日商经营的维新化学株式会社。

另一方面,"天"字号系统的企业被扣押的船只直至 11 月 6 日,始得以放行。随着战局的恶化,国民政府军为了阻止日本军舰继续溯长江而上深入内地,又在长江上的马当要塞布了鱼雷,船队只好小心翼翼地驶过布雷区,最终侥幸到达武汉。

吴蕴初的"天"字号系列的企业是自 1937 年 10 月开始装船西迁的,直到当年的 12 月底,内迁设备才全部抵达汉口。

内迁是在枪林弹雨中艰难完成的。大半个世纪之后,我们有幸可以通过当时押运人员的一封书信,对自上海到汉口这一路的内迁情况有所窥见:

> 八号开船到德兴那个地方时,遇到了几艘运货船停泊着。他们告诉我们说,他们已早到了两三天,前面有日兵驻扎,不能前进,又因遇到逆水、逆风,故在这里停泊了一天半。

> 十号上午十时许,有一艘火轮满载着日本兵,船头上飘扬着太阳旗,驶向上海而去。下午遇到顺风,此时积聚在这里的船只已有五六十艘,大众均硬着头皮纷纷扬帆前进,明知前去会遭到不测。下午四时许复见那火轮更拖了两只小火轮,均满载着日本兵,追过我们的船只向前驶去了。

> 十一日早晨一到塔江就不对了,遇到了一小队日兵,均荷枪实弹,他们勒令船只靠近岸边,一一上船搜查,经过三次搜查(实则是掳掠)才放行了。船上的羊毛衫、卫生衫、罐头食品、皮鞋、手表都被日本人搜去,甚至法币也被他们塞进了腰包。

> 船到离无锡十余里的地方,黑夜遇到日机袭击,照明弹高挂船顶,炸弹、机枪两者并施,但很幸运地躲过了⋯⋯一直到十一日的晚上才过芜湖。那时芜湖正起大火,船才过数小时,就响起了很密集的大炮和机枪声。据后来的船只说,那是中日军队在隔江互轰,有很多船只被击沉。⋯⋯二十二号早晨抵达九江。此后船上上来了国军的散兵,他们一共九人,备有两支步枪、一支盒子枪、五个手榴弹、一柄大刀,抢夺了五只船上的钱物,作为他们回四川的经费,直到二十五日午前方至汉口。

截至 1937 年 11 月 20 日，天厨味精厂迁出设备 361 吨，天盛陶器厂迁出 24 吨，天利氮气厂和天原电化厂各自迁出 112 吨，"天"字号系列的企业合计迁出 609 吨。其中，天厨厂以生产味精为主，天利厂的机器主要装在那几艘被征用的木船上，随着木船被日军飞机炸沉，机器也随之沉到苏州河底，因此，天利厂迁出的主要是一些电动机、高压循环泵和铂金丝网，天原、天盛两厂则基本迁出。

"天"字号系列工厂内迁到武汉的机器设备，主要属于天原厂。吴蕴初最初打算在汉口的刘家庙设厂，但却遭到湖北地方当局的百般搪塞，加之当地棚户住民的趁火打劫，致使买地事宜陷入困境。而汉口的电力供应之糟糕，亦使吴蕴初在汉口设厂的决心有所动摇，不过用地与电力的问题还在其次，真正迫使吴蕴初决定将工厂从武汉再次迁到四川的原因，是南京沦陷的消息。

开始时很多人均没有预料到战局会恶化得如此之快，在南京失守后，武汉形势变得岌岌可危，人心惶惶，严峻的事实迫使原先内迁至武汉的企业不得不再次内迁。如此一来，局势比从上海迁武汉时更为混乱。

首先，由武汉内迁四川的主要交通工具轮船紧张之至，吴蕴初的"天"字号系列工厂内迁所需的船，直到 1938 年 2 月中旬才得以落实。当时，他们雇了大帆船六艘，分两次将原本迁至武汉尚未拆箱的众多机器设备装船。由于局势的日趋严峻，加之航运的紧张，国民政府遂下令内迁入川的船只先开往宜昌，再由宜昌迁往四川。

武汉至宜昌不仅航道宽阔，水也较深，除了轮船外，帆船通行也十分顺畅，因此从武汉至宜昌较为顺利，自 2 月中旬开始内迁，仅至月底，"天"字号系列工厂的内迁机器设备便已经全部运抵宜昌。然而，此时日军飞机也开始对武汉、宜昌等地进行轰炸，当务之急便是将运抵宜昌之机器设备立刻迁往四川。

时值冬春交替，正是长江的枯水季节，从宜昌上溯至四川，大轮船已经无法航行了，除木船外，浅水轮可称得上是较好的航运工具。此刻，与内迁工厂一同运抵宜昌的，还有大量军用物资、油料、各官僚机构的物资及官僚的私人财物。一时间，宜昌岸边的货物堆积如山，这对本已十分紧张的航运能力而言无疑是雪上加霜。

而此时，国民政府却下令航运吨位的80%归军用，16%归政府，剩下的仅仅4%归民用，这项命令使民营工厂陷入几乎无船可用的悲惨境地。

一方面必须尽快入川，另一方面有限的船只又被政府和军队征用，万般无奈之下，民营工厂冒险启用了已在长江航运中被淘汰了多年的木船。四川省政府此刻也积极配合内迁民营工厂，征集省内各条河流的船帮，共调配了640艘木船入长江协助内迁。

"天"字号系列工厂正是在这样的背景下于1938年3月开始内迁四川的。在工矿调整处的支持下，他们雇得了第一批的7艘木船，装载了部分货物离开宜昌。前往四川要逆水而上，木船不能满载，而只能装载40%的吨位，这样就大大增加了运费。

从宜昌至四川的这段长江，滩多流急，暗礁丛生，落差极大，而且途中还必须经过闻名遐迩的长江三峡。与众多内迁的民营工厂相仿，"天"字号系列在经历了一番与"人斗"的战斗后，如今又不得不与"天斗"。面临大自然的严峻挑战，他们凭着一股坚韧的信念，不畏艰险地跨越了这一天然屏障。

沿江、沿海的大小工厂内迁，构成了抗战史上极其壮观的一幕。用人力、兽力，扛着、拉着笨重的机器，沿长江两岸的泥泞道路到了三峡。江心的木舟上载着木板钉着的庞然大物，一堆一垛，把那船压得吃水很深，两边粗粗的绳足有十余丈长，拉在纤夫的背上。十数人在左边，十数人在右边，在羊肠小道上弓腰前行。白天，他们互相能看见，一面哼号子，一面前进，呼应着彼此，天空中响起回声，晚上则是伸手不见五指……

两岸峭壁如刀削，峻峭惊险，岸上苍松古柏参天。有的地方循栈道拉，有的地方船夫在船上用竹竿划水、摇橹。三峡一带因山崖过高，必须在峭壁间攀登才能上下。

纤夫弓一样佝偻着的腰身，浊重而又低沉的号子，闯鬼门关一般的紧张和不安，无不折射了三峡的险恶，天时、地利，哪一方面稍有不慎，便会造成船毁货沉，甚至人命归西的悲剧。

吴蕴初的内迁船队在5月中旬，行至万县福滩冷水溪等处时，断缆触礁沉没了3艘。所幸无人员伤亡，沉船所载货物在押运人员的多方打捞下，只是损失了1/3。但吴蕴初不敢再冒风险，于是决定在宜昌等待时机。

然而形势却越来越紧迫，7月中旬，日军飞机对宜昌实施了大规模的轰炸，天原、天利均有部分货物遭到毁坏，吴蕴初只得花高价将部分大件装上轮船提前起运，其余大部分设备用柏木船装运，结果这次又有两艘船在途中触礁沉没。直至1940年10月，"天"字号系列工厂的内迁机器设备，还有一艘船滞留在青滩，两台蒸发器在宜昌，47件零星部件在巴东，而此时距天原渝厂在重庆猫儿石开工生产已经一年有余。

"天"字号系列工厂的内迁，从第一船机件驶离上海，至最后一船物资抵达重庆，前后竟历时3年，损失机件几十箱，付出了沉重的代价。然而，吴蕴初并未因此消沉，抵川后他立刻投入大后方的重建工作中去。

"天"字号系列工厂中，天利厂的机器设备在内迁途中全部损失。而天盛厂拆迁较早，机器保存得比较完整，抵渝后的重建工作比较顺利。但是，天盛厂并未独立设厂，而是作为天原厂的一部分，专门生产耐火砖和高压电瓷。天盛厂不仅支援了天原厂的重建，还有力地支援了附近的顺昌机械厂和中央造纸厂。另一方面，后两厂的生产恢复，又对天原厂的发展起到了很大的推动作用。

天原渝厂将厂址选择在嘉陵江岸边的猫儿石，之所以将地址选在这儿，原因有很多。其一，该地盛产一种砂岩石，这种砂岩石可以用来凿制天原厂电解槽。其二，选猫儿石作为厂址的还有一些造纸厂、纱厂和机器厂。天原厂的产品正好可以为这些厂提供生产原料，这样既可以省去很多中间环节，又大大降低了运费。另外，其中的龙章造纸厂还自备有一台3000千瓦的发电机，必要时可以解决天原厂部分电力不足的问题。猫儿石濒临嘉陵江，交通较便利，可以在江边建一个简易码头，运送原材料、产品等。

天原厂于1940年6月终于开工生产。

吴蕴初为了在后方建立化工厂付出了很大的努力，他亲自指挥各种机件设备的安装，为了装配电解槽，连续工作了七天七夜。为了在宜宾蒋坝设立天原分厂，他又向中央、中农两家银行贷款4000万元。此外，吴蕴初还远赴新疆进行实地考察，计划利用那里丰富的化工原料，建立天山分厂。

抗战期间，尽管环境十分艰难，但吴蕴初的斗志始终高昂，义无反顾。当时有位记者这样描写他：

"办公室在临江的山坡上，他是位胖大而具有欧洲人风度的化学家，穿着骑士的格子呢马裤，叼着一支大烟斗，闪动着圆圆的眼睛，他是乐观的。"

吴蕴初生活的年代正值中国社会积贫积弱、备受欺凌的时期，他从青年时代起就心怀祖国，本着"发展基础工业，振兴中华，以求世界上平等待我"的理想，积极探求改变中国保守愚昧、百业凋敝的落后面貌，实现实业救国的道路。

斗智斗勇的内迁路

抗战中，在香港的天厨味精厂主要由吴蕴初的夫人吴戴仪负责。厂址是吴蕴初于 1938 年 4 月在九龙马头角道选购的一块 1.5 万平方米的空地，他在这块空地上建造了十多间木板房，作为临时办公场所和包装车间，由上海运来的散装味精便是在这里包装出售的。同时正式筹建工厂，先后投资了 200 万元。

吴戴仪读书不多，但却颇有经营才干，1939 年，香港天厨厂建成投产，年产量达 10 万公斤，产品远销东南亚和美国，为此还添置了不少先进的设备。

然而，香港天厨厂的命运并不比其他"天"字号系列的企业好多少。太平洋战争爆发之后，日军旋即攻克香港，香港天厨厂被迫停产，如此唯有再次拆机内迁。但是，当时的内迁路线仅有翻山越岭取道惠州进入内地这一个途径，因此只得拆下一些重要的部件，而将大部分设备留在当地。至于工厂的职工，愿留者留下看守厂房；不愿内迁者，发费遣散。最后，香港天厨厂仅仅拆下了耐酸蒸发器中的软管，运往四川的天厨厂。一路上怕被日军查出，聪明的工人将蒸发器软管插入几根打通了的毛竹里，充当扛棒，随身携带，这样才瞒过了敌人的眼睛。

4. 上帝的"叛徒"

精明的企业家

近代中国的企业家中，像刘鸿生这样有着"煤炭大王"、"水泥大王"、"火柴大王"等众多头衔的人凤毛麟角。对于这位被称为"上帝的叛徒"的巨商，无论是与他同时代的人还是为他写传记的后人，都对他评价极高。

胡厥文曾经称赞说：

"先生（刘鸿生）确是少有的名副其实的爱国企业家，其勤俭节约是难能可贵的。看事业、看问题准确果断，所以他所经营的事业，无不成功。对于用人唯贤，那种宽宏淳厚，超越寻常。所以在他手下做事的人，无不操守廉洁，愿效死力。识时俊杰，得人者昌，非偶然也。"

刘鸿生赚了自己的"第一桶金"后，接着投资了水泥业、毛纺织业、搪瓷业等等，40 岁的时候，已经成为拥有不少企业的全国知名的实业家了。

刘鸿生一生育有子女 13 人，这些子女分别被他送往美国、英国和日本留学，所学专业也各自不同。刘鸿生认为当时的中国处于军阀混战、一盘散沙的境地，最终将难逃被世界列强统治命运。因此，他对这些子女说："我要你们兄弟姐妹分别到英、美、日各国留学，将来不管哪一国的势力来统治，我总有我的子女出来应付局面。我不惜工本让你们学成世界上最有用的学问，回国以后，可以分别负责经营我的企业。"

在政界，他利用同学身份与宋子文交往密切，又借着与宋子文的关系与蒋介石、孔祥熙等人有所往来。他的目的无非是想通过与政界的关系来保护自己的企业，并借以发展壮大。刘鸿生曾深有感触地说：

"在旧社会，我算得上是一个精明强干的资本家，可是有钱的人不结交几个当时的大老板是站不住脚的，而我这块'点金石'对大老板还有些用处。早在三十多年前，我就和 T. V. 宋（即宋子文）交上了朋友。"

不把所有的鸡蛋放在一只篮子里

"不把所有的鸡蛋放在一只篮子里"的经营策略,既反映了刘鸿生作为一名商人的精明,同时又是当时中国社会现实的一个侧面。"八一三"事变后,刘鸿生满腔热情地投入了抗日救亡运动中,他甚至还让他的儿子和全体职工参加伤员救护的工作。

但当上海众多工商界人士大规模地动员、组织上海工厂内迁时,他却犹豫不决了。刘鸿生主观上认为工厂内迁是不适宜的,这固然与国民政府在抗战初期实行的限制内迁的消极政策有关。当时行政院规定,政府只援助与军工生产联系紧密的钢铁、五金、橡胶、机械等企业,轻工业一律不发补助费,这样,刘鸿生的大多数企业就无法申请内迁补助。但这同时也是他作为一个民族企业家摇摆性的体现。

但既然认为内迁是不适宜的,那又该如何保护自己的企业呢?

1937 年 11 月 3 日,刘鸿生在给黄炎培的信中提出了一个在芜湖设立"自由商港"的意见。他认为,在芜湖设立"自由商港"既可以保证安全,又可以继续赚钱。但刘鸿生的这一设想实在是太天真了,或者说是把这场战争估计得太人性,所以根本就不可能实现。

上海沦陷后,上海水泥厂、中华码头公司、燮昌火柴厂、中华煤球厂等刘氏企业被日军完全掠夺,刘鸿生采取了三条对策处理这些问题。其一,托庇洋商保护;其二,托庇租界保护;其三,在上海还有业务可经营的,继续经营,静观战事变化。这种做法看上去是"狡兔三窟",也反映了他的"不把所有的鸡蛋放在一只篮子里"的经营理念。刘鸿生认为,这三种办法总会有一种能行得通,不会全盘皆输,于是依旧采取了观望、等待的态度。

由于刘鸿生在商界的地位特殊,起初日本人还向他发出过邀请,希望可以拉拢他,对他的态度也比较温和。一开始,刘鸿生对付日本人的做法是"不甘合作,不敢决绝",采取敷衍和拖延的策略。但是,随着局势的发展,日方的态度日趋强硬,最后又抬出军方加以威胁。同时,国民政府也派人来上海不断暗杀那些与日本有合作嫌疑的汉奸商人。刘鸿生身处孤岛,不仅毫无作为,内外压力又大,使他寝食难安。

日本人的胁迫很快就使刘鸿生原来的那些打算成为泡影，进而也使他的态度变得明朗起来。"三十六计，走为上"，刘鸿生最终决定离开上海。

1938 年 6 月底的一个深夜，刘鸿生只身悄悄地登上了加拿大轮船公司的"俄罗斯皇后"号，去了香港。

尽管在抗战初期，刘鸿生有过犹豫和观望，但在国家民族处于最危难的关头，他仍然走上了一条"宁为玉碎，不为瓦全"的道路。

顽强地遍地开花

赴港后不久，刘鸿生便开始在香港筹建大中国火柴公司。同年 7 月 8 日，他又赴广东、广西、贵州、云南及四川等地考察，准备在内地设厂。

刘鸿生认为过去损失的时间太多，现在要亡羊补牢，想借西南这片抗战的大后方重振旗鼓，再开辟一番事业。因此，他连续几次召集上海刘氏企业负责人到香港来商议。经过商讨，除决定在香港办一家火柴厂之外，还决定在重庆建火柴厂及中国毛纺织厂，同时准备将九江裕生火柴厂的机器设备拆走，用于建设香港和重庆火柴厂。另一方面，毛纺织厂所需的机器设备，准备从上海章华毛纺织厂拆迁。为了解决火柴原料的问题，又拟在川东长寿办一家火柴原料厂，这就是后来的中国火柴原料厂。

拆迁和建厂的方案敲定后，刘氏企业的一批机械、电机、化学、纺织等方面的专家很快便拟定了建厂计划和实施细则，并立即分头行动。

九江裕生火柴厂接到拆迁到后方的命令时，日军已经攻陷马当，九江也面临紧迫的形势。加上当时交通运输困难，裕生火柴厂仅仅将部分火柴原料转运到湘西常德，谁知他们还未在常德站稳脚跟，又传来武汉被攻陷的消息，长沙也变得岌岌可危。因为常德临近战区，只得被迫再次抢运，终于在 1939 年 3 月将机器设备全部运到了四川。

章华毛纺织厂方面，刘鸿生派他的四子刘念智返回上海协助拆迁。该厂设在浦东，已被日本海军占领，表面上说是拆迁，其实是偷运，即从日军防地偷运至公共租界，这无异于虎口夺食。

当时，刘念智与一位瑞士籍的名叫 E.惠特勒（E·Widler）的国际冒险家合作。惠特勒是个犹太人，愿意承担这项危险工作，代价为每拆迁一吨收费 1000 伪币。他告诉刘念智，他已经向日军司令部的一位少将行贿打通了关节。虽然如此，他们还是要在深夜找机会，分批将机器和原材料从浦东偷运到浦西交货。这是个惊险曲折的过程，几十年后刘念智回忆说：

"这个冒险家本人就是一个杀人不眨眼的凶徒，我和他打过几十次交道，每次他都是手里紧握着手枪，心神不安地东张西望，满脸杀气，露出随时准备和别人拼命的凶相。他有时两眼直瞪着我说：'横竖我俩的命运已经捆绑在一起了！要活一起活，要死一起死，你明白吗？'我没有直接答复他的问话，只是对他点点头，耸耸肩膀，表示无可奈何的心情。

这是我生平第一次碰到的惊险场面。我有时怀疑他，是不是有意在吓唬我，但他的神情又是那样紧张，不像是造作。紧张的场面大约继续了六个月之久，才结束了偷运任务。……偷运任务结束以后，我再没见到这位冒险家了，但是他的狰狞面目和当时的惊险场面，我至今记忆犹新。"

偷运出来的纺、织、染设备及器材共有 500 余吨，装箱后计划由越南的海防转运昆明。然而，当法军在欧洲失利后，海防很快成为日军的囊中之物。刘念智迫不得已，只得临时决定由香港经仰光转运重庆。章华毛纺织厂的全部人员，包括技术人员、经营管理人员及技工、勤杂工、厨师等，也带着他们的家属迁往重庆。

其中一批技术熟练的挡车工和机修工，到重庆后又培训了大批四川的工人，为中国毛纺织厂在大后方的顺利开工作出了很大贡献。

设在重庆的中国毛纺织厂，资本共 400 万元，分为 4 万股，其中刘鸿生仅占了 5000 股，其他的大股东有西南运输处、经济部、粮食部、交通银行等，可见该厂八分之七的股份是官股。但也正是由于这种特殊的关系，该厂向财政部申请的 5 万英镑借款才能够得以实现，刘鸿生正是利用这笔钱在英国、香港等地购买了毛纺织机和马达等设备。

随着中国毛纺织厂厂房的竣工，一批从章华毛纺织厂调来的上海老师傅亦抵达重庆。中国毛纺织厂预计，在 1940 年底就可以开工生产。但是"万事俱备，只欠东风"，该厂急需的机器设备及关键的原材料，即刘念智偷运出的设备和器材，从越南海防运到缅甸仰光已经将近一年，却因为交通阻塞，无法运回国内。

这时，刘鸿生又想办法从蒋介石侍从室里弄来了几张蒋介石的"委员长手谕"。虽然该手谕清清楚楚地饬令西南运输公司，令其将中国毛纺织厂的机器设备和原材料等列入急运货类，提前启运。但是戴笠控制下的西南运输公司，根本不买"委员长手谕"的账。万般无奈之下，刘鸿生只得于1941年8月派刘念智飞往仰光，亲自办理转运。

刘念智回忆道：

> 我到仰光后发现，当地待运的货物堆积如山。从各方面来的转运人员，密集如蚁。西南运输公司管理混乱，贪污成风，根本不可能依靠这样的官僚机构办好运输。我于是下决心买进了12辆美国道奇大卡车，准备依靠自己的车辆来完成500吨运输任务。
>
> 从仰光到重庆全程2500英里，都是高山峻岭，狭道急弯，虽非蜀道，却难似蜀道。特别是从贵阳到重庆这一段，要绕过72道弯。坡度急，路基差，几乎每天都要发生翻车事故，车祸之多，使人胆战心惊。
>
> 我亲自率领车队前后往返了5趟。一路上我看到了无数次的翻车事故，自己也尝到了一次翻车滋味，幸而没有死伤，现在回忆起来犹有余悸，吃足了"蜀道难"的苦头。
>
> 蜀道难还有另一个方面，那就是沿途关卡林立，贿赂公行。要办好一件事，没有贿赂根本就行不通。贿赂不用在刀口上，也还是行不通。在缅甸境内是这样，在中国境内更是这样。

前面所说的困难还是"天灾"，而"人祸"带来的损失更大。"珍珠港"事变后，日本向美英宣战，旋即南进攻打缅甸，1942年初已经将战火烧到了仰光附近。刘念智回忆说：

> 我装完最后一批机器，于隆隆炮声中离开了仰光，开足马力，驶向腊戍。路上车辆拥挤，敌机跟踪追击，腊戍每天遭到轰炸。当时我们有一批从国外空运到腊戍的新式毛纺织机件300多吨，

急于装车内运。但西南运输公司奉交通部部长俞飞鸿的指令，不准这批机件装车，交涉多次都没有结果。几天以后，敌军开进了腊戍，这批宝贵的机件，最终落入了敌人之手。……

我的车队和别的大批车队从腊戍向保山行进，敌机继续跟踪追击。保山的一次轰炸，死伤了数百人。尸横郊野，血染沟渠，和我同行的 7 人中，有 3 人失踪，1 人伤重身死，我是幸存者中间的一个。

黄雀在后

原计划 1940 年开工的中国毛纺织厂直至 1942 年 7 月才正式生产，但由于流动资金的缺乏，工厂的运转又遇到了很大的问题，刘鸿生只得向财政部借款。同时，他又利用每星期一去见孔祥熙的机会，希望孔祥熙能帮忙解决资金困难的问题。孔祥熙推诿了几番，总算答应下来，谁知他又提出几项苛刻的条件：

一、由刘鸿生担任火柴烟草专卖局局长之职，但要保证每一年增加财政收入几千万元。

二、中国毛纺织厂及中国火柴原料厂应该扩大股东，由政府参股投资；如有不足，可由国家银行进行贷放。

三、上述两厂的资产一律按账面价值计算，不得再提价增值。

四、上述两厂均改为特种股份有限公司，由宋子良担任董事长，总稽核也由宋、孔合办的国货银行经理担任。

五、刘鸿生本人仍然担任总经理，但是财政权由宋、孔派人掌握。

这些条款简直就是对刘氏企业明火执仗的掠夺！刘念智回忆说：

我父亲听完这些条件后，气得面色灰白，一言不发地送走了说客。他对我说："原来蒋委员长答应给的一千几百万元的损失赔偿，就是这样的方案啊！照他们的条件，我们刘家所有的资产等于白白地奉送给了他们，我们将变成微不足道的小股东，将丧失一切经营管理权。我这个总经理将变成他们的小伙计了！"

刘鸿生尽管牢骚满腹，但是面对孔、宋如此强大的官方背景，在挣扎了一番后，不得已只好就范。

开工生产后，中国毛纺织厂与中国火柴原料厂所生产的商品垄断了整个后方市场，因而企业的发展极为迅速，每年都能获得大量利润。不久，刘鸿生又先后在兰州成立了西北洗毛厂和西北毛纺织厂，在贵阳设立了氯酸钾分厂，在昆明和海口创建了磷厂，后面这两家厂几乎年年增加股份，但其中90%是官股。不仅如此，刘鸿生在抗战期间创办的所有企业，均不断地被官方资本加以侵蚀，刘氏自身的股份所占的比重逐年下降，到了1945年，官股已经将总股额的80%牢牢控制在手里了，大老板真的成了小伙计。

刘氏企业的上述遭遇，并不只是他一家的无奈，而是当时官僚资本侵吞民营资本的一个缩影。

5. 宁为玉碎，不为瓦全

未雨绸缪范旭东

爱国是民族资产家的共同特征之一，天津的范旭东便是其中的杰出代表。自20世纪初开始，他历尽艰辛，终于在中国荒芜的基础化工领域创建了著名的"永久黄"集团。

他的永利碱厂拥有国内最为先进的制碱技术，1936年该厂的纯碱年产量已达5.54万吨，烧碱达4446吨。可是随着日本对中国侵略的不断加深，范旭东和永利碱厂厂长、黄海化学工业社董事李烛尘等人感到中日战争将不可避免。战争一旦爆发，那些厂矿设施势必成为敌人的攻击对象。为了保存实力，范旭东等人决定事先做好南迁的准备。于是，1937年7月初，"七七"事变刚刚发生，他就南下南京，将北方的事宜全权委托于李烛尘。

当时，华北地区形势一片混乱，铁路交通中断，工商界陷入恐慌，久大和永利两厂的生产原料运不进，产品出不去，生产已基本停顿。7月19日，范旭东驱车抵南京，电告在津的李烛尘，要求其督促"全体职工，拆除设备，退出工厂，留津待命"。接到电报后，李烛尘当即周密安排设备拆装和职工的疏散工作。

他组织了"永久黄"20多年间呕心沥血培养出的300多名高级工程技术人员及他们的家属，分批乘船南下，再经香港转道武汉和长沙，之后又陆续转移进川，为在大后方重建盐厂、碱厂保存了最重要的"资本"和财富。李烛尘本人却始终坚守在北方，在最危险的环境里坚持到了最后。

李烛尘首先派人将厂内留下的部分蓝图及资料在制碱炉内烧毁，不留任何痕迹，避免泄露厂子的商业机密。接着，又组织10多名技术人员在天津永利总管理处整理图纸资料，准备后撤内迁，为在后方建设碱厂做技术准备。随后，又不断派人进入塘沽永利碱厂进行复查测绘，并乘机做了三件事：一是拆掉了可能被日军利用的石灰窑顶部的分石转盘及遥控仪表；二是拆除了蒸馏塔的温度传感器，这在当时是最新技术；三是拆毁了碳化塔的部分管线。

8月底，李烛尘电令碱厂除少量的护厂人员和做善后工作的技术人员外，其余人员全部撤回天津待命。

塘沽沦陷后，日本军队随即将久大、永利厂包围，但尚未进入永利碱厂内。此刻，英国卜内门公司想乘机逼永利碱厂就范，它表面上提议将永利改为英中合办，并愿意以其在日本银行的押金30万银圆充抵，而实际上是想一方面保全其在日本的押金，另一方面企图参与对永利的投资，以便日后寻机吞并永利。

李烛尘洞悉其企图后，断然予以拒绝。不久，日本军部华北开发公司又授意其下属的兴中公司夺取碱厂产权。其实，日本早已对久大、永利垂涎欲滴了。但是由于永利碱厂在国际上负有盛名，日方起初还有所顾忌。因而，兴中公司的代表岛根去"拜访"李烛尘时，还特地带了一斤上好的碧螺春茶。见面后他一面假意善言利诱，一面大谈"日中亲善"，要求与永利合作经营，企图以所谓合法的身份，"名正言顺"地霸占永利碱厂。

李烛尘则避而不谈此事，与岛根进行周旋，后来就干脆回避不见。岛根连连碰壁，自感无颜见顶头上司，十分恼火，于是一方面让日本兵出面以逮捕反日分子为由，骚扰碱厂和总管理处，砸坏玻璃，用刺刀捅坏沙发并对李烛尘进行威胁恐吓；另一方面又找来过去与永利有过一段合作关系的"三菱"公司，由"三菱"公司出面，向李烛尘提出以民间财团的名义提供技术和资金进行投资，由两家合办永利。

"我不卖厂！你有本事就抢走"

"三菱"公司的代表纠缠不休，李烛尘便搬出永利制碱公司的章程，说："我们是民营企业，公司章程明文规定，必须是华籍人士才能入股，我个人无权更改公司章程。"

找李烛尘碰了壁，日方却并未就此善罢甘休，又数次找到范旭东，要求把永利碱厂买下来。范旭东气愤之极，回答说："我的工厂不卖，你们要是有本事抢，就抢走好了！"

日本人怒气冲冲地走了之后，范旭东余怒未消，立刻电嘱李烛尘："宁可玉碎，不为瓦全。"

一计不成又生一计。1937年12月9日，岛根竟拿着一份预先拟好的永利公司同意把碱厂交给兴中公司接办的协议文本，找到设在法租界内的永利公司总管理处，逼迫李烛尘在文本上签字。

在此之前，李烛尘尽管心中不快，但始终没有撕破脸。此刻这纸文本放在眼前，他实在是忍无可忍了，便一改往日斯文儒雅的风范，拍案而起。他曾留学日本，能讲一口流利的日语，但这会儿却用汉语痛骂日本人：

"我不能也不愿意与任何人签订任何契约！你这办法，只能威胁别人威胁不了我！世间有'保护国'的说法，还未听到有'保护工厂'这乖巧名目！……你既然口口声声说军部如何如何，军部有枪在手，强夺就是了，又何必签什么字呢？抢夺人家的产业，就是土匪，世间岂有土匪抢夺主人的东西，还要主人签字的道理？你们也未免太小气了！"

翻译不敢将他的话翻译给日本人，他逼着翻译非翻不可，听了这些话，岛根气得张口结舌。

第二天，日军下令强行接管永利碱厂，岛根及日本兴中公司的人员随即进入了厂内。不久后，久大盐厂也被日军霸占，不仅如此，连整个长芦盐区都被日军霸占了。在这里要交代一句的是，盐是当年制造炸药的主要原料。

日军在大沽设立了"盐田办事处"，控制了盐田及其副产品苦汁硝土，至此，"永久黄"团体在塘沽的产业全部沦落于日本侵略者手中。对于这一切，李烛尘对日本人说："你们今天把我的公司我的厂完完整整地抢去，以后我回来的时候，要完完整整地交还给我。"

日本军方见这个人的骨头这么硬，十分恼火，便派兵监视他。但是，三天之后，李烛尘与同事一起扮成主仆的模样，将永利碱厂的全套设计资料暗藏在皮箱夹层里，搭上英国轮船"岳川"号，悄然远走香港。

永利碱厂被日本人占领之后，该厂的留守护厂人员在黄叔眉等人的领导下，在极艰苦的环境中，与日本侵略者进行了斗争。黄叔眉曾多次被日军召去盘问，强令其尽快恢复生产。为了共同信守"誓不资敌"的原则，他们暗中把厂里的 18 条生产管道堵死，日本人只能眼睁睁地看着那些巨大的机器无法运转。

塘沽沦陷后，"永久黄"历尽艰辛建设起来的化工基地变成了另一副模样。黄海的图书馆成了敌军的运输司令部，明星小学校舍驻扎着特务机关，太平村、联合村是马厩和堆栈，新街、民主街一带，挤满了浪人、娼妓、烟馆和赌摊。

"宁为厂子开追悼会，也不与日本人合作"

永利碱厂被日军强行接管后，范旭东立刻从香港赶往南京，准备抢拆南京永利硫酸亚厂。当时，永利硫酸亚厂日产硫酸亚 250 吨、硝酸 40 吨，主要为国防工业与农业服务，其规模堪称东亚之首。

"八一三"事变后，永利硫酸亚厂受兵工署委托，将造好的硝酸改制成炸药。日军明白，该厂只要稍作改动，就能成为军火工厂，遂在事变之后不久便派人找范旭东商谈"中日合作"，企图将该厂的全部设备据为己用。范旭东看穿了日军的诡计，义正词严地予以拒绝。日军恼羞成怒，遂派出飞机先后三次袭击永利硫酸亚厂，使该厂遭到严重破坏。

范旭东下定决心，表示"宁可为厂子开追悼会，也不与日本人合作"。他下令将可以搬动的机器、材料、图纸、模型等悉数抢运西迁，运不出去的图纸、文件、资料则付之一炬。同时，他又命令将笨重而无法移动的设备拆走，来不及迁走的设备尽量投入长江，以免为日军所用。为了保存实力，全部技术人员与技术熟练的老工人则转移至汉口。

但由于时间仓促，永利硫酸亚厂仅仅拆走了铁工部的大小机器300余台、电焊机9台、生铁80吨、铁皮18吨、铁板20吨及硫酸亚成品一批，总计200多吨，其余大量不易拆除的化工设备基本未动。南京失守前夕，该厂有9名技术人员率领一部分工人从武汉乘最后一班太古公司的"黄浦"号轮船返回南京，原本计划再拆走一些重要部件。

可是，当轮船行驶到南京城外三洲河口时，南京城已被日军攻陷，他们看见城中已是一片火海，因此轮船进退维谷，在远离南京的长江中停泊了三天。后来，他们将人员分成三批，打算徒步进入南京郊区的六合县卸甲甸的工厂。但是，当他们走到工厂附近时，发现这座硫酸亚厂已经落到日军手里。后来，日军将该厂价值50万美元的制造硝酸的设备拆卸，运往国内的九州，交给东洋公司的大牟田合成氨厂使用，专门生产军火。抗战胜利后，在该厂的一再要求下，才将这套设备从九州收回。

"七七"事变以后，在不到半年的时间内，范旭东历经二十余年创建的"永久黄"沦于日本侵略者之手，但是，由于范旭东、李烛尘等人提早准备，截至1938年3月底，"永久黄"内迁工作基本结束时，先后迁走了大批关键设备及上万张图纸，此外还有技术人员及家属1000多人，为在西南大后方重建化学工业保存了实力。

抵达汉口后，范旭东为大家打气，鼓励大家"从种种角度，创造新的环境，救国兼以自救"。于是，大家在经过一番讨论后，一致决定，首先打破"逃难"心理，利用这一时机，积极运动，以复兴民族为己任，在大后方为中国再创立一个化工中心。1938年3月，"永久黄"的内迁人员带着内迁的物资再次登上了赴重庆的船。

艰难再崛起

经过一番研究和实地考察，范旭东决定将久大盐厂迁往四川盛产井盐的地区自贡。自贡得名于当地两口著名盐井的合称，一口位于东场，是一口能够自行喷涌卤水的"自流井"；另一口是位于西场的曾经朝贡过皇帝的"贡井"，两口井合称而得名"自贡"。

当时，久大的内迁设备达 103 吨，并于 1938 年 4 月开始筹备重建。但是此举却遭到当地井灶商们的强烈反对，他们相互串联并提出"井不出租，地不出佃，坚壁清野"的口号，抵制久大入川。最终在川康盐务局的支持与斡旋下，双方达成折中办法，即久大年产井盐不得超过 60 万担；久大产品不在原川盐销售区销售，可运至湘鄂西等地行销；久大制盐技术公开等。这样，久大最终于同年 9 月 18 日在自贡的张家坝正式开工。

虽然由于客观条件的限制，久大的井盐年产量实际上从来未超过 20 万担，但在抗战八年里，西南人口剧增，对外交通断绝，却从未发生盐荒，这其中，久大显然起了不可忽视的作用。

由于久大盐厂有利可图，引起了一些权贵的嫉妒，他们利用手中的权力，以国民政府的名义从 1942 年起以"盐专卖"为借口大办盐业，其中有宋子文开设的安益盐号、与孔祥熙有关的大有盐号和与何应钦有关的利民盐号等。当这些有特殊背景的盐号成立后，便大大地限制了久大的发展。

黄海化学工业社（简称"黄海"）是中国第一个民营的化工研究机构，于 1922 年创立于河北塘沽。1935 年，塘沽陷入"冀东防共委员会"的统治之下，黄海遂于翌年筹划内迁到湖南长沙的水陆洲。

抗日战争爆发后，黄海的研究人员与永利及久大的技术人员一起内迁，随身仅带贵重仪器和药品 25 箱、中外图书 3000 余册，终于在 1938 年到达长沙。而菌学研究室的一部分人员则直接迁到四川，暂时在重庆借南渝中学的科学馆开展工作，后来又迁往四川南部岷江畔的五通桥。武汉会战结束后，黄海的研究人员从湖南全部撤至五通桥。

四川自流井地区虽然盛产食盐，但无论是制盐还是汲卤，生产方式都十分落后。长期以来，开凿盐井沿用的是几千年来的传统方法，打一口井，短的需要 10 年，长的竟然要 20 年。久大是抗战时期内迁四川的唯一制盐企业，作为在四川复工较早、设备较为先进的民营现代制盐厂，对四川地区盐业的发展起到了不可忽视的作用。黄海化学工业社作为化工科研机构，在四川也作出了不小的贡献。如从卤水与矿物中提取了很多制药原料，在一定程度上支援了后方药品奇缺的医学界，推进了发酵工业的技艺革新，发展了食品工业。

　　其中有两件事影响较大：一是改变了四川当地产盐的工艺，四川所产的食盐均为采自埋藏在地下深处的盐矿，开采时先打井至矿层，然后把水灌下去，再把盐卤打上来，然后加热蒸发，形成食盐。但是，因为盐卤稀薄，加工费时费料。而黄海化学工业社的研究人员设计出用风力浓缩卤水的简易设备，大大地缩短了加工时间，节省了 2/3 的原料，大幅度地降低了生产成本，这个方法很快得到了推广。随后他们又设计了电力吸卤机，将盐卤从深达七八十米的井下吸取出来，取代了原先被普遍使用的畜力。

　　此外，用传统方式生产的食盐质量也很差。当地为了方便运输，将粒盐制作成块盐。但是这样一来，每制作一斤块盐，就要消耗两斤的煤，不仅如此，还有不少的煤屑会掺杂在块盐中。黄海化学工业社研究人员用木榨的方法，把盐制作成一定尺寸的盐砖，这样既不需要用煤加热，也没有了煤屑掺杂在块盐中的缺陷。新的技术不仅降低了生产成本，还大大地提高了生产效率和食盐质量，因而深受各盐井的欢迎。

　　二是根除了当地的"趴病"。当时，四川的西南部地区流行一种来势凶猛的地方病叫"痹病"，用四川的方言说叫"趴病"。这种病十分奇怪，据说乐山有一个青年因吃了一碗蛋炒饭，突然感到从脚下开始麻痹，随后慢慢往上身蔓延，此时人的神志虽然清醒，但是全身软绵绵的无法动弹，待麻痹转到了心脏部分，便停止了呼吸。这种病不但死亡率极高，连医生也无法查出病因。经过黄海化学工业社研究人员的反复试验，终于发现了这种病的病源是"钡"吸取过量。钡是一种对人体危害较大的化学元素，川盐中含有大量这种元素，所以黄海化学工业社的研究人员设计了除钡装置。此举根除了当地长期以来令人谈虎色变的"趴病",改善了当地居民的健康状况。

从沿海地区内迁到后方的各个企业不仅改变了旧中国极不合理的工业布局,更重要的是给原来十分落后的西南地区带去了技术和人才。这些当时走在技术前沿的工程师和工人们所拥有的理念和技艺,使得长期用古老方式从事着落后产业的人们耳目一新。

硬骨头的企业家

与久大盐厂及黄海化学工业社在后方的情况相比,永利碱厂的境遇要曲折得多。永利碱厂是被日军强行霸占的,所以范旭东打算在后方重建一间永利碱厂。虽然国民参政会于1938年11月通过了复兴基本化学工业的提案,永利也于次年年底获得了用于重建的2000万元贷款。但是四川基本上没有工业基础,用于重建的各种化工设备、原材料奇缺,所以很多东西不得不从国外订购,而从国外购买的设备主要是通过从越南、缅甸经云南的两条运输线,即滇越铁路和滇缅公路运往大后方的。为此,范旭东于1940年9月又从美国购置了200辆福特牌载重汽车,自办运输队,希望能尽快将设备运往四川。

可是由于日军很快便攻陷越南、缅甸等地,战事迅速恶化,滇越铁路和滇缅公路已不能再用。而此时永利一些尚未来得及运回来的设备,大部分连车带设备都被日军破坏了,剩余部分也不得不改运英属印度,后来又被美军及中国远征军征用。

据统计,永利仅在运输线上遭受的损失即高达80万美元,这给永利的生产带来了严重的影响。为了筹措经费,渡过难关,永利除了经常从久大盐厂的经营利润中抽取资金之外,还想尽各种办法,以维持生产,甚至将日产水泥500桶的机器也卖掉了。

尽管如此,永利在大后方的岁月里还是有很多成绩值得大书特书的,其中最著名的莫过于"侯氏制碱法"的发明。这是著名化学家侯德榜在分析2000多种样品、做了超过500次试验的基础上,于1941年发明的一种全新的制碱法。它不但为侯德榜本人赢得了极大的荣誉,也使得中国在这方面的技术登上了世界高峰。

经过范旭东等人的不懈努力，到了抗战后期，永利已发展成为了拥有制碱、炼油、翻砂、机械、陶瓷、土木、发电、煤矿等 10 余个企业的化工联合体。

然而，同久大盐厂的遭遇相似，官僚资本也企图将永利吞并。早在 1938 年，国民政府就企图用原本作为支持永利的重建拨款来充当官股，准备强行入股。抗战胜利前夕，范旭东计划振兴永利十厂。为了筹措资金，他于 1945 年 5 月在美国与华盛顿进出口银行谈妥了一笔 1600 万美元的信用贷款，可是美方要求范旭东必须取得中国政府的担保。为此，范旭东找到财政部部长孔祥熙，但是，孔祥熙却想趁火打劫，要求取得永利的股票，在遭到范旭东的婉言谢绝之后，竟然拒绝在保证书上签字。范旭东只好去找行政院院长宋子文，结果宋子文也以让自己出任永利董事长作为担保条件，同样被范旭东予以拒绝。不久，行政院对其要求借款担保一事给予了"不予批准"的答复。

范旭东的满腔爱国热情，兜头被泼了一盆冷水，这位即使历尽千难万险也从不灰心的民族实业家，再也承受不起这样的沉重打击，心力交瘁，忧愤成疾，不久便病倒了。10 月 4 日，63 岁的范旭东不幸溘然长逝。临终前，范旭东所牵挂的依然是国家、事业和他的同事，给前来探望他的同事们留下了"齐心合德，努力前进"这八个字。

作为中国化学工业的先驱，他的突然逝世在重庆各界引起了巨大震动，政界、工商界及教育界的 500 多名人士参加了追悼大会。国共两党的最高领导人均送来挽幛或挽联，对范旭东给予了极高的评价。毛泽东赞他为"工业先导，功在中华"，蒋介石也在挽幛上手书了"力行至用"四个大字。

经济学家许涤新曾经很客观地评价道：

> 范先生的半生坎坷，也就是数十年来中国民族工业的坎坷！中国如果不能独立自主，中国的政治如果不能走上民主的大道，则民族工业是没法发展，甚至是没法存在的。范先生的半生坎坷，证明了这一点，全国的商业界人士，也必定是深深地体验到了这一点的。

6. 坎坷的荣氏家族

"民族资本家首户"

荣宗敬、荣德生兄弟是近代中国最为著名的企业家之一，由他们创办的茂新、福新面粉公司以及申新纺织公司三大企业集团，曾经是最大的民族工商企业。

新中国成立后，毛泽东曾经多次接见并宴请过荣德生的儿子、著名企业家，后来担任过国家副主席的荣毅仁，亲切地称呼他"荣老板"。在上海时，还专程前去拜访过他，并曾经借助他的影响，在上海大力推行"资本主义工商业改造（俗称公私合营）"运动，称赞其为"中国民族资本家的首户"。1986 年 6 月 18 日，邓小平在接见荣毅仁时也曾说过："从历史上讲，荣氏家族对发展我国的民族工业作出了很大贡献，对中华民族作出了贡献。"

荣氏企业在近代中国的民族资本企业中具有一定的代表性和典型性，荣氏兄弟也被冠以"面粉大王"和"棉纱大王"的头衔。

20 世纪 30 年代，凭借荣宗敬的胆识与精明和荣德生的精细与勤奋，兄弟二人齐心协力，顶住了激烈的竞争，稳定了阵脚，在西方列强压迫及中国官僚资本剥削的夹缝中生存了下来。1936 年以后，随着整个社会经济的复苏，荣氏企业的状况也明显好转。至 1937 年，景况更佳，荣德生回忆道：

> 本年营业，承上年之后，纱销俏利，价渐高，好牌子已逾三百元大关。花价未涨，只四十元之谱，各厂有利，气象极佳。……此时我各厂营业日佳，出品有利，每件可余七八十元，为历年所无。原料、物料积存充足，纱、布销路甚好，纱改大盘头、大筒子，布则坯布，均系实销。铁工厂尤好，订购络绎，人人欢迎。工作分日夜两班，并已添建公事房、工场、打样间、

翻纱间、饭厅等，准备开始翻制细纱、粗纱、钢丝、清花等机，预计每月可出纱锭五千枚。

灭顶的劫难

"七七"事变后，国民政府并没有立刻下达全国总动员令，期望事变得到和平解决，而日军方面亦没有立即摆开大打的架势，局势变得异常微妙。当时有很多人认为中日两国必然要进行全面的战争，亦有不少人认为这仅是日军蚕食中国的惯用伎俩，其结果至多是局部战争。

荣氏兄弟的意见倾向后者，他们希望卢沟桥的烽烟能够早日熄灭，趁着这一年产销趋旺的势头，抓紧生产，以期望在年底能够还清债务。荣德生在《乐农自订行年纪事》中说：

> 至七月七日卢沟桥事变猝起，当时江南尚称安定，无锡各业照常，惟北方断，面粉堆积，无法销运，茂新至八月底已代福新做存麦。申三则纱价步涨，达三百二十余元，估计若至年终，余额必巨，可代总公司还去本厂押款矣。当时职员也多抱很大希望，年终分红不在少数，遂提起精神，努力工作，出数激增。

甚至在"八一三"事变爆发后，荣德生等人仍希望"战事早平，顾全信用"，这样他们可以尽快还清欠款。淞沪会战打响后，国民政府军英勇奋战，上海各界有钱出钱，有力出力，荣氏兄弟也捐出 5 万袋面粉及大量的"慰劳品"。

荣氏企业主要集中在上海、无锡两地，淞沪会战中，闸北与沪东一带为交战双方的主要区域。福新系统的几个工厂因处于战区，损失惨重。

荣德生回忆道：

> 8 月 13 日午后枪声传来，至晚申新五厂工房内已有数人受伤，厂方当即宣布停止夜工。……日夜处于枪林弹雨威胁中的全体职工，不得不舍弃工厂，于 22 日绕道浦东逃离到安全地

带。日军占据申五后大肆进行破坏，各车间都受到程度不等的损失，所有栈房及公事房、宿舍、工房则全部被毁……申新六厂三层楼的公事房毁于战火，多部机器纱锭被日军拆残。申新七厂被日军劫掠或毁坏的机器、货物为数甚巨，淞沪会战发生不久即被迫停工。

申新二、九等厂因为设在租界内，所以仍然开工，但也只是开白班而已。最初，荣宗敬、荣德生等人对战局表示乐观，认为国民党军队可以很快打败日军，再与日军停战媾和，甚至幻想美英等国会出面调停。但是，战局的发展又一次粉碎了他们的梦想。11月5日，日军从金山卫登陆，国民党军队被迫全线西撤，形势变得愈加危急。

此刻，地处战区的申新一、八两厂在厂方的督促下仍然坚持生产，大难也就在这时降临了。

10月27日，是一个秋高气爽的好天气，早上8时40分左右，日军巨型轰炸机以三架为一队，共分三队，向申八投下了十八九枚重磅炸弹。申八厂内顿时烈火腾腾，浓烟滚滚，厂里的人们四处逃窜，哭声、喊声响成一片。谁知，日军的战斗机继之而来，又用轻型机枪丧心病狂地向地面的人群扫射，很多人中弹倒地，血流如注，申八成了一片火海……

申八的旁边是申一，日军的飞机立刻又对申一发起了狂轰滥炸，从南向东，由东而南，无论是布机间、细纱间，还是钢丝、清花等车间，都被日军投下了重磅炸弹……

这场浩劫使申新一、八两厂共死伤职工430多人，其中当场死亡70余人，重伤者300余人。申八全部被毁，申一北二场、布厂的半部以及办公室、工人宿舍、饭厅、货栈、物料间等悉数被炸毁。两厂合计各项损失高达500余万元。荣德生听到消息后，痛心疾首地说：

"申一、申八已隔断在火线中，申五、申六、申七在杨树浦，亦在战线，无人看守，在闸北地区之福新各厂亦同。如何结局，不能预料，至此，唯有听天由命而已。"

正所谓祸不单行，地处无锡的荣氏企业也未能逃脱日军飞机的轰炸。

"12月8日后，无锡北门一带市房全被焚毁，豫康、广勤、业勤皆烧去。12日后，茂新一厂烧，振新老厂砖木建筑亦被烧，新厂则因水泥建筑无法烧也；申三栈房、布厂、摇纱间均被烧，粗、细纱间及电机间均留，亦因水泥建筑故也，厂中房屋已所存无几……报载沪、锡一带，被毁纱锭有六十万枚。"

另一方面，为使申八永无复工希望，日军飞机轰炸之后，日本在沪的丰田纱厂派出一些浪人和流氓又冲进申八废墟，将幸存的百余台精纺机用重磅大锤逐台敲碎，又将车头马达油箱及尚未完全损坏的机器全部捣毁。至于申三，日军则采取了最为残酷的手段，他们将车间和机器炸毁后，又浇上柴油焚烧，结果，申三除了一座钢筋水泥厂房变成骨架，任凭日晒雨淋之外，其余一切悉数被毁。

至此，在短短的两个月内，荣氏所拥有的21家面粉、棉纺厂，除了在汉口的申四、福五及上海租界内的一些工厂得以幸免外，其余地处上海华界、无锡和济南的14家工厂，悉数被日军损毁，经数十年奋斗得来的荣氏企业的2/3荡然无存。

准备内迁的荣氏企业大多属于轻工业，因此并不属于国民政府规定的内迁范围，加之荣氏兄弟对战局估计失误，直到上海沦陷，在沪的荣氏企业都未能迁出。

上海沦陷后，面对如此严重的损失，荣宗敬召集部属紧急磋商，以求万全之策。经过一番讨论，荣氏兄弟决定分驻上海、无锡两地，至于内迁事宜，则以稳妥为要，不可贸然全部搬迁，由无锡的申新三厂先行内迁，如果搬迁顺利，再决定其他厂的内迁。由于荣德生主导无锡的企业，因而申新三厂的搬迁由荣德生就近负责。

无锡方面得到搬迁令后，一边依旧安排生产，一边加紧将申新三厂迁出。第一批迁出旧粗纱机三部和新购买的布机200台，准备装船沿长江转运至汉口申新四厂。然而，当船行至镇江时，却遭到海关的故意刁难。海关以申新三厂未持有上海工厂迁移监督委员会的证明为由，坚持要征关税。

10月中旬，申新三厂又迁出第二批40台布机、部分棉花和纱布，但是镇江海关仍然不予办理转关手续，如此一来，两批机件被迫滞泊于长江。后来，镇江海关甚至表示即使纳税亦不放通过，而上海方面的文件又迟迟不到。另一方面，日军飞机天天进行轰炸，继续停泊在长江江面上风险极大。于是，申新三厂又将一部分棉花、纱布、机件等物资散藏在无锡的近郊。无锡沦陷后，这些纱布及机件悉数被日军劫走。

荣氏企业设在无锡的公益铁工厂原有各种机床100余台，专门为申新厂制造自动布机和纺织机，抗战爆发后，一度成为军工制造厂，生产手榴弹和地雷。

上海沦陷后，日军随即西进，公益铁厂也分几批内迁。但是，由于时间紧迫，加之缺乏运输工具，公益厂的大部分机器均未能迁出，只有70余吨的轻型机器得以迁出。内迁途中又有不少散落于苏北各地，再加上沿途屡遭日军飞机轰炸，最终只有一小部分工作母机、几十名工人及技术人员迁到了重庆。

荣氏企业遭到了空前的浩劫和破坏，经济损失极为惨重。最后荣宗敬被迫出走香港，荣德生则到汉口主持企业复工。局势的发展使得年逾花甲的荣宗敬忧心如焚，再加上长期的精神摧残和折磨，1938年2月10日在香港逝世。

翁婿联手

抗战爆发后，华北、华东等工业较集中的地区相继沦陷，使武汉地区的经济出现了短暂的繁荣。在武汉主持荣氏家族企业的荣德生的女婿李国伟，抓住这个有利时机，全力组织在武汉的申新四厂、福新五厂增加生产，因而在抗战初期，两厂都获得了丰厚的利润。据统计，1937年申四的盈利高达185万元，为1936年的3.8倍；在1938年8月工厂内迁之前，申四、福五所积欠的约700万元债务已全部还清，荣德生曾很高兴地说：

> 汉则福五照开，利厚；申四亦开，出数增加，花价三十五元，纱售二百四十余元，尚在看涨。余对厂中同仁屡讲做法，三儿亦将三厂心得一一指导演习，产量竟加出四分之一，每日可出一百二十余件，利润既优，欠款可以不愁，心中为之一宽。

然而好景不长，不久后，日军的飞机也开始袭扰武汉。这时，李国伟及武汉一些工矿企业家鉴于沿海工商业内迁仓促、损失惨重的教训，提出了"亡羊补牢，犹未为晚"的倡议。不仅如此，李国伟本人与申四、福五两厂的一批中青年企业家对内迁事宜始终持十分积极的态度。随着战局的日趋恶化，国民政府决心在武汉实行焦土政策，亦严令在汉各厂限期内迁，否则一律炸毁。

于是，李国伟更加认为内迁势在必行，应该及早将武汉的申四、福五两厂内迁。1937年底，他派人赴四川了解情况，规划内迁事宜。1938年1月25日，他又派两厂的代表赴渝，和十多家工厂代表共同讨论筹备组织迁川联合会。不久，武汉各厂行动起来，准备内迁，李国伟一面抓紧生产，一面吩咐人准备大量的木箱，以备装运机器。但是，李国伟等人的内迁计划不但遭到上海大股东的极力反对，甚至荣德生本人也不同意。

荣德生认为，申四、福五两厂在武汉获利甚丰，一旦内迁，不但停工没有利润，搬迁机器，路途遥远，又处战乱之中，损失惨重是不可避免的，无锡申新三厂和公益厂的惨痛内迁经历记忆犹新。更何况西部各项设施落后，工厂内迁之后的复工、生产、销售等问题都是要慎重考虑的。

荣德生认为武汉虽然难以守住，但是内迁亦无出路，他主张将申四、福五的生产设备全部寄存于汉口沙逊洋行的栈房或全部出租给美商经营，以求庇护。后来，他们和美商签订合同，又赴美国驻汉口领事馆注册，还在工厂的墙壁上漆上美国国旗，静待国民政府批准。但是，工矿调整处对此极为不满，一面拒绝批准，一面加紧督促内迁，荣德生的打算完全化为泡影。

消息传来之后，身在上海租界的荣德生立即让李国伟等人设法将两厂的机器运藏于汉口的租界内，保存实力，静观时局变化。进入8月，武汉已经岌岌可危，蒋介石不但下令立即拆迁武汉所有的纺织厂，还派宋美龄等人赴汉督察。8月5日，武汉市市长吴国桢召集各厂开会，下达内迁命令。吴国桢表示：

政府已派高级官员到各厂视察。现通知各位：政府有令，哪个工厂不搬迁，即予以炸毁，在武汉绝不留一草一木给日寇。

在这种情况下，汉口荣氏企业的华栋臣在当日便致电在沪的董事长荣鸿元，称：

> 近日最高机关屡次派人来厂察看，并有外籍顾问等人。蒋夫人亦亲自来，决定非搬不可。今日上午在市政府召集各厂会议，宣布上峰非常注意，即一草一木亦不能留存在汉，并且已知我与企业接洽及藏机某处之计划，彼有权不允，且云，根本上毫无用处，如不遵行必定代搬，否则毁去。

> 迁移地点，川中无船可运，陕西宝鸡彼认为比较安全，而车路尚可勉强。特此奉告，望速指示一切，事已迫切，万一散处为应付目下及保全产业不致吃眼前亏起见，紧要时只能遵从，以后或再想办法也。

翌日，又连续致电荣鸿元称：

> 查迁厂一事，今年之初即有事议。德先生（荣德生）在汉一向主持不拆、不迁，故同业中裕华、震寰均已拆迁，我始终推宕。目下汉渝运道拥塞不堪，更有词可借。德先生来电云，向各方疏解，恐不生效力。盖此事发生于最高机关，各方仅执行命令，毫无主权。今日在市政府高议，势在必行，毫无挽回余地。

荣氏企业内部的内迁之争，终于被武汉市政府用最高命令的形式，勒令内迁而告终。

既然非迁不可，荣德生只得写信告诉李国伟，要求其全面调度，努力搬迁，务求将损失减少到最低。他告诫李国伟，"报效国家社会，在荒僻创造事业"，并吩咐其亲自赴宝鸡进行实地考察，选择合适地段建厂，由华栋臣留汉负责拆迁。

荣德生事后回忆说：

> 申四、福五奉命撤退，指定重庆、宝鸡两地，一再电商当局，非拆不可，否则炸毁。于是遵令一部分装渝，一部分迁陕西之宝鸡。在宝鸡圈地四百余亩，迁去纱锭两万枚，布机四百台，粉机约合出粉三千包，电力三千瓦特。运到后，因材料缺

乏，装置不易，恐遭日机炸毁，建于窑洞之内，筹备经年，始获完成。

申四厂最初被工矿调整处指定全部迁至宝鸡，但是，当李国伟等人赴宝鸡实地考察之后，认为宝鸡既过于荒僻，又不安全，只是拆迁费用远低于重庆，且原料取给方便，当地棉花不仅量大且价廉，建设纱厂亦有利可图，遂要求分迁四川与陕西。

获得荣德生允许后，李国伟亲自赶赴重庆选定猫背沱作为建厂基地，他们又包下怡和、嘉禾两艘轮船将2000锭纱机拆装运往该地。8月中旬，申四、福五两厂开始准备内迁，为此，李国伟等人又于8月20日向工矿调整处借款作为迁移费。然而，由于头绪繁多，两厂的全面内迁实际上到9月底才开始进行。如此一来，搬迁行动比起其他厂家较晚，从而错失了良机。

10月下旬，武汉失守，两厂的搬迁工作被迫停止。据统计，两厂共计将1万锭纱机，80台布机、整理机、漂染机和一套日产500包面粉的设备运往了重庆，运往宝鸡的机件有纱机2万锭、布机400台、一套日产3000袋面粉的设备与3000瓦的发电机一组及一些建筑材料。

由于战局紧张，两厂在内迁途中的损失极其严重。其中有一部分机器装船后在长江上航行时，因遇暴风而翻船沉没；又有一部分机器装上火车计划北上，却因为信阳失守又不得不折返武汉，孰料在途中竟被日军掠走。据统计，申四、福五两厂在内迁途中共计损失2万枚纱锭、690台布机、一套日出面粉上万袋的面粉机以及70%的漂染整理机，全套1000瓦透平发电机座，还有800余马力的电动机等。

荣德生在得到损失的报告后十分伤心，悲痛之余，他立刻致电李国伟等人，要求他们抓紧时间建厂装机，争取早日开工生产，以尽早弥补损失。

事实上，重庆、宝鸡战前几乎没有现代工业，抗战爆发后又与海外隔绝，机件物资及动力资源均比较缺乏，在这些地方重新建厂生产，比起当初荣氏兄弟在沿海地区创业要艰难许多。

申四、福五两厂的内迁人员，便是在这样极其艰难困苦的条件下，开始了建厂生产的工作。

火中涅槃

1938 年 10 月，在内迁工作基本完成后，李国伟即赴沪参加申四临时股东会议，汇报迁厂经过。股东们因怕内迁企业亏本受累，会上决定内迁企业都不准用申四、福五的牌子，而另行成立庆新股份有限公司，下设庆新纱厂和庆新面粉厂，以申四、福五的设备出租给庆新收取租金。李国伟返渝后，决心因陋就简，发奋创业，庆新纱厂于 1939 年 1 月便率先建成开工，不久全部设备开足生产，每月产纱 220 件。随后庆新面粉厂亦于 1939 年 5 月建成投产，日产面粉 500 包。

由于战时重庆一度经济繁荣，投产较早的企业都能获得利润。在沪股东们见有利可图，就主动提出恢复申四、福五的老牌子。其中，福五因规模较小，事实上成了申四的一个附属企业。

公益铁厂迁渝后，继续为国民政府兵工署制造军用品，并更名为复兴铁工厂，厂址选在重庆郊外的菜园坝。该厂内迁至重庆的物资仅仅 60 余吨，规模较小，因而建厂开工亦较早。至 1940 年夏，该厂又与申四重庆修理厂合并，更名为公益纺织面粉机器厂股份有限公司，主要产品为梳棉机、面粉机和工具机。

1939 年 4 月起，申四宝鸡厂在李国伟亲自主持下，在荒僻的土地上进行筹建工作，8 月建成投产，因受动力限制仅开了 2000 纱锭。1940 年 8 月又两次遭日机轰炸，受到了一些损失。

为了防御日机轰炸，李国伟组织工人在工厂附近的"长乐塬"开挖山洞，在"长乐塬"下设砖窑两座，又利用挖出的洞土烧砖修砌隧道。依次开出了 9 个窑洞，宽为 4 米，纵深达 120 米，洞内设有通风井，使空气流通。就这样，建造了窑洞车间 55.4 万平方米，装有 2 万纱锭，纱厂的清花、梳棉、并条及粗纱 4 个工段均设在窑洞中。

窑洞车间于 1941 年春建成投产，隧道上最厚的土层达 100 米。后来，日本飞机轰炸宝鸡时，将窑洞车间上面很多的员工宿舍毁坏，甚至李国伟的住宅亦被震坍，但对窑洞车间却丝毫没有影响，洞内对轰炸浑然不觉，照样生产。窑洞车间经受了考验，空袭时全厂员工和家属也都躲到窑洞内避难。

窑洞车间既是战争的产物，又是李国伟根据宝鸡的特殊地理情况设计出来的，堪称国内首创。有不少中外人士慕名前来参观，认为它不但在中国，在世界上也是一个奇迹。

恶劣的环境逼迫人们琢磨出很多聪明的对策。发电厂在窑洞车间的对面，成了日本飞机经常轰炸的对象，于是，李国伟便以高耸的电厂烟囱为中心设置伪装网。它被伪装得很巧妙，粗粗看去，与有树有草的"长乐塬"一样，因而此后发电厂再也没有被轰炸。之后，李国伟又在离车间较远处设置了一些假目标，同时还将在平地上的房屋，如摇纱间、织布间等也加以伪装。经过这一番精心"打扮"，在随后的几年里，日本飞机虽然多次空袭宝鸡，但申四厂房却安然无恙。

宝鸡地处内陆，原料、劳动力均十分低廉，申四宝鸡厂所产棉纱可近销关中，远销渝、蓉，在资金上又能得到重庆厂的支持，故发展较快。同时，李国伟还利用赚得的利润，不断地开设分厂。1940年1月，申四重庆第二工厂建立，5月正式开工，其中新增了5000余枚纱锭；1941年夏，申四成都分厂动工；同年6月，申四、福五在成都又建设了面粉厂；10月，福五宝鸡面粉厂建成投产；1942年秋末，福五天水面粉厂竣工。

硝烟中的繁荣

工厂的扩大和大量分厂的建成，均需要大批设备和配件，李国伟利用在上海租界养伤的机会，大量向美、英购买机件。这些买进的机件一般取道香港经广州再运往大后方，或者经越南海防，利用滇越铁路运往大后方。广州沦陷后，又改道缅甸仰光，由滇缅公路向内运。

抗战时期，原材料紧张，凡是能够掌控大量原材料的工厂均获益匪浅。申四、福五以宝鸡为中心，在陕、川、湘、甘等省先后设立了坐庄及办事处数十处，还将办事处设在西安、兰州和成都等较大的城市中。利用在各地的机构形成传递市场信息的网络，借以了解各地货源的质量优劣、价格和数量，选择最佳时机进行采购和销售。

申四宝鸡厂还向中国银行、交通银行分别贷款300万元和150万元，利用这些贷款购买囤积了大量的机件物料和为数不少的棉花、小麦等原料，后来，这些物件、原料均为申四宝鸡厂创造了丰厚的利润。

内迁工厂所购进的原料、产品的销售均离不开运输，然而，抗战时期的西南和西北地区交通十分落后，如火车、汽车、船等有限的交通工具还经常被军队征用，交通成了很多内迁工厂最为头疼的问题。

李国伟敏锐地洞察到，不解决交通问题，企业就没有生命力。于是，他在购进外国机件物料时，顺带也购买了几十辆载重卡车，这些卡车很好地解决了荣氏各内迁企业之间物资调配和成品运输的困难。1941年，李国伟在申四、福五两厂成立了交通运输大队，除了自备的40余辆大卡车外，又经常租用其他交通公司和私人的大量卡车，行驶在陕甘、渝蓉、川黔、陕豫等各条公路上。此外，交通运输大队还有几十辆骡马大车，主要用于一些短距离的运输。在嘉陵江上，又备有数十条木船，成立了一个嘉陵江水道运输队。这样一来，一个水陆兼备的交通运输网络就形成了。

随后，李国伟为了解决能源紧缺的问题，于1942年11月，成立了宝兴煤矿公司。随着生产规模的不断扩大，他又感到务必创造出一条自己制造机器设备的新路，企业才能继续发展壮大。经过一番努力，1941年，由申四宝鸡厂机修部门组建的宝鸡铁工厂终于开工。抗战时期，该厂和公益铁工厂为大后方机器制造业的发展，作出了很大的贡献。

上海租界里的荣氏企业，最令荣德生欣慰的是申新、福新厂利用两年的时间还清了3/4的债款。1942年春，他又瞄准时机，以极小的代价一举还清了荣氏企业陈年积欠的剩余债务，荣氏企业的管理权，又完整地回到了荣氏家族的手中。

然而，厄运却很快又降临了。

太平洋战争爆发后，日军旋即占领了上海租界，荣氏在租界的企业也被日伪充作"敌产"，其中很多厂被日军"军管"。荣氏企业在上海和无锡沦陷区内经营的工厂只剩下福新二、七、八厂，由于战争的破坏，加上日军和日商的劫掠，元气大伤，曾经生机勃勃的企业，变得奄奄一息。几年之后，荣德生和荣鸿元等在付出很大代价的情况下，日军才将申新二、三、五、六、九厂和合丰纱厂"发还"给荣氏家族。但是，这些厂经日本人蹂躏，已经多半无法开工，只能派人看守，进行一些维修和整理工作而已。

太平洋战争的爆发，不但给租界内的荣氏企业带来了灾难，也使得内迁的荣氏企业饱经风霜。太平洋战争爆发后不久，西南与国外的交通就被日军切断，国民政府乘机加强了对纱布和面粉的控制，申四、福五两厂的生产也随之日趋下降，企业不断萎缩。其他一些厂或被迫停产，或转让他厂。最后，甚至申四宝鸡厂也因为受到豫湘桂战役的影响而计划再迁至天水、成都以及广元，生产基本上处于停滞状态。

7. 内迁的上海厂在江城

暂居之地

"八一三"事变时，国民党政府以武汉为目的地，对上海的部分民族工业进行的这次十分仓促的内迁，共迁出民营工厂148家，机件物资13000余吨，结果有121家工厂迁达武汉，它们是：

（一）机器五金业：大鑫、新昌、顺昌、利泰、合作、精华、美艺、广利、中国实业、达昌、公益、福泰、上海、东升、新民、徐兴昌、精一、华新、中奥、大来、大公、张瑞生、中新、华光、公信、启文、肖万兴、维昌、姚顺兴、姜孚、中华、中国、铸亚、中华展铜、慎昌、中兴、中国建设、陈信记、希孟氏、利用、新中、中国机器、亚洲、可炽、兴鸿昌、中国铜铁、汉兴、大昌、吴祥泰、公盛记、宝兴、姚兴昌、三雄、新大、华东、中国窑业等57家。

（二）化学工业：益丰、天源、天利、天盛、天厨、龙章、家庭、中央化学、中兴赛璐珞、新亚、海普、中国铅丹、中国工业炼气、中法、工商谊记、大中华橡胶、大中华火柴、强华实业、炽昌新制胶、大中染料、大新荣橡胶、中国化学工业社、肇新等23家。

（三）电机、电器业：华生、华成、振华、亚浦耳、汇明、谭洋记、孙立记、公记、金钢、昌明、亚光、合众、华昌无线电、中华无线电、中国无线电、中国蓄电池、建委会、永利、中央电器等 19 家。

（四）制罐业：康元、冠生园两家。

（五）造船业：三北、华丰、茂昌、茂利帆篷厂等 4 家。

（六）文化印刷业：大公、生活、开明、中华、时事新报、中国标准铅笔、中国科学、华丰等 8 家。

（七）纺织业：美亚、迪安、华成、明艺等 4 家。

（八）其他行业：六合建筑公司、源大皮革厂、四明糖厂、梁新记牙刷厂等 4 家。

其他的 27 家工厂迁出上海后，有的没去武汉，有的去向不明，它们是：大隆、远大森记、上海、华艺、仁泰、泰顺合、亚洲机器、和兴、华中等 9 家机器厂；大华、苏纶、光明、大丰恒、大丰余、大众等 6 家纺织厂。此外，还有泰康、求新、五洲、美新、粹华、大光明电料、上海喷漆、上海协记糖厂、标准牙刷厂、民兴化学、维新梅记和商务印书馆。

纸上谈兵的复工

1937 年 10 月初，上海民营内迁厂已有 25 家到达武汉，为了能早日开工，他们联合呈文国民政府，认为到达汉口后所有的筹备设厂复工事宜，如厂址划定、建筑厂房设计、机件物资安置等都十分重要，如果有熟悉内迁经过的负责人员前来主持规划，对各工厂迅疾复工应该是有所帮助的。因此，他们要求担任上海工厂迁移监督委员会主任一职的国民政府资源委员会专门委员林继庸前往汉口主持一切。

然而当时上海工厂迁移监督委员会已被工矿调整委员会取代，林继庸不再负责上海民营工厂的迁移工作了，但他仍于 10 月 12 日从南京乘"江汉轮"，在 14 日深夜到达汉口。他在武汉只待了 4 天，就于 19 日返回了南京。4 天中他做了 7 件事：

（一）勘察了武昌市郊的洪山、簸箕山附近的荒地环境，并分配给了到汉各厂的地址及亩数，以避开特殊建筑、名胜风景及各厂之间互不妨碍为原则。

（二）先后与湖北省政府秘书长卢铸、民政厅厅长孟广澎、省警察局局长蔡孟坚、武昌市政处处长杨锦昱，商量有关征地及安全保护事宜，并决定一经选定地址，即可动手建厂，以后再办圈地征收手续。

（三）与汉口市市长吴国桢、秘书长范实等，商量在汉口硚口一带征地及租借汉口日本租界内房屋事宜。

（四）与国民党湖北省党部特派员彭国钧和市党部特派员陈潘岑，商量劳工管理及训练事宜。

（五）与既济水电厂经理潘铭新商量动力充分供给问题，并决定在汉口方面日夜供给八千瓦（笔者按：资料原文如此。但此数字可能有误）电力，再用过江电缆把电送至武昌，专供内迁工厂之用。

（六）宴请国民政府相关要员。

（七）制订全面规划，决定分配内迁工厂厂地以又集中又分散为原则。因为太分散则电力供给与交通运输将成问题，而太集中则目标明显，易受敌机袭击。待厂房建成后，将来再建筑轻便铁路由粤汉路绕经洪山、簸箕山而至江滨，长约十里。再于江边择地建筑码头，开凿沟渠引长江水到东湖。这样不仅使交通便利，而且各家化学工厂的用水亦可解决。

从表面上看，国民政府似乎对内迁工厂的复工问题安排得井井有条，既解决了具体问题，又设计了远景规划，实际上这一切仅仅是纸上谈兵而已，根本不解决任何问题，甚至连内迁厂的厂址也没有解决。

原来，早在8月12日，资源委员会就曾派李荃孙和助理研究员吴至信两人前往武汉寻找内迁工厂的厂房、仓库及工人宿舍，结果仅在武汉找到零星的四处空地：一是毡呢厂，约二千平方尺；二是燮昌火柴厂，约三千平方尺；三是大兴公司空地，约十亩；四是武昌文佛禅寺，约二千平方尺。

这么点地方，对上海内迁厂来说，无疑是杯水车薪，于是资源委员会又派出专门委员恽震前往寻找新的地点。找来找去，最后认为武昌徐家棚、鲇鱼套等地较为适宜，同时，汉阳铁工厂的空房也较多，可以利用。上海工厂迁移联合委员会副主任支秉渊到实地察看后，再与上海各内迁厂一一商量，感到徐家棚与日本租界隔江相望，太不安全，于是就以迁移委员会的名义要求林继庸前来主持复工事宜。

林继庸走马观花，匆匆会晤了一些要员就离汉而去，就像前文提及的，湖北省政府背地里到处散布农业至上的言论，借口武昌洪山历来以产红菜苔出名，若让内迁厂占地开工，无疑是助长工业打倒农业。内迁厂几经交涉，据理力争，也无济于事，结果反而变成一场工业重要还是农业重要的辩论，实在是荒唐之极。

当地恶势力也在官府的支持下聚众闹事，抬高地价。如长春观的道士侯永德，亦为当地的大地主，就暗中怂恿他的佃农以农具为武器，以收复失地为名，鼓噪闹事，阻挠内迁工厂的复工。

凡此种种，使得众多的内迁工厂根本无法复工，造成了严重的损失。如益丰搪瓷厂迁到武汉后，发现不仅没有厂房，电力远远不够，电压也过低。到1938年2月，仅有20余家小厂得以在武汉复工。

国民党政府这种不负责任的态度，激起了人们极大的愤慨，连工矿调整委员会亦不得不承认：“初到武汉的工厂，迁移已近4个月，仍不能开工，以致厂家怨嗟，工人愤激，对政府信用深抱怀疑。”据当时统计，到武汉失守前开工生产的工厂，占迁到武汉工厂1/3都不到，其他工厂只能眼睁睁地待在武汉，束手无策。

“边区工业之父”

在内迁的上海民营工厂中，有一家在武汉八路军办事处的协助下，表面上迁往西安，还得到了国民党政府的一节火车车厢和护照，实际上却是迁往陕甘宁边区的，它就是上海的利用五金厂。

该厂于1938年1月11日从武汉由火车启运，再转汽车和畜力车，在八路军的沿途帮助下，到达离延安70里的安塞县，随迁的工人有10名，机床10台，由厂长沈鸿带领，走上了革命的道路，为陕甘宁边区的工业发展作出了重要贡献，这在内迁厂中是绝无仅有的。

该厂老板兼经理沈鸿，是在汉口经新华日报社介绍，与八路军武汉办事处挂上钩的。在董必武等人的动员劝说下，他毅然决定将工厂迁到了陕甘宁边区。后来，该厂并入延安修械厂，组成了陕甘宁边区机器厂。沈鸿的利用五金厂虽然规模不大，但却为边区填补了机器制造业的空白，不啻为雪里送炭，为陕甘宁边区五金业的发展作出了杰出的贡献。它先后为边区的印刷厂、纸厂、药厂、煤油厂、纺织厂制造了各种关键设备，更重要的是，该厂还为兵工厂生产了大批武器。

利用五金厂原本规模很小，在上海的时候只能生产一般的五金元器件，但为了抗日，沈鸿组织厂里的技术骨干改造仅有的几台设备，使它们能够加工枪机、枪管、手榴弹，甚至是炮击炮的瞄准具，为武器弹药严重不足的八路军解决了大问题。后来，沈鸿还将技术和设备支援了晋西北、晋冀鲁豫等根据地的兵工厂，使边区的军工生产能力大为提高。

在边区，沈鸿不但将工厂全部上交归公，自己也参加劳动，而且后来又加入了中国共产党，还多次被评为陕甘宁边区的劳动模范。延安《解放日报》称他为"我们的工程师"，毛泽东、林伯渠赞誉他为"边区工业之父"。对于他的内迁壮举，毛泽东评价甚高：

"工业家沈鸿先生自愿以其私有的十部机器迁来边区，为八路军服务，沈鸿先生亦来边区工作。从那时起，又有许多科学技术人员先后来到边区工作，使得边区聚集了一批科学技术人才，作为建立工业的指导力量。"

新中国成立后，沈鸿先后担任了电机工业部副部长、煤炭工业部副部长等职，并对位于湖北十堰的第二汽车制造厂的早期建设作出了贡献。

炮火下的兵工厂

上海民营内迁厂在武汉的时间虽然不长，但还是为抗战作出了一定的贡献。当时一些内迁厂或租借民房，或利用空地抓紧开工生产，多则数月，少则十几、几十天。

总计由上海及其他各地迁汉的工厂临时复工者达66家，其中44家是机器厂，专制军火。这些厂匆匆迁来，机器设备都不齐全，故能单独承造某一种兵工材料的甚少。因此，这44家工厂就进行联合生产，相互补充，各自发挥自己的特长，结果形成4个生产集团，各自以一家较大的厂为中心，10余家中小厂辅助。

据当时统计，在短短的几个月时间里，这些厂每月能生产手榴弹70000枚，迫击炮弹20000发，圆锹、十字镐150000把，以及机关枪零件、手雷、飞机炸弹引信、弹尾等零件。为了统一分配订货加工任务及各项有关业务，上海内迁厂还于1937年9月在汉口江汉路宁波里18号成立了迁鄂工厂联合会办事处，由颜耀秋、支秉渊担任正副主任。

由于上海不少大厂内迁，因此为武汉地区工厂的再次内迁积累了经验。人们原先以为内迁工厂是一件千难万难的事，但上海100多家工厂内迁后，只要登高一呼，就会有人响应。

而当武汉的一些工厂开始内迁的时候，上海不少内迁厂还派出了许多有拆卸经验的技术员和工人，如华成、新中、铸亚三厂的技术员工在大冶、武汉等处负责拆卸水泥厂、造纸厂、发电厂、榨油厂、制冰厂等，为武汉的内迁工作作出了贡献。

各有小算盘

国民党政府把武汉作为内迁地点，一开始就遭到上海企业家的反对。上海机器制造业在讨论内迁时曾决定，必须就内迁地点再与政府商量。待工厂迁到武汉后，武汉的社会舆论更以为目下战局变化、战火日近、武汉并非久留之地等为理由，主张已迁汉的工厂不妨再迁，但工矿调整委员会根本不听，认为工厂迁汉本系政府定案，岂容任意更改。

国民政府原本只想把上海极少数与军火制造直接相关的工厂迁出上海，不料日军攻下南京后，矛头直指武汉，蒋介石又仓促下令筹建战时工业，把武汉所有的工业迁往湖南、广西、四川、云南等地。工矿调整委员会接到蒋介石的命令后，一面开始拆迁武汉三镇所有能拆迁的工厂，一面开始动员沿海内迁到武汉的工厂继续内迁。

上海内迁厂接到再迁的通知后，一时出现了不知所措的局面。因为新的建厂地点必须有能让该厂生产、销售的环境，否则工厂无法生存发展，而西南一些工业落后的地区，考虑到沿海和武汉等大城市的工厂内迁后对振兴当地工业、加强地方实力是很有利的，又纷纷表示欢迎。如当时宜昌县商会主席来电邀请，湖南省建设厅的胡安恺亦到汉，答应迁往湖南之工厂可以免税，云南省亦派周恒甫来汉欢迎。在这些省份中尤以四川省最甚，这让沿海内迁工厂的企业家们陷入了两难的境地。

四川省主席刘湘当时正在武汉养病，特电邀四川省的工业专家胡光庶到汉与内迁厂家商洽，介绍四川的资源及环境，以动员厂家迁川。接着四川省建设厅厅长何北衡亦飞抵武汉，与愿意迁川的20余家工厂代表具体讨论关于运输、场地、电力、劳工、金融、捐税、原料、市场等问题。俗话说，"耳听为虚，眼见为实"。上海一些内迁厂虽然觉得听上去四川不错，但总有些不放心。

为了打消顾虑，上海内迁厂的一些负责人如天源化工厂的吴蕴初，于1938年1月下旬飞往四川实地考察。考察后，他们觉得四川物产丰富，不愧为天府之国；同时也看到日军攻势凌厉，武汉迟早不保。迁往四川虽然路途遥远，运输困难，但为一劳永逸，还是以迁川为宜，除此别无他法。

四川省像别的一些边远省份一样，历来搞独立王国。中央的政治势力和军队一直难以插足，沿海的企业家们也少有到四川投资建厂的，所以四川一直苦于工业落后。这次见机会来临，自然不肯轻易放过，于是四川的《国民公报》连续发表欢迎文章，认为四川不受敌机威胁，比较安全，且交通便利有长江相通，此外，在人力、资源、动力方面都较他省优越和价廉，实为工业复兴最适宜之基地。与此同时，四川省政府还制定了一系列的具体优惠政策：

1. 调拨木船150艘，代为运输器材。

2. 委托中央信托局代为保险，保险费为器材价格的千分之二十，除由厂方负担千分之四外，其余由省财政厅付给。

3. 由重庆市市长、公安局局长、商会会长、江北县县长、巴县县长、建筑专家关领声、工业专家胡光庶及林继庸等人，组成地价评议委员会，决定凡迁川工厂场地印契准免收部分附加税。

4. 以北碚为工厂区，扩大北碚电力厂。

在四川省大力争取内迁厂之时，工矿调整委员会亦订出了协助工厂内迁的规定，以加快内迁速度，当时规定：

1. 各厂内迁所需费用，凡不能自筹者，一律由工矿调整委员会于营运资金内以低息借贷。

2. 由汉口至重庆轮船运费，机器每吨为100元，原料每吨为70元，由汉口至宜昌每吨为20元。

3. 用木船装运，机器每吨为38元3角。

4. 自收到借款日起，3年内归还，第一年满还百分之二十，两年满还百分之三十，第三年满，还百分之五十。利率周息六厘，一年付一次。

5. 借款需有三家殷实厂商具保，各工厂得连环互保，但担保人之资格，须经迁移监督委员会核准。

6. 所有迁移四川工厂分两次办理贷款手续，自汉口至宜昌的在汉口办，从宜昌至重庆的在宜昌办。

7. 所有的轮船运费，由工矿调整委员会直接付给轮船公司。

工矿调整委员会制定的这一政策，与内迁的上海民营工厂到武汉时有很大的不同。首先是付款方式不同，上海民营厂内迁时，国民政府直接把经费交给上海民族企业家组成的上海工厂迁移联合委员会，再由该会把现款付给内迁的工厂。而从武汉内迁时，内迁的工厂只填写托运单和借款单，由工矿调整委员会与运输单位直接联系就可以了。但这些措施的变革，其用意显然是为了加强对内迁民营工厂的控制。

由于有这些优惠的迁川条件，各工厂逐渐打消了顾虑，纷纷决定将工厂迁入四川。因而在武汉失守前，有100多家上海民营内迁工厂从武汉撤出，但也有一些工厂迁往了其他后方省份。

如中华铁工厂、中国制钉厂、铸亚铁工厂、中华展铜厂、慎昌铁工厂、中兴铁工厂、永利电机厂、中国建设工程公司、陈信记翻砂厂、希孟氏钟厂、工商谊记橡胶厂、大新荣橡胶厂、中国科学印刷厂等13厂迁往广西，新中工程公司、中国机器厂、亚洲制刀厂、中国窑业公司、公记电池厂、金钢电池厂等6厂迁入湖南，大中华橡胶厂、中华书局2厂迁入云南。

另外，还有兴鸿昌、中国铜铁、汉兴、大昌、吴祥泰、公盛记、宝兴、姚兴昌、三雄、新大等11家机器厂，昌明、合众、中央电器、华昌、亚光等5家电器厂，肇新、大中华火柴、强华实业、炽昌新制胶、大中染料等5家化工厂及回民糖厂、华丰印刷厂等23家工厂由于无力再迁，或对前途失去了信心而停止内迁，在武汉关门停业。

在这些内迁厂中，迁得较早的设备和人员乘上了轮船，如美亚绸厂、三北船厂、中华铁工厂、合作五金厂、家庭工业社、中法药房、大鑫钢铁厂等，而迁得稍晚些的就只能乘木船了。因为国民政府的官僚机构这时也开始大规模地撤退，占用了大批运输工具。如天盛、天原两厂的230余吨物资，就只能用6艘帆船分两批内迁；顺昌铁工厂的100余吨物资，用5艘帆船分三批内迁；工商谊记橡胶厂的140余吨物资，用6艘帆船分两批内迁。当时，总共约有一半的内迁厂都用帆船运输。这些厂在漫长的内迁路上，都受到了不同程度的损失。

国民政府这种没有全盘计划，仅仅凭借了四川等省的一些优惠条件就匆忙内迁的举措，导致了局面的混乱。众多的工厂贸然迁往四川，完全是抱着"到了那里再说"的态度，这种盲目性，成为当时中国工业界的严重问题。

不少工厂迁往四川时，由于缺乏资金都向工矿调整委员会借了款，如上海内迁的新民机器厂借了7650元，上海机器厂借了32000元，美艺钢铁厂借了10000元，中国标准铅笔厂借了10000元，合作五金厂借了13000元，时事新报印刷厂借了6000元。总计从武汉再次迁出的上海内迁厂中，有31家借了款，其中以龙章造纸厂的60000元为最多，大来机器厂的460元为最少。

还有的大厂虽然没有向工矿调整委员会借款，但被注入了其他厂的资金，如大鑫钢铁厂就因资金不足，在汉口内迁重庆时注入了民生公司的一半资本，因而改名为渝鑫钢铁厂。

也有的工厂干脆出卖产业，如从上海内迁的铸亚、维昌两家分别卖给了工矿调整处与交通兵团。

第五章　陆路中转站

1. 临时陪都

三镇的复活

在 20 世纪二三十年代，中国的城市被冠以"大"字的，只有两个，即大上海和大武汉。上海自不待言，因其经济发达和生活洋化，被称为"东方巴黎"。武汉之所以被冠以大字，除了它的市区疆域被两条大江分隔，因而变得广阔以外，还因它从 19 世纪末就借助洋务运动而使制造业十分发达；它还是中国内地最大、最繁华的商品集散地，曾经被称为"东方芝加哥"，20 世纪的辛亥革命和北伐又再次使其扬名。

日军占领南京后，国民政府虽西迁重庆，但政府机关大部和军事统帅部却滞留在武汉，武汉实际上成为了全国军事、政治、经济的中心，"大武汉"更是名副其实了。

从 1938 年年初到当年 10 月沦陷，武汉成了抗战初期政府机关、工厂、学校以及无数老百姓撤往大后方的重要中转站。

1938 年 3 月 29 日，在武昌珞珈山麓的国立武汉大学体育馆内，中国国民党临时全国代表大会召开，这是全面抗战爆发后，国民党召开的最重要的一次会议。

这次为期 4 天的会议最重要的成果之一，是通过了《抗战建国纲领》，提出了国民政府抗战时期的内外政策。虽然表现出单纯的政府和军队抗战的倾向，缺乏真正动员全国各界各阶层人民，实现全民族团结抗战的勇气，但毕竟也表示了国民政府坚决抗战，并在一定程度上开放民

1938 年蒋介石在武汉的下榻住所——珞珈山半山庐

主的决心，在当时对于鼓舞士气、振奋民心产生了积极的影响。

当时担任国民政府军事委员会政治部副部长的周恩来在亲自为《新华日报》撰写的社论中指出："全中华民族之爱国各抗日党派，应该宣誓：使中国不再闹分裂，使统一战线永远地巩固和发展下去，使大中华民族永远地团结起来，一直达到抗战胜利，建国成功！……辛亥、北伐、抗战这三个历史时期，将造成中华民族复兴的大业。"

政治部第三厅厅长郭沫若在他的名著《洪波曲》中写道："武汉三镇，自北伐以来，在刀光剑影下已经窒息了整整十年。沉睡了十年的武汉，仿佛在逐渐地恢复到它在北伐时代的气息了！……武汉三镇的确是复活了！"

6 月 12 日，《新华日报》以醒目标题发表了题为《保卫大武汉》的社论，号召武汉人民"积极地组织起来、武装起来为着保卫大武汉而参加前线作战。所有愿意参加敌人后方活动的青年战士迅速组织起来，英勇地到敌人后方去工作"。

6 月 27 日，国民党中央宣传部、国民政府军事委员会政治部发表了《抗战一周年纪念宣传大纲》，正式提出了"保卫大武汉"的口号。

7月5日，毛泽东等7名中共参政员在《我们对于国民参政会的意见》中提出，要充分"动员军力、人力、财力、物力来保卫我们军事、政治、经济、交通中心的大武汉"。

7月7日，第九战区司令长官、武汉卫戍总司令陈诚在为抗战周年纪念日所做的《以全力保卫大武汉》一文中指出："保卫大武汉，为当前最迫切的任务。……今日武汉已成为第三期抗战中最重要的据点，这里是我们雪耻复仇的根据地，也是中华民族复兴的基石，今日全国民众，尤其是在武汉的每个军民，应当激发最大的同仇敌忾心，人人都下定与武汉共存亡的决心。"

7月6日至15日，第一届国民参政会在汉口召开，会议确定了"抗战到底，争取国家民族之最后胜利"的基本国策，并庄严宣告："中华民族必以坚强不屈之意志，动员其一切物力人力，为自卫，为人道，与此穷凶极恶之侵略者长期抗战，以达到最后胜利之日为止。"

8月9日，武汉三镇各界人民举行声势浩大的"保卫大武汉"歌咏大游行，在著名音乐家冼星海的指挥下，游行群众齐声高唱由郑律成（《中国人民解放军军歌》的曲作者）作曲、沙旅·尔东作词的《保卫大武汉》。

"保卫大武汉"游行

昙华林的日子

抗战爆发后不久，文化界就有人提出了"到武汉去"的口号，一时间，全国各地无数知名文人，和各种抗日宣传队、救亡演剧队、文化工作队、战地服务队，从东北沦陷区，从华北、华东，从四面八方汇集到白云黄鹤的地方，武汉立刻变成了新的全国文化中心城市。

从 1937 年 9 月开始，上海新学识杂志社的徐步、胡绳，战时教育社的戴白桃、刘季平，光明副刊社的杨朔，七月文艺社的胡风、萧军、萧红，战火文艺社的聂绀弩、丽尼、罗锋等人先后抵汉；不久，何容、沈从文、丰子恺、宋云彬、郁达夫、老向、王平陵、袁牧之、楼适夷、孙师毅、金仲华、张仲实、钱俊瑞、杨东莼、彭康、何伟、王洞若等人也纷纷莅汉。

在山东齐鲁大学任教的老舍辞别妻子儿女，经过长途跋涉，历经艰辛，也辗转于 11 月 18 日来到江城。

上海沦为"孤岛"后，中华民族解放先锋队、蚁社、上海社会科学者协会、上海文化界救亡协会以及杜国庠领导的第八战区战地服务团，熊佛西领导的中华平民教育促进会，王泊生领导的山东省立剧院，唐槐秋率队的中国旅行剧团、南京铸魂学会、南京中国文艺社，由马彦祥、宋之的、崔嵬、丁里、塞克、贺绿汀、王震之、欧阳山尊等人组成的上海戏剧界救亡演剧第一队，由洪深、冼星海、金山、王莹、田方、白露、张季纯、欧阳红缨、熊塞声、顾一烟、田烈、贺路等人组成的第二队，由赵丹、郑君里、章曼萍、应云卫、魏曼青、王为一、沙蒙、舒非、吕班、叶露茜、魏鹤龄、吕复、舒强、于伶、顾而已、陶金、舒绣文等组成的第三、第四队等文化艺术救亡团体也都云集江城。

1938 年全国文化界名流云集武汉，前排站立者左二为冼星海

截至 1937 年年底，各地先后转移到武汉的文化团体多达两三百个，各类文化名人数以千计，真可谓俊彦毕至，群星璀璨。

有人极而言之道："只怕你叫不上名字，凡是能叫得上名字的著名文化人 1937 年到 1938 年几乎全都聚集在大武汉！"应该说，这是中国文化史上仅有的奇观。

名流内阁

在汉的中共中央长江局负责人周恩来、博古、董必武、叶剑英等通过阳翰笙、冯乃超与到汉的文化人取得了联系，决定加强对文化宣传工作的具体领导。此时国民政府也决定把原国民政府军事委员会下设的行营政训处和第六部取消，恢复政治部，由陈诚任政治部主任，周恩来任副主任。下属主管宣传工作的第三厅，并邀请在文化界深孚众望的郭沫若领衔。

郭沫若开始曾认为这是在国民党支配下做宣传工作，放不开手脚，不愿就任。后经周恩来等人做工作，才出任了第三厅厅长。对于第三厅的性质及人选问题，周恩来明确指出：我们反对国民党的控制，但又不能由共产党一手包办。要把第三厅建设成为以共产党为核心，动员各民主党派、人民团体和民主人士参加的抗日民族统一战线的机构。

1938 年 4 月 1 日，国民政府军事委员会政治部第三厅正式组建成立，厅长郭沫若，副厅长范寿康、范扬，主任秘书阳翰笙，秘书傅抱石、钱运铎等。

第三厅下设第五、第六、第七三个处，每处设三个科。第五处处长为胡愈之，分管一般宣传，第一科科长徐寿轩管文字编纂，第二科科长张志让管民众动员和一般宣传，第三科科长尹柏林负责印刷和发行等总务工作。第六处处长田汉主管宣传，第一科科长洪深分管音乐、戏剧宣传，第二科科长郑用之分管电影创作和发行，第三科科长徐悲鸿分管美术宣传。第七处处长由范寿康兼任，主管对日宣传和国际宣传工作。第一科科长杜国庠负责设计和日文翻译，第二科科长董维健负责国际宣传情报，第三科科长冯乃超分管对日文件的起草和协助鹿地亘领导"日本人民反战大同盟"。

此外，一批如雷贯耳的文化名人，如史东山、光未然、应云卫、马彦祥、冼星海、张曙等分别担任各科的科员。

因为第三厅从厅长到科员几乎都是文化界的名流巨子，因此，时人称第三厅是"名流内阁"。

第三厅办公机关设在武昌昙华林的省一中大院内，编制 300 人。另外，还附设 4 个抗敌宣传队，10 个抗敌演剧队，1 个孩子剧团，1 个漫画宣传队，1 个电影制片厂，5 个电影放映队，加上勤杂人员和警卫人员等，总数达 3500 多人。

昙华林是武昌城里的一条有几百年历史的老街，最早形成于明朝初年。这条长不到一公里、最宽处也不过十来米的街巷，有很多明清两代的名人故居，房屋古朴典雅，环境清幽。抗战初期，这里却成了武昌的中心，人声鼎沸，热闹非凡。

新中国成立后，省一中改为武汉大学附中，它也是笔者的母校。

第三厅的组建，是武汉乃至全国抗战文化宣传运动中的一件大事。在第三厅领导下，大规模的文化宣传活动一浪高过一浪，抗战的报刊如雨后春笋般涌现，革命的、科学的理论书籍大量地编辑出版，社会科学、文学、戏剧、音乐、新闻事业欣欣向荣，以致郭沫若认为，抗战初期的武汉可谓一个中国当代的"文艺复兴期"。

尽管这些文化人都是背井离乡流亡到武汉的，但所有的人都以最大的热情投入了抗日宣传的工作中。

沸腾的江城

国共合作开始后，中国共产党在国民政府的战时首都武汉设立了长江局和八路军办事处，周恩来担任书记，领导统一战线工作。

第三厅成立后的第一件大事，是举行抗战扩大宣传周，这是抗战爆发后中国共产党在国民党统治区领导的第一次大规模的抗日宣传活动。为了搞好这次宣传，周恩来与第三厅人员一起多次进行研究，他指出，"这次扩大宣传，一要扩大宣传的对象，二要扩大宣传的范围。要深入劳动阶层中去，要到工厂农村里去，到前线，到战壕里去，去提高广大工农的抗战意识和鼓舞激励战士们的杀敌情绪。文字宣讲要力求具体通俗和生动，口头宣讲要力求普遍、通俗和扼要，艺术宣传要更加普遍、深刻和激越感人，街头标语要多用易于使人记忆的语句。无论漫画、电影、戏剧都要使人看了听了印象深刻，难以忘怀。要使看戏的、听唱的感动得当场落泪，兴奋得矢志报仇。"

1938 年武汉扩大的文化宣传周中群众化装游行

在 4 月 7 日至 13 日的"抗日扩大宣传周"中，每天都安排了一个主要节目，分为文字宣传日、口头宣传日、歌咏宣传日、美术宣传日、戏剧宣传日、电影宣传日、游行宣传日等。第一天的文字宣传和开幕大会时，适逢台儿庄大捷的消息传来，当晚就举行了武汉三镇 10 万人的火炬游行。几十个演剧队和几百个口头宣传队深入大街小巷、工厂码头、郊区农村进行抗日宣传，整个武汉三镇都沸腾起来了。人们的爱国情绪被激发起来，团结抗日的呼声响彻云霄。

1938 年 7 月初，武汉会战正进入紧张阶段，时值"七七"抗战一周年之际，为了广泛地发动民众以"有钱出钱，有力出力"的实际行动来保卫大武汉，在周恩来的倡议下，第三厅决定举行一场"七七献金"活动。

当郭沫若将拟好的计划送到政治部部长陈诚那儿时，陈诚对献金很不以为然，觉得还是采取向有钱人摊派的方法为好，他说："老郭，我认为设献金台的计划一定会大败！哪会有人来给你献金呢？有钱的人不会到你台上来献，没有钱的人根本不会去。"

武汉各界妇女慰问前线将士

郭沫若坚持道："我虽然不敢说一定会大成功，但我敢相信不至于就会大失败。人民的抗战热情是很高的，积少成多也必然可观。再则，我们所着眼的，倒还不在钱的多寡，而是在热情的高度。"

其实陈诚是担心献金成效太差，弄得自己下不来台。但献金活动正像郭沫若预想的那样，民众的热情异常高涨。

武汉掀起的向前方战士捐款热潮，图为汉口街头的"献金台"

这次活动计划是 7 月 7 日至 9 日三天，在三镇分设 6 座献金台。

7 月 7 日上午活动一开始，摩肩接踵的人群就把 6 座固定献金台围得水泄不通了。人们争相前来，从早到晚川流不息。每座献金台原安排 8 个工作人员负责登记，由于忙不过来，增加到 30 余人。参加献金的有年逾古稀的老人，也有几岁的孩童；有国共两党及其他党派负责人，社会知名人士，国际友人，更有广大的普通群众。

国民政府主席林森派代表献出了重达 17 两的金鼎一座、金戒指 4 枚，蒋介石派代表替他和宋美龄献金 1.8 万元，国民政府立法院院长孙科、国民党中央秘书长朱家骅等国民党党政军大员也积极捐款，国民党中央党部献金 2.3 万元。中国共产党尽管经济上极为困难，但仍从中共中央 6 月份所缴的党费中拨出 1000 元捐献，毛泽东等 7 位中共参政员献出 7 月的薪金共 2450 元，周恩来捐出他任政治部副部长的一个月薪金 240 元。参加国民参政会第一次会议的参政员黄炎培、史良、邹韬奋、张澜、陶行知等 200 多知名人士也都踊跃献金。

参加献金的多是普通群众，有工人、农民、人力车夫、店员、小贩甚至乞丐、妓女等，他们献的钱虽少，但表达了他们的真诚和热情。7 月 8 日，汉口中山大道上的水塔献金台前出现了一幕壮观的场面，600 多位人力车夫一起赶来，逐个献出他们当天的血汗钱。天生裕茶叶铺的 24 位

老人在街头献金

拣茶女工，各持 5 角一张的毛票，投入捐款箱，这是她们一天的工薪。两位断了腿的辛亥老兵，拄着木棍爬上献金台，献出 2 元钱。沦陷区的一位难民无钱可献，竟脱下身上唯一的一件长褂，哭着捐出去。

其他献金台的情形也一样，擦皮鞋的小孩献上一角两角的毛票，还有澡堂擦背的、茶楼酒店的堂官等。有的人不止献了一次、两次，竟然十多次来献金。不仅献钱，而且捐物；人与人之间在比赛，台与台之间也在比赛。新闻界更是积极进行宣传，武汉三镇那几天简直是疯狂了！

9 日是原定献金活动的最后一天，由于到了晚上仍有潮水般拥来的献金者，郭沫若等又决定将献金时间延长两天。

这次献金活动十分圆满，参加者达百万人次，献金总额达百万元以上，其中有法币、外币、银币、铜元，还有各种各样的物品，如手表、金戒指、金手镯、银盾、金杯、大刀、衣服、药品及食物等。

5 天献金狂潮所取得的经济和社会效应，不仅令陈诚等人吃惊，而且也出乎郭沫若的意料之外。

除了献金之外，第三厅还开展了大规模的纪念活动，组织了宣传队、歌咏队、演剧队、放映队、化装表演

街头擦鞋儿童的工具箱上写着：
"本日擦鞋所得尽作献金之用"

车、书画展在街头里弄、码头工厂、伤兵医院和武汉近郊进行宣传活动，还组织慰劳团到各战区慰劳将士。

第三厅以国民政府的名义，把大批进步文化工作者公开地、合法地派往了各地。抗敌演剧队和抗敌宣传队在周恩来的亲自规划和领导下，分别前往各战区，以文艺为武器，宣传抗日，揭露日本侵略者的罪行。除了经常性的演出外，还举办画展，到街头巷尾书写抗日标语，创办抗日报纸，教伤兵识字，参加救护伤员的工作等。

周恩来是中共中央长江局党报委员会的成员之一，1938 年 1 月《新

华日报》创刊时，周恩来为它题词："坚持长期抗战，争取最后胜利。"

1938 年 10 月武汉形势日趋紧急时，周恩来发表了《论目前抗战形势》的长篇文章，指出"只有坚持长期抗战，加强国内团结，才是克服困难，争取胜利的转入相持局面的基本方针"。《新华日报》将这篇文章印成小册子大量发行，使许多人从惶惑中坚定了抗战必胜的信心。

此外，由于周恩来经常接见来访记者或举行记者招待会，同新闻界建立了广泛的联系。《大公报》著名记者范长江在汉口发起成立了中国青年新闻记者学会，周恩来同他们一直保持着联系。

在中共代表团到达武汉以前，中国共产党同苏联以外的国际社会基本上处于隔绝状态，只有埃德加·斯诺等很少几位外国朋友到过陕北，并向国外做了报道。中共代表团到武汉后，这里既有常驻的外国使节和来自全球的各国记者，又常有一些外国团体和人士前来访问。

1938 年 1 月，白求恩率领加拿大—美国医疗队来到武汉，周恩来热情接待了他，并为其一行去延安做出了周密的安排。

4 月，荷兰著名电影人伊文思到达武汉，周恩来为他拍摄新闻纪录片提供了方便，伊文思的影片《四万万人》在国际上产生了重大影响。

6 月，新西兰友好人士路易·艾黎到达汉口，同斯诺等人筹备中国工业合作运动，周恩来和中共代表团积极支持他们的活动。

柯棣华的印度援华医疗队到达汉口时，周恩来也前往看望了他们。

2. 日军继续进犯

鏖战前夜

1938 年夏秋，武汉是中日战争的焦点，围绕着武汉的攻守，中日双方统帅部进行了周密的军事部署。

1938 年 5 月徐州会战一结束，日本大本营陆军部即决定于当年秋季进行"汉口作战"。6 月 15 日，日本御前会议也正式决定"进行攻占汉口的作战"。18 日，大本营陆军部迅速下达了作战命令，确定"以初秋为期，攻占汉口"，并开始全面配置兵力。

日军决定先以一部兵力攻占安庆，作为进攻武汉的前进基地，然后以主力沿淮河进攻大别山以北地区，由武胜关攻取武汉，另以一部沿长江西进。后因国民政府军炸开了黄河的花园口，日军被迫中止了沿淮河进攻武汉的计划，改以主力沿长江两岸进攻。

日本华中派遣军的兵力由徐州会战后的 3 个师团一下子增加到 14 个师团，另加 2 个旅团、2 个支队，并编组为第 2 军、第 11 军和直辖部队、航空兵团等四个作战单位。华中派遣军司令为畑俊六大将，第 2 军司令为东九迩宫稔彦王中将，辖第 3、第 10、第 13、第 16 共四个师团和野战重炮第 5 旅团及直属部队等；第 11 军司令为冈村宁次中将，辖第 6、第 101、第 106、第 27、第 9 共五个师团和波田支队、野战重炮第 6 旅团及直属部队等；派遣军直辖部队有第 18、第 116、第 15、第 27、第 22 共五个师团；以日本第一个飞上天的飞行员德川好敏中将任司令的航空兵团，辖第 1、第 3、第 4 飞行团及直属部队、地勤部队，配备各型飞机 500 架；以川古志郎为司令的第 3 舰队的 120 余艘舰艇组成水面攻击部队。进攻武汉的总兵力达到 30 万。另以华中派遣军直辖的五个师团分别担任对上海、南京、杭州等地区的警备任务，以巩固后方，保障此次作战。

当日本全面准备"汉口作战"的同时，中国军队也在积极做"武汉保卫战"的准备。1937 年 12 月 13 日，即南京失守当日，国民政府军事委员会在武昌拟定了《军事委员会第三期作战计划》。1938 年 1 月 11 日，蒋介石在开封召开军事会议，提出上海、南京失守后，"我们唯一的政治、外交、经济的中心应在武汉，武汉绝不容再失，我们

蒋介石

要维持国家的命脉，就一定要死守武汉，巩固武汉。武汉重心不致动摇，国家民族才有保障，这就是我们的战略"。

国民政府军事委员会先后调集了约50个军130个师和各型飞机200余架、各型舰艇及布雷小艇40余艘，共100余万人，利用大别山、鄱阳湖和长江两岸地区的有利地形组织防御，保卫武汉。

决定由第五战区司令长官李宗仁（7月中旬至9月中旬由白崇禧代理）指挥23个军负责江北防务，第九战区司令长官陈诚指挥27个军负责江南防务。另以第一战区在平汉铁路的郑州至信阳段以东地区，防备华北日军南下；第三战区在安徽芜湖、安庆间的长江沿岸和江西南昌以东地区，防备日军经浙赣铁路向粤汉铁路迂回。

规模空前的武汉会战包括了马当战役、九江战役、黄梅战役、广济战役、田家镇战役、瑞昌战役、马头镇战役、星子战役、万家岭战役、富金山战役、信阳战役等。

百万勇士的拼杀

"保卫大武汉"的战斗首先是在武汉的天空打响的。

第五战区司令长官李宗仁

1938年2月18日中午，武汉城区响起了尖锐的空袭警报声，12架日军轰炸机在26架驱逐机的掩护下向武汉飞来。驻防汉口王家墩机场的中国空军第4大队代大队长李桂丹率29架苏制E-15、E-16战机升空迎击，在武汉上空与敌机英勇激战，击落敌机14架。其余日机逃窜，未能进入武汉市区投弹。中国空军损失飞机4架，大队长李桂丹、分队长吕基淳，飞行员李鹏翔、巴清正、王怡等5位勇士在这次战斗中英勇殉国。"2·18空战"是武汉抗战时期的首次空中大捷。

2月23日，中国空军与苏联志愿空军混合编队，使用CB-2型轻轰炸机由武汉起飞，首次出击位于中国台湾松山的日军机场，炸毁日机 18 架后，安全返航。

4 月 29 日是日本的"天长节"，也就是日本天皇裕仁的生日，日本空军计划在这一天用对武汉三镇的狂轰滥炸作为它们向天皇祝寿的献礼。这一天，日军出动了 36 架 96 型重轰炸机，由 12 架驱逐机掩护，分多层编队，偷袭武汉三镇。中国空军和苏联空军志愿队出动了两个大队 67 架战机实施拦击，在武汉上空与敌机展开了激烈的空中格斗。少尉飞行员陈怀民驾驶战机冲向敌机与敌同归于尽，"4·29"空战共击落日机 21 架，中国空军损失飞机 12 架。

在长达半年多的武汉保卫战期间，在武汉外围发生了多次地面的激战。中国军队无不以血肉之躯与日寇作拼死搏杀，谱写了一曲曲惨烈的壮歌。

马当（今马垱）是长江上最重要的要塞之一，地处江西彭泽县境内，与江中的小孤山遥相对峙。6 月 22 日，日军波田支队与海军第 11 战队由安庆溯江进攻马当。经过一周的激战，日军以数千人伤亡的代价攻陷马当要塞。由此，往西的湖口、九江均无险可守，长江门户大开，直接威胁武汉安全。

7 月 26 日太湖失守。7 月 27 日晨，日军占领九江城区。8 月 2 日宿松失守，8 月 4 日黄梅失守。8 月 21 日，日军占领星子，24 日占领瑞昌。

日军占领九江后，即以之为进攻武汉的前进基地，并在九江、合肥大规模集结作战部队，积极做进攻武汉的准备。8 月 22 日，日本大本营正式下达了进攻武汉的第 188 号"大陆命"、第 135 号"大海令"。华中派遣军于接到大本营命令的当天即作出了进攻武汉的具体部署：令第 11 军在海军配合下，沿长江两岸进攻武汉，主力配置于长江以南，从咸宁、贺胜桥地区切断粤汉铁路，由南面向武汉迂回；以一部向德安、永修进攻，相机攻占南昌；令第 2 军主力从大别山北麓经六安、固始、潢川、罗山进攻信阳，然后沿平汉路及其以西地区南下，从北面、西面迂回包围武汉。

占领广济后，日军第 6 师团经短暂休整、补充后，开始向田家镇要塞展开攻击。田家镇是长江北岸的军事重镇，其与南岸的马头镇、富池口相呼应，形成长江上屏障武汉的又一个门户，因而，国民政府军事委员会派出重兵镇守。中国守军第4兵团司令官李品仙指挥的第57师、第9师、第121师等部队自9月15日开始苦战坚守，在付出了重大伤亡的代价后，9月28日，李品仙下令放弃田家镇要塞。

在武汉北面的河南潢川，日军冈村宁次指挥的第11军、东久迩宫稔彦率领的第2军和由张自忠率领的中国军队第27军团展开了激战。张自忠率曾参加过台儿庄战役的第59军开赴潢川布防，阻敌西进。坚守了12个昼夜后，孤军苦战的第59军歼敌3000人，自身伤亡4000余人。9月19日凌晨，张自忠下令突围，已被第59军打得心惊肉跳的日军先头部队提心吊胆地冲进潢川城内时，发现这里已经变成了一座空城，满目焦土瓦砾。

武汉外围战役中，最为惨烈的当属万家岭战役。

此战役以张发奎任总司令的第2兵团担任沿江正面防守，赣北方面的作战则由第1兵团总司令薛岳指挥。7月下旬至8月初，日军第106师团沿南浔铁路两侧向德安方向推进，在沙河镇、南昌铺一带与薛岳部第8军及第64军进行了7天7夜的反复争夺，惨遭重创，参与进攻的日军16000多人伤亡过半。10月5日、6日两日，第1兵团主力第74军，即后来的号称国民党军五大主力之一的整编第74师的前身等部，在长岭、背溪街、张古山、狮子岩等处与日军第106师团激战。

张发奎

薛岳

10月6日，总攻击开始打响。第74军第51师在师长王耀武的指挥下，向日军占据的万家岭、长岭北端和张古山制高点发起了数度攻击，第305团团长张灵甫（后任整编第74师师长）率一支精干的小部队，从日军疏于防范的后山绝壁上攀爬，经过白刃格斗，占领张古山主阵地。拂晓后，日军拼力反扑，一度夺回阵地。张灵甫率部死战，腿部负伤，仍不下火线，张古山顶一时成了尸山血海。

张灵甫

激战至10月9日，因中下级军官伤亡过重，华中派遣军司令官畑俊六大将亲自组织，向万家岭地区空投了200多名联队长以下的军官，以加强力量，这在整个中国抗日战争中是绝无仅有的。

同日，蒋介石命令薛岳，务必在10月9日24时前全歼该敌，作为给"双十节"的献礼。15时，薛岳命令各部队选拔勇壮士兵200人至500人组成敢死队，担任先头突击，同时命令各部长官一律靠前指挥，薛岳也亲临一线。

经一夜血战，激战至10日晨，第66军收复万家岭、田步苏、张古山、大金山西南高地和箭炉苏以东高地、杨家山北端高地，日军第106师团的防御阵地彻底崩溃。据战役结束后一名日俘供认："中国兵几次攻至我们的师团指挥部附近，司令部勤务人员都全部出动参加战斗了，师团长手中也持长枪了。"

万家岭之战，中国军队以伤亡30000多人的代价，彻底歼灭了106师团的近两万人，中国军队在此次战役中表现出的机动灵活、组织严密的特点，和中国士兵英勇顽强的精神大大震惊了日军上下和国际社会。而日军整整一个师团遭灭顶之灾，在日本陆军史上也是空前的。

一代名将叶挺将军评价万家岭战役时说道："万家岭大捷，挽洪都于垂危，作江汉之保障，并与平型关、台儿庄鼎足而三，盛名当永垂不朽。"

中山舰

在武汉外围保卫战中，海军的中山舰也谱写了一曲壮歌。

中山舰原名永丰舰，1922 年，广东军阀陈炯明突然叛变，永丰号成了孙中山"蒙难"的座舰。武汉会战开始时，中国海军的 59 艘舰艇已被炸沉 30 艘，中山舰与永绩、江元、江贞、楚观、楚谦、楚同、楚豫、民生等舰船在海军部部长陈绍宽的指挥下，在长江中游执行布雷任务，并担任长江航道空防、巡逻任务，护送各种船舶航行。

武汉失守前夕的 10 月 24 日下午 3 时，中山舰与 6 架敌机展开了一场血战。这场海空大战进行了 75 分钟，仅十余人幸存。舰长萨师俊右腿被炸飞，左腿被炸伤，左臂也受重伤，仍忍着剧痛，躺在甲板上指挥杀敌。不久，萨师俊头部、喉部又中数弹，和多名官兵葬身在滔滔的江水中。

下午 4 时 30 分左右，一代名舰中山舰沉没于长江上游武汉附近的金口龙床矶。

有一种胜利叫撤退，有一种失败叫占领

在武汉外围的几大战役连续失利之后，日军已经逼近了武汉城郊。10 月 24 日，蒋介石下达了放弃武汉的最后命令。

在此之前，武汉的部分守军已经按计划开始撤离，至 25 日夜全部撤离了市区，中国参与武汉会战的大部分部队也撤到了湘北及鄂西地区，日军企图在武汉围歼中国军队主力的目的未能得逞。

10 月 25 日，就在中山舰沉没的次日晚 10 时许，日军先头部队第 11 军第 6 师第 23 联队率先进入汉口城区。26 日凌晨 5 时，日军第 11

军波田支队从宾阳门突入武昌。27日午后，配属于波田支队的日军第15师团的第60联队占领汉阳，至此，中国军队保卫武汉的作战宣告结束。

华中的特大城市大武汉沦陷了。

武汉会战历时4个半月，以中国军队主动撤出武汉而告结束。虽然就战役而言，日军占领了武汉三镇，但是，从战略意义上来说，日本并没有能实现其战略企图，取得预期的胜利。日本大本营原以为迅速攻占武汉，就能迫使中国政府坐在谈判桌前，结束对中国的战争。但是，中国政府并未像日本所期望的那样因武汉、广州的失守而投降。

史学家们曾经说过一句话："有一种胜利叫撤退，有一种失败叫占领。"这句话形象地诠释了武汉失守的深邃含义。

中国军队主动退出武汉后，10月31日，蒋介石发表了《为国军退出武汉告全国国民书》：

"保卫武汉之军事，其主要意义原于阻滞敌军西进，消耗敌军实力，准备后方交通，运输必要武器，迁移我东南与中部之工业，以进行西南之建设。今者我中部及东南之人力物力多已移植于西部诸省，西部之开发与交通建设，已达初步基础，故我守卫武汉之任务已毕，目的已达。且抗战军事胜负之关键，不在

蒋介石

武汉一地得失，而在保持我继续抗战持久之力量。

"自今伊始，必须更哀戚，更紧忍，更踏实，更刻苦，更勇猛奋进以致力于全面之战争与抗战根据地之充实，而造成最后之胜利。"

日军在武汉会战中死、伤、病（主要是因为夏季长江沿线各省的高

温天气，使日军士兵中暑死亡）近 10 万人，更重要的是其全面进攻的锐气大大受挫。经此一战，日军速战速决、迅速解决"中国事变"的国策实际上已经宣告破产，迫使其不得不重新调整对华战略。

从卢沟桥事变、淞沪会战、山西会战、台儿庄战役到武汉会战，中国以在战场上伤亡 40 万人的巨大牺牲，换来了战略相持阶段的到来。武汉会战不仅是中国抗日战争由战略防御阶段到战略相持阶段的转折点，同时，在整个世界反法西斯战争史上也具有重要的历史地位。

武汉会战有力地牵制了日本陆军的主力，使其无法抽调兵力和战略资源支援当时日本关东军和苏联红军在张鼓峰的战役，最终使日本不得不放弃武力进攻苏联的所谓"北进"计划，这对于整个世界反法西斯战争的进程无疑也产生了重要的影响。

武汉会战，是中华民族对外抗敌史上辉煌的一页，也是武汉城市史上辉煌的一页。

同样应该在中华民族御侮史上大书一笔的辉煌，还有在这座特大城市冒着硝烟和战火进行的大拆迁和大撤退。

3. 一座城的搬迁

经济重心大转移

和上海有着众多相似之处的大武汉，在 19 世纪后半叶，就因为它是华中最重要的商品集散地，被称为"东方芝加哥"，英、法、俄、德等国的租界更是给这座原本只有浓郁的中国商业特色的特大城市带来了西方的色彩。汉口的租界和华界相互融合影响，使固有的码头文化中糅合进了时尚的因素。

有人说，武汉是个最为随意的城市，不论是资本雄厚的企业家还是做小买卖的商人以及普通老百姓，在这里都能找到属于自己恰当的位置，都能享受着自己认为是舒适的生活。

正是因为如此，众多的企业家和工厂主们，对江城产生了强烈的依恋。

据1936年底的统计，武汉地区的工厂，民营的有516家，官营的有20家。抗战爆发后，还有从上海、江苏、浙江、河南、山东、大冶等地迁来的170多家工厂，当时武汉是还在我们手中的最大的工业城市。抢救武汉工业，使之及时内迁，确实是保卫大武汉的紧急任务之一。当时国民政府的重心也移到武汉，原工矿调整委员会已合并改组为工矿调整处，由经济部部长翁文灏兼任处长。国民党政府鉴于各地拆迁中的教训，在广大群众要求下，也从多方面进行了动员、劝导，采取了一些比较有力的措施。

与上海工商业界首次内迁时的情况相仿，武汉工商业界内迁时的心态也是极其复杂的，其中不乏心存侥幸和坚决不迁的工厂主，有些工厂内部对内迁的态度甚至是南辕北辙。

裕华纱厂有一次召开有关内迁的董事会，赞成和反对的意见碰撞十分激烈。赞成者认为，抗日战争是民族战争，完全不同于以往的军阀混战。如果是国家内战，屡起屡息，避过风头即可开工生产；而民族战争关系到中华民族的生死存亡，如不西迁，势必资敌，实际上是助纣为虐。反对者则认为，无论什么战争，平息后绝不会影响生产，况且四川不产原棉，交通又如此艰难，机件物资断难运入，与其乱迁，不如不迁。

然而，随着战火日益逼近武汉，要求内迁的呼声逐渐占了上风。而内迁的真正启动，始于1938年夏蒋介石的一纸手令。此命令要各纱厂限期拆迁，否则全部炸毁，并派夫人宋美龄等人赴汉负责监督。此举当然是为了保证战时后方军民急需的被服供应。

上海民营工厂最初内迁时，只迁机器业和电机业，而武汉一开始就将纺织行业的工厂也纳入了内迁的范围，武汉的申新、震寰及裕华等一些大纺织厂成了首批内迁对象。工矿调整委员会要求这些大纺织厂必须搬迁出5万枚以上的纱锭，其中申新2万枚，震寰和裕华共3万枚。

武汉的工厂内迁，是抗战时期大城市企业拆迁中规模最大、效果最佳的一次战略行动，实际上也是中国当时的经济重心的一次大转移。

尽管内迁工厂占武汉原有企业的57%，然而在迁徙过程中因敌机轰炸却损失了12%，加上来不及拆迁而被主动破坏的部分，使大半个世纪以来历尽艰辛而逐渐成长起来的武汉民族工业，数月之内便损失达70%以上。武汉作为全国抗战经济中心的地位骤然丧失，经济元气大伤。

1938年3月，工矿调整处公布了武汉本地民族工业内迁的规定：（1）纺织业，凡国人经营之纱广及其所有机械一律拆迁，小型织布业亦协助其内迁；染厂之拆迁与地点之分配，均以能适合该方面需要而定。（2）机器五金业，资产在5000元以上者单独迁移；设备简陋，但对军需制造有用者共同迁移；所有动力设备、原料一律迁走，所有技术人员全部内迁。（3）其他各业，资产在5000元以上，设备较新，后方需要，与其他工业有联系，该项技术为后方所缺者亦要内迁。凡符合上述五项条件之一者一律内迁。

抗战胜利后的1947年8月，汉口市第一届参议会第三次会议的报告称："查抗日战争时期，全国内迁工厂总数共有452个单位，而武汉区为223个单位。据统计，武汉抗战期间，经工矿调整处协助，由武汉迁出的民营工厂的物资设备达5万多吨，撤退技术人即万余名，工矿调整处为此支出30万元经费。"

但另据当代抗战史学家统计，抗战初期从武汉迁出的包括民营、官营各企业的物资、设备总计远不止5万吨，而是达到了10.8万余吨，除由外埠迁到武汉再行内迁的企业外，武汉本地内迁的工厂达250家。这250家企业的具体分布是：机械类110个，其中迁往四川46个、湖南53个、陕西3个、山西1个、广西3个、贵州等地4个。化工类17个，其中迁往四川9个、湖南8个；纺织类83个，其中迁往四川13个、湖南52个、陕西17个、广西1个。水电类4个全部迁往四川，同时撤出技术人员1万多人。

当时组织武汉地区工厂拆迁的机构有三个：一是钢铁厂迁建委员会，直属军政部，负责拆迁武汉附近的钢铁工厂和兵工厂；二是湖北省建设厅，负责省属各工厂的迁建；三是工矿调整处，全面督导与组织武汉民营各工厂的迁建。

由于准备工作较充分，在各方面的配合下，武汉工厂的西迁基本做到了有序进行。

1938 年 6 月至 1940 年 1 月，国民政府经工矿调整处发放的迁移贷款88.863 万元，接受贷款的工厂 113 家；发放营运贷款 541.61 万元，接受贷款的工厂 63 家；发放疏建及保护工程贷款 422.2 万元，接受贷款的工厂 30 家。由于政府资金的不断注入，抗战时期，武汉工厂的内迁和安置获得了难得的动力。

硝烟中的拆迁

尽管武汉工厂的内迁组织有序，但其过程丝毫不比沿海工厂内迁的过程轻松，武汉工厂的内迁几乎始终是冒着敌机的狂轰滥炸进行的。

仅 1938 年 8 月，敌机空袭武汉就达 12 次，投弹 1715 枚，致平民死伤 3112 人，在这种情况下，武汉工人奋力抢拆、抢运武汉地区工厂的机器设备。在拆迁过程中，经济上受损的设备约为 11400 吨，材料 19500吨，工业上蒙受的损失比其他工业城市都要小。1938 年 10 月 20 日《新华日报》在社论中赞扬说："武汉三镇工厂的迁移有了巨大成绩。"

当日军进入这座以钢铁、机器制造、纺织等工业著称的华中特大城市的时候，他们惊讶并沮丧地发现，这竟然是一座几乎没有了工业的空城。

武汉本地工厂内迁的重点是汉阳铁厂，汉阳铁厂是中国最早的钢铁联合企业，也是当时中国最大的钢铁企业。但因经营亏损，停工多年，然而厂房与主要设备均较完善，日本对此垂涎已久。拆迁该厂，不让其资敌是当时一项重要任务。

1937 年 1 月底，军政部兵工署就与汉阳铁厂达成借用协议，由政府全面接收汉阳铁厂。1938 年 3 月钢铁厂迁建委员会成立后，即正式开始拆迁汉阳铁厂及汉冶萍公司的其他厂矿，并且派工程师李仲强到四川重庆勘定厂址，寻找煤铁矿源。1937 年 10 月 30 日，军政部派汉阳兵工厂厂长郑家俊及兵工署研究所处长周志宏与汉阳铁厂厂长韩鸿藻，签订了借用接收协议书，借用铁厂全部建筑物和设备材料。1938 年 3 月 1 日，又在汉阳成立钢铁厂迁建委员会，以杨继曾为主任，下设技术、会计两室，总务、铁炉、钢炉、轧机、动力、建筑、运输等七股。一面筹划拆迁，一面勘定重庆大渡口厂址。迁徙复工后，拟采用綦江之铁与南桐之煤。

汉阳铁厂的拆迁工作一直持续到 10 月 25 日武汉沦陷为止，其拆卸的工厂设备、材料约 3 万吨，重要设备 1187 件，其中 250 吨和 100 吨炼铁炉各一座，30 吨马丁炼钢炉 2 座，还有起重、轧钢、动力等关键设备。同时，钢铁厂迁建委员会派出了一批工作人员，将大冶铁厂 3250 吨器材、大冶矿山 34 公里的铁轨全部拆迁，另外用 120 万元收购了湛家矶六河沟煤铁矿厂的 100 吨炼铁炉及全部设备和一部分锰矿，重量达 3700 吨，钢铁厂迁建委员会总共抢拆抢运各类机件、器材共 5.68 万吨。

为了将拆迁的设备、物料从武汉运至重庆，钢铁厂迁建委员会派运输股股长黄显琪驻宜昌，派专员驻重庆，专门负责钢铁厂迁建的运作。并在沿途设立了 7 个运输站和办事处，动员了 11 艘海轮、27 艘江轮、2 艘炮艇、4 艘铁驳船、17 艘拖轮、280 余艘木驳、7800 只柏木船，组成了一支空前庞大的运输船队，开始了长江史上第一次大规模的抢运工作。

铁厂颇多重大机件，每件重 3.5 吨至 25 吨，体积最大的有 200 立方尺，许多机件埋置在地底下，要撬开深厚的水泥基础，才能拆卸下来。当时，在船只上和码头及施工现场缺少吊装机械，全靠人力敲、钻、扛、拉，加上白天敌机轰炸，拆迁工作往往要在夜间进行，但所有这些困难，都被工人们一一排除了。

最后一批炼铁机件约 3000 吨，分装在 80 只木驳上，在武汉撤守的前一天起运，但 2500 千伏安的发电机及锅炉机件 180 吨运到城陵矶时被敌机炸沉。这一批西行船只，中途又被阻于藕池口封锁线，江中满布水雷，船工们冒着触雷的危险，在水雷阵中小心地探出航道，才到达宜昌。

10 月 21 日，正当汉阳铁厂最后一批设备准备装船时，天原化工厂从中国香港购买的重达数十吨的全套三效蒸发器抢运至武汉，此设备对后方化工生产具有举足轻重的作用。在工矿调整处的协调下，钢铁厂迁建委员会将待装的轮船让给天原化工厂，其待装设备改为木船运输，后该船因行驶缓慢，被敌机炸沉于江中。

在钢铁厂内迁的运输中，被炸及在川江失事沉没的船只有 120 只，丢失设备 2000 余吨。

在拆运的同时，重庆大渡口及綦江、南桐两矿也开始修建。因路途艰险和沿途关卡办事的拖沓，需用的器材往往不能如期运到，加上机件损坏、短缺，需重新制配修理等种种原因，历时 5 年，到 1943 年 3 月，以汉阳铁厂内迁设备为主建立的重庆钢铁厂才建成投产，该厂成为中国抗战时期大后方"规模最大，设备最周"的钢铁厂。

重庆钢铁厂分为水电、炼铁、炼钢、焦煤、耐火材料、修造等 7 个制造所，职工 6200 余人，还有运输所、铁道工程处、锰矿筹备处及煤、铁两矿。从冶炼、轧钢、机电、修造直到利用炉渣废品制造水泥及化工、陶瓷等产品，都能互相衔接，全部原料自给有余。

这座由汉阳铁厂部分内迁而重建的重庆钢铁厂，一直到 20 世纪 80 年代都是我国西南的重要钢铁厂。该厂虽然历经设备更新和扩建，但当年的许多主要设备仍在运转。

汉阳兵工厂创建于洋务运动时期的 1890 年，原来是两广总督张之洞在广东创建的，后来随着他调任湖广总督从广东搬迁到了汉阳。

1889 年，张之洞以 30 万两白银，订购了德国造毛瑟连发 10 响步枪的全套设备。1891 年，他又本着"器必求精求新"的思想，致电驻德公使许景澄，改订了德国能制造当时世界上最先进的小口径新式快枪（即德国 M1888 年式 7.9 毫米毛瑟步枪）的设备，该设备处于当时世界的领先水平。工厂建成不久，英国人贝思福爵士在参观完当时中国所有兵工厂后，于 1899 年写成了《细述中国》一书，其中写道："汉阳兵工厂设备是第一流的各种德制机器。"

工厂生产的德国 88 式步枪，是当时全国最优良的步枪，后经改造，成为闻名天下的"汉阳造"。该枪技术精良，采用无烟火药和金属包裹弹头，当时即便是经济发达的美国，使用的都还是用黑火药装填子弹的单发步枪。在很长一段时间内，汉阳兵工厂生产的各类武器装备都是中国军队的首选。

20 世纪 30 年代时，国民政府军的步兵武器有四大件，即步枪、驳壳枪、枪刺和大刀片，其中头两件都是汉阳兵工厂的主产品。

1933年，兵工署年度报告称，汉厂该年制造步枪5800支，重机枪576挺，各种炮150尊，月产子弹380万发、炮弹4.5万余发。

　　1938年汉阳兵工厂奉令迁往湖南辰溪县雍和乡南庄坪。1939年3月，于湖南辰溪重新开工生产枪弹，机关枪厂、火药工厂及机器厂也于7月复工。后又奉令迁往重庆，在鹅公岩勘定厂址，开凿山洞，建筑厂房。1939年初工厂已有职工6400余名，并将制枪厂并入兵工署第21厂（原南京金陵兵工厂），继续生产88式毛瑟步枪，1943年10月起量产中正式步枪。

　　到抗战结束时，汉阳兵工厂已经是一个能生产枪、炮、弹、药的大型综合性兵工厂，成为我国第一家系统完备的专业性兵工厂和现代中国陆军装备的主要生产基地。

　　其他官营工厂。1938年，武汉有官营工厂20余家，其中铁路局所属各机械厂自行迁往广西，兵工署所属汉阳兵工厂、火药厂的设备及钢窗、屋架等也在同年7月以前全部拆运湖南。8月间，湖北省建设厅决定把省属官布局、官纱局迁往陕西，麻布局、纸厂、修船厂迁往四川，大冶象鼻山矿的机械迁鄂西储存。三个月内，共拆卸、抢运官营厂矿机件、材料6000余吨。

　　湖北官布、官纱两局运到陕西的机件3000余吨，约可配备15000纱锭和200台布机，在咸阳等地建成纺织厂。麻局全部机件与纱布局部分布机80余吨运到四川万县，建成湖北麻织厂，制造帆布、官布、麻布等。白沙洲造纸厂因停工已久，机器残缺，经补充蒸汽引擎及纸机配件，合计机件160余吨，迁往四川万县，建成湖北造纸厂。

　　财政部谌家矶造纸厂，原为国内设备最新、规模最大、轰动一时的纸厂。1915年开工时两次投资共三百余万两白银。日平均产纸800令，质量优于日本纸。后因产品滞销，于1922年全部停产。1938年9月初，工矿调整处派人拆卸，除打浆机、蒸球及锅炉外，一个月内拆除了大造纸机、20只烘缸以及压光机、切纸机、打包机等共300余吨，辗转运往四川成都，改建为建国纸厂，复工后可日出纸3.5吨，仍为川西最大纸厂。

　　湖北航业局修船厂因战时运输繁忙，迟至10月初才拆迁，全部机件材料 300 余吨，先迁到宜昌设临时厂修理船只，后又迁到万县改组为机械厂，除修船外，兼营一般机修业务。

汉口泰安纱厂系日商资本，有 20000 余纱锭和 300 台布机，由军政部接管，全部迁到重庆，改名军政部纺织厂，专织军用布匹。

此外，汉口市政府负责保护的冰厂、水电厂、榨油厂等也都于 10 月 20 日拆运宜昌，武昌市政处所属的武昌电厂总容量 4700 千瓦的电机，只拆走一小部分机器仪表，其余都在武汉撤退前一天，即 10 月 24 日全部爆破销毁。

民营工厂的拆迁。1938 年 3 月以前，工矿调整处曾三次召集武汉各纱厂及机械业负责人筹划拆迁民营各工厂，7 月，确定了拆迁工厂的选择标准。

迁建标准确定后，随即派人分赴各厂督促。为了抢在最短时间内迁完可利用的工厂，工矿调整处陆续在汉招聘青年技术人员 700 余人，连同上海内迁的 2500 名技术工人，分成若干工作队，派赴各厂矿开展拆迁工作，还拟定了内迁工厂招募技术工人的办法，协助内迁工厂解决技工、技术人员的旅费和安家费问题。

各个工厂每一种机件的拆迁，都要经过计划、绘图、标记、拆卸、装箱、登记、搬运、装船、领护照、报关、保险及工作报告等程序，非常严格。

从 1938 年 7 月 7 日到 8 月中旬，武汉拆迁了第一批民营工厂，计有周恒顺、胡尊记等机器厂，隆昌、亚东、和兴等染织厂，建华油漆厂、太平洋肥皂厂、南洋烟草厂、五丰面粉厂等轻化工厂共 150 家。

说到武汉民营工厂的内迁，除了前文已经提及的荣氏家族的申新厂外，还应该特别提到裕华棉纺厂。

其时武汉市各纱厂获利甚厚，对工厂内迁一事不大热心，只有裕华纱厂董事长苏汰余早有到四川办厂的夙愿，遂率先响应，于 1938 年 1 月 5 日亲自赴渝勘选厂地。当时武汉有 7 家纺织厂（包括日商一家），纺织机 30 万锭，布机 3500 台，各约占全国华商纱厂纺机、布机总数的百分之十二与百分之十三，生产的布匹百分之九十供军用。为此政府于 8 月初下令各纱厂立即全部拆迁，第一纱厂（复兴）因欠英商安利洋行债款 900

万元，英领事以保护债权为由，派兵守厂拒迁，以致一纱厂的88000纱锭及12000台布机未能迁出。裕华纱厂全部纱锭机件、发电设备，还有震寰纱厂部分机件分别运往沙市、宜昌，候船入川。

拆迁纱厂时，因工人安置问题还曾引起了罢工，当时中共武昌区委鉴于工厂拆迁为抗战所需要，在工人中做了大量的工作。经劳资双方和国民政府有关部门共同协商，拆迁员工一律先发给符号，以免被军队征兵。随同迁移的童工、女工及家属，准免车船费，交通工具及沿途食宿由拆迁委员会办理，各纱厂共拿出71万元作为疏散工人救济费用。一部分工人随厂西迁，另一部分自愿回乡的工人发给了遣散费。

武汉的中共党组织还挑选600名产业工人奔赴延安。

在内迁的武汉民营工厂中，我们不能不提到周恒顺机器厂。

周恒顺机器制造厂是武汉历史最悠久、规模最大的一家民营机器厂，它的技术水平和生产能力在武汉机械工业中首屈一指。

抗战爆发时，周恒顺的老板周仲宣就决定把工厂迁往重庆，以免资敌。而且专程前往重庆在李家沱买了一块240亩的土地，先行筹建了峨山机制砖瓦厂，一面对外经营，一面做周恒顺的迁厂准备。1938年，当周恒顺的机器设备运到宜昌后，因为联系不到进川的船舶，在港区的南岸堆放了5个多月。这些机器每天都冒着被日本飞机轰炸的危险，一位看守机器的老工人还在轰炸中牺牲，周仲宣为此忧心如焚。

周仲宣的二儿子周茂柏是留学德国学习机械制造专业的，当时在资源委员会下属的中央机器厂当厂长。当他为迁运中央机器厂去昆明又因事去重庆时，听说自家企业的设备被困在宜昌时，便求助民生公司。卢作孚对周恒顺这家工厂早有耳闻，再加上民生公司原有一家修造厂在南京，这家厂不仅面临被日寇占领的危险，而且加工能力不强，正想找一家有实力的机械厂合作，又得知周茂柏是德国留学生，便提出由民生公司出资，与周恒顺合作在重庆合办新厂，并提出请周茂柏担任厂长的动议。

周仲宣当年已经60岁了，但在商界拼搏了大半辈子的他绝不是等闲之辈，经营企业的经验非常丰富。他1898年继承祖业，当时的周恒顺还只是个手工作坊，经过他40余年的苦心经营，已发展成有各种机床60余台，并拥有当时国内罕见的16尺精密车床、20尺龙门刨床以及自动铣床、插床、自动螺纹车床等先进机器设备的，首屈一指的大型机器制造厂。

但在当时的情况下，面对大江束手无策，明明知道卢作孚的提议乘人之危，但为保存自己的企业，也不得不就范。

最后两家商定，周恒顺以机器做股 25 万元，民生公司以运费、保险费、现金 25 万元做股合并成立"周恒顺机器股份有限公司"。董事长由卢作孚担任，周仲宣任常务董事，周茂柏任总经理。

合作问题谈妥后，设备物资在 1939 年 3 月底全部运抵重庆，6 月底开工生产。合作后的周恒顺主要任务是修造船只，1938 年和 1939 年两年里新造了 4 艘中型客轮，改造了 3 艘中型客轮，还修理了大小船只数十艘。

遍布大后方的武汉企业

武汉内迁的 233 家民营工厂主要分布在：

重庆：老振兴机器厂（欧阳润）、方兴发电机器厂（方家国）、毛有定铁工厂（毛四清）等 83 家。

四川巴县（大部分在重庆南岸）：周恒顺机器厂（周茂柏）、裕华纱厂（苏汰余）、申新纱厂第四厂（李国伟）、震寰纱厂（刘笃生）、福新面粉厂（章建慧）等 11 家。

重庆北碚：隆昌染织厂（倪麒时）、华中电器工业社（赵善夫）2 家。

四川万县：湖北麻织厂（田镇瀛）、军政部被服加工厂（周汉卿）2 家。

湖北巴东：军政部被服加工厂（傅筱山）1 家。

湖南常德：张鸿兴机器厂（张鸪臣）、仁昌机器厂（杜益善）、陶国记翻砂厂（陶国余）、汤益兴机器厂（汤善夫）等 41 家。

湖南祁阳：福顺机器厂（肖寿廷）、彭宝泰机器厂（彭西臣）、万利药棉厂（喻会教）、沪汉玻璃厂（傅瑞卿）、华中制药厂（仲府）等14家。

湖南辰溪：隆泰机器厂（王继尧）、义兴机器厂（张世英）2家。

湖南衡阳：仲桐机器厂（王吉丸）1家。

陕西宝鸡：民康实业公司药棉厂（华尔英）、申新第四棉纱厂（李国伟）、湖北官纱布厂（刘光兴）、福新面粉厂、申新纺织铁工厂等15家。

陕西西安：吕方记机器厂（吕方根）、胡万泰铁工厂（胡松山）、洪顺机器厂（周文轩）3家。

广西桂林：么民实验机器厂（陈天和）、汉口冰厂（阎秉湘）、国光印刷厂（李光伟）等6家。

贵州贵阳：瑞丰汽车修理厂（常凯生）、中国煤气机制造厂（李葆和）等5家。

湖北老河口：黄云发电机厂、应城石膏厂（陈齐）2家。

这些内迁的工厂在后方千方百计地开工生产，供应军需民用，支持抗战，其精神诚为可歌可泣。

在抗战爆发之前，重庆的近现代工厂不过10余家，各地工厂内迁后，重庆嘉陵江及长江两岸新建的厂区连绵不绝，形成了新的工业区，如新建的6家纱厂中，由武汉迁建的就有4家；迁到重庆的104家机械厂中，由武汉迁建的就有46家，周恒顺机器厂成了战时重庆周边几家最大的民营机械厂之一。

各地迁往陕西的工厂共有42家，其中由武汉迁往的占21家。在卧佛寺至宝鸡的25公里铁路线两侧，一时布满了拆卸的机件。起初因为没有宿舍，申新纱厂的工人只得露宿野外，用箱子叠成围墙，以防盗窃和野兽，他们竟然在这样的"围墙"里打死过豹子，还活捉过一只狗熊。

从1939年开始，原来只有几千人口的宝鸡，相继迁来了申新、官布官纱局、福新面粉厂以及隆昌、东华、善昌染厂、吕方记、洪顺机器厂等企业，小城顿时繁荣起来，进而成为西北重要的工业区。

迁往贵州的4家工厂，由武汉迁去的就占3家。煤气机制造厂与瑞丰汽车修理厂制造的煤气车、煤气机及各种作业机，为贵州发展公路运输、创办其他的 20 余家工厂提供了动力机。

各地迁往湘南的工厂有 44 家，物资约 4000 吨；迁往湘西的工厂有 77 家，物资约 6000 吨，两处共 121 家，在这些工厂中，由武汉迁去的就有 115 家。

迁往广西的工厂有 25 家，物资约 3000 吨，其中由武汉迁去的也有 7 家。

这都说明，武汉工业内迁不仅有力地支援了抗日战争，而且也大大促进了西南和西北新工业区的形成。

4. 悲情撤离

"把江城变成一片焦土"

在战争中，放弃一座山头、一座据点、一个村庄，甚至是一个中小城市，应该说都是常见的举措，但主动放弃一座有着重大经济和战略意义的中心城市，就绝不会轻易被人们接受了。

由此，笔者想到苏联卫国战争的初期，苏联副统帅朱可夫大将出于战略考虑，主张放弃乌克兰首府基辅。听到这个建议，斯大林勃然大怒道："这简直是胡说八道！！"而朱可夫也生气地顶撞道："如果你认为一个总参谋长只会胡说八道，你就把他撤掉好了。我可以去指挥一个集团军、一个军，也可以去当师长。"

斯大林道："你下去吧，我还要再考虑一下。"

当然，斯大林考虑的结果仍然是最终放弃了基辅，但这说明要放弃一座城市对它的主人来说，是多么难以接受。抗战初期的武汉就面临着这样的艰难而痛苦的抉择。

1938 年 8 月，在一次国民政府党政军首脑会议上，汪精卫以国民党副总裁的身份宣布：决定中央党部及国民政府各院、部、会驻武汉办事处，一律限期迁往重庆。并称武汉已成为卫戍区域，一切以军事为重。

汪精卫

他接着说道："为有效困扰、打击敌人，我主张在前线要实行焦土抗战，在靠近前线的地区要坚壁清野。我主张在武汉也要实施焦土抗战，把武汉变为一座空城，使入侵之敌无容身之所，使入侵之敌不能掠夺和利用我们的一草一木。"

汪精卫放出这番"高论"后，到会诸人都大吃一惊，会场上出现了死一般的寂静。过了好一会儿，还是暗中反对抗战的人所组成的"低调俱乐部"的干将周佛海打破僵局跳了出来，他说："当前的抗战形势，濒临势穷力竭之境，我拥护汪先生的主张，唯有焦土抗战，把一切的一切彻底破坏，使敌人一无所得，陷入绝境。"

接着，少数附和汪派的人便大谈其如何着手破坏的措施。有的谈到把汉口张公堤炸毁，有的建议以汉口盐业银行（在中山大道和北京路交叉的路口）的高层建筑作为爆炸目标，甚至开始计算炸掉这座楼房需要多少吨炸药。又以此类推，谈到炸毁其余高楼大厦的措施。

与会者中的湖北绥靖公署主任何成睿开始时沉默不语，一脸怒气，见几个人都在附和汪精卫，实在忍无可忍，便拍案而起大声说道："各位的高见我不赞同！尽管武汉可能守不住，我们要撤退了，但这是暂时的转进，将来我们要回来的！焦土抗战不可能把敌人烧得焦头烂额，对自己却是点火自焚！我们千万不能干这种蠢事。我是湖北人，武汉是我的第二故乡，我不忍看到武汉成为废墟，我坚决反对！"

时任湖北省主席、第九战区司令长官的陈诚也急不可耐地跟着发言了，声色俱厉地指出："我们不能炸张公堤，不能毁自己的房子，这种做法，等于自杀！是下策的下策。敌人虽凶顽，但泥腿深陷，终必失败，最后胜利必属我们。我们要回来的，一定要打回来的！直到抗战胜利，建国成功。我同意雪公（何成睿别号）的意见，反对在武汉部署焦土抗战。"

随何成睿、陈诚之后，发言的人越来越踊跃，情绪越来越激动。唐生智直截了当地说："焦土抗战简直就是不可思议的胡说八道，我百分之百地反对！我相信两湖群众、全国群众也都会反对！！"甚至一向和汪精卫关系很深的张发奎也不赞成把武汉夷为平地，还有一些过去对汪精卫颇有好感的人也异口同声地发表了反对的意见。

汪精卫见这么多军界政界首脑持不同意见，反对他的主张，自觉孤掌难鸣，只得默不做声，收回了自己的意见。

由于汪精卫武汉焦土抗战主张的破产，这座历史名城、华中重镇、九省通衢才逃脱了彻底毁灭的命运。

早在南京沦陷、武汉即将成为战时的军事政治中心之时，蒋介石就曾电召军事学家蒋百里（后来在武汉任军事委员会高级顾问）。据同在军事委员会工作的胡起祥撰写的《蒋百里先生在武汉》一书记载：

> 蒋百里来到汉口，看到市面上秩序混乱、人心浮动不安的现象，即向南京中央政府建议，应该立即采取措施疏散武汉人口，并提出具体办法，由汉口市公安局挨户调查人口，将老弱病残者以及在武汉沦陷后能够做敌后工作的人留下来。凡属青年壮丁、妇孺儿童、各校教师学生、机关工作人员一律分配车辆和船只，有计划地分批撤退，运往后方。

挥泪别三镇

终于，这座文化积淀深厚，寄托着人们的希望，养育了百万民众的特大城市要被放弃了，要沦入禽兽不如的日寇之手了，做出这样的抉择是巨大的痛苦。

在沦陷的前一天，武汉警备司令部下达了戒严令。

> 兹值非常时期，自即日起，实施戒严。兹将惩禁条款抄示于后：散布谣言希图危害民国者处死刑。为敌利用破坏民众动员者处死刑。代敌宣传不利抗战前途者处死刑。聚众鼓噪不服军警制止者处死刑。乘机抢劫者处死刑。破坏金融者处死刑。

以物资敌者处死刑。为敌间谍者处死刑。伤害外侨者处死刑。

1938 年 10 月 24 日

1938 年 7 月底市政处发表了《为疏散人口告民众书》：

全市的同胞们：

随着抗战阶段的转移，武汉更渐渐成为军事重要的区域，因此敌人无时无刻不以它为破坏的目标！七月十二日和十九日两次残酷的轰炸，就证明敌人是把武汉当作残杀我们民众的屠场。

为了要减少政府的顾虑，和保障你们的安全起见，决定将市区老弱妇孺，尽快地疏散到安全的地方去。疏散人口有两个重大的意义：一、可以避免不必要的牺牲；二、可以到安全地带去努力生产。避免不必要的牺牲，就是保存继续抗战的力量；到安全地带去努力生产，就是增加继续抗战的力量。我们要继续抗战，我们对于都市的人口，更应从速疏散。

同胞们，我们有职守的人和全市的壮丁，当然要留在这里尽我们最后的责任。在这里没有职守的民众，你们就应该到后方去负起你们应该负的责任。因此本处为了你们自己的利害打算，为了保存和增加抗战的力量打算，切盼全市的妇孺老弱，赶快离开武汉！

《告民众书》遍布武汉市区的大街小巷，老百姓诵读之余，不胜凄怆。人们的理智告诉自己，要尽快离开这座城市，但在情感上，却不愿意相信这是真的。难道我们祖祖辈辈生活的这些街巷，马上就不属于我们了吗？马上就会被禽兽般的日军士兵践踏了吗？他们一步三

政治部三厅的孩子剧团从武汉撤往后方时与"邓妈妈"（左一）合影留念

回头地回顾着自己的家，携妻带子，纷纷雇船买车，走向那不知道会有什么在等着他们的地方。

10 月 23 日以后，全市已经显得空前的冷落，除三两声小贩的叫卖声外，无声可闻。即使无地可去的穷苦民众，也只得藏在屋子里，等着恐怖命运的降临。

当时有市民对此做了比较详尽的记载。

1938 年 10 月开始公私汽车的疏散工作，规定凡留守武汉的汽车概发特种通行证，统一配发煤油，否则不准通行，即得离开市区。及至 10 月 15 日前，除湖北省府、武昌市政处等机关留用汽车 50 辆，国民政府军事委员会办公处留用汽车 8 辆，武汉电话总局留用汽车 4 辆，武汉卫戍区兵站分监部留用汽车 45 辆，合计 107 辆持有通行证出现在武汉市区外，其余所有公私车辆皆遵命疏散无遗。

因电灯失明，多年少见之手灯、马灯又出现于武昌市面。市面冷清，车辆绝迹，除维持武汉交通之小型火轮间有几声汽笛外，并无其他音响。大店之门封闭，营业停止；小巷家家冷落，绝少人迹。

而"中华民国二十七年×月×日封"之布条、纸条，"别了武昌"、"别矣吾家"之粉墨字迹，随地多有，触目心伤。"十室九空"，不足为当时写照矣！

10 月 24 日，始奉命完全撤退。晨光曦影，晓风送情。登舟西去之际，已有隐约重炮声由北岸传来。

10 月 24 日，蒋介石正式下达放弃武汉的命令。

同一天，在武汉各机关团体已基本撤离之时，周恩来为《新华日报》汉口版出版的最后一期报纸口授社论《告别武汉父老》，声称："我们只是暂时离开武汉，我们一定要回来的，武汉终究要回到中国人民的手中。"

与此同时，郭沫若也为《扫荡报》撰写了《武汉永远是我们的》社论，指出："我抗战的中心力量并无亏损，反而争取了主动地位，环阵于武汉的四周……我们的武汉并不是对于佛朗哥的马德里，而是对于拿破仑的莫斯科！"

这一天晚上，作为战时最高统帅的蒋介石和航空委员会秘书长宋美龄乘飞机离开武昌飞往湖南衡阳，临行前，蒋下令："将凡有可能被敌军利用之虞的设施均予以破坏！"

蒋介石与宋美龄

同时，武汉城内中国守军按计划开始分批撤离，至 10 月 25 日夜全部撤出了市区。

笔者查阅的《武汉文史资料》记载，曾为战干一团学员、任武汉卫戍总部见习秘书的程雪华回忆当时部队撤退的情形：

> 广州沦陷的消息对保卫大武汉的战斗是个沉重打击。武汉卫戍总部突然通知几十位军官返汉述职，当时也有不少官兵开小差。10 月 20 日左右，我所在的部队奉命紧急撤退。撤退部队和单位把搬不走的设备用炸药销毁。紧接着，各地连连失利的消息传来，敌军已过九江，部队所有官佐均已发枪，我当时系少校军衔，也发了短枪。
>
> 曾经繁华的江城大武汉，马路上没有行人，连交通警也不见了，遍地都是瓦砾和杂物，景象分外凄凉。远处长江江面上烟雾迷蒙，隐隐约约似可见悬挂日本军旗的敌舰在活动。我只

好默默地挤上运输船舰，挥泪告别了武汉三镇。

那时在军事委员会工作的胡起祥随着机关撤退，在徐家棚抢上南行的疏散火车，"在车厢内停了两天才开动。没有吃的东西，只能饿着。要大小便挤不进厕所，只能随地便溺。时值暑天，在车厢内闷热得透不过气来，而且臭不可闻"。

转移阵地的军队和向后方逃难的老百姓、机关、学校，为了抢夺交通工具，乱作一团，为了抢夺轮船而溺死江中的不知有多少。逃难的人们将火车车厢挤得水泄不通，车顶棚甚至是车厢底下，凡有空隙的地方都是人，有的用绳索吊在车厢旁边像打秋千。火车开动时只能看到车轮在转，看不见车厢的外表，像是一座人山在移动。

那些趴车的逃难群众，由于车轮震动而掉落死于途中者，惨不忍睹。胡起祥忍不住感慨："真是不堪回首。当初如果能按照蒋百里先生的建议做有计划的撤退，广大生灵何致遭此涂炭？"

繁华都市的衰变

近百年来武汉这座城市所经历的灾难，莫过于日伪统治下的 7 年，日本人的残暴统治，造成了它从未有过的急剧的衰变。

从 1937 年秋季开始，至 1938 年 10 月 25 日沦陷为止，日机侵入武汉上空 61 次，共 946 架次，投弹 4590 枚，炸死居民 3389 人，炸伤居民 5230 人，炸毁房屋 4900 余间，折价达 5700 多万元。

当国民党军队从武汉地区撤退的嘈杂声消失之后，日寇的铁蹄即沉重地叩击着江汉大地，从此开始了日伪政权对武汉的殖民统治。

日伪统治下的武汉，居民大量逃散，城市人口锐减。在沦陷前，武汉三镇总人口为 125 万人，1940 年减至 31 万多人，原本最繁华的、占武汉总人口百分之六十的汉口仅剩下了 15 万人。

在日寇统治相对"稳固"后，逃散的城市居民为了生计和房产又纷纷返汉，回到自己的住宅和店房。因此 1941 年后，人口又有回升。1944 年，美国空军从四川等地出动大批飞机轰炸汉口，城市设施大量被炸，汉口下段一片火海，居民又大量逃离，到 1945 年，武汉三镇总人口仅为

被日军轰炸后的武汉市区

79.17万人。

在沦陷期间，汉口工商业、金融业全面衰退，城市各项设施遭到摧残，或成为日伪谋利的工具。武汉水电事业由日本华中水电株式会社经营，汉口宗关水厂和武昌水电厂虽然继续向市民提供水电，但其收入都被日商侵吞。当时无水表户按房屋大小收日钞3.1元到7.10元，比沦陷前贵得多。

为了"以战养战"的需要，日伪不择手段地在武汉市区内外构筑军营、基地，使城市设施变形或毁坏。联络武昌山南、山北的交通孔道武昌洞，也被封锁起来，改成了军火库。

日伪统治下的武汉三镇，市政和房屋建设几乎陷入停顿，7年间仅仅新建里弄22栋（1939年同德里12栋，1941年荣华村10栋），新增加公共建筑仅有2处（1942年建的野味香餐馆，1943年竣工的市第一男子中学），新建的房屋不及损毁房屋的百分之三，更不及战前每年新建房屋的百分之十。

据1946年汉口市政府有关统计资料，自沦陷以后，全市道路失修达7年之久，所有的柏油路面几乎全部毁坏。

5. 撤离途中的惨案

"江兴轮" 劫难

大武汉陷落前夕，国民政府成功组织了大规模的工厂设备与物资的大转移，但就在这次资财及人员的疏散过程中，发生了一起轰动中外的重大惨案。

10月24日，日军在长江北岸已占领黄冈，其先头部队则前出至距武汉仅30公里的黄陂县；南岸日军攻陷了樊口、鄂城，离武汉也只有50余公里，江城处于十分危急的境地。

25日，日军进至汉口郊区滠口，武昌方面已全部撤退。这日清晨，船舶运输总司令部下达了紧急命令，召回了所属的全部船只，并命令25日黄昏前全部开出去。当时，总司令部只控制了从招商局征用来的一艘客轮"江兴轮"。这天下午2时，这艘最后从武汉撤出的客轮离开民生路码头起航，向上游驶去。

这只平时即使满员也只能搭乘3000余人的江轮，此时却搭载了近1万名各机关的职员、无法归还建制的掉队官兵、伤病员以及武汉市民。

"江兴轮"开出3小时后，船舶运输总司令部突然接到副总参谋长白崇禧的命令，称：在汉口日租界设置的6门高射炮以及备用的500箱炮弹，必须在运输司令部撤退时同时抢运后撤。倘若丢失一门炮、一箱炮弹，则以贻误军情追究责任，严惩不贷。

运输司令部不敢有丝毫懈怠，急忙发电报令"江兴轮"转舵回汉口。

当"江兴轮"回航再次靠上汉口码头时，已经是深夜10点钟了。此时运输司令部已经组织人力将高射炮和炮弹搬运至江边，待人们七手八脚把500箱炮弹搬到底舱，再准备把高射炮也弄进底舱时却犯愁了。这只已经超员三倍的客轮不要说底舱了，就是连所有的甲板甚至是船员宿舍、厨房里都坐满了人。出于无奈，最后只得把6门高射炮全部安置在上层甲板上。

船上没有军事常识或者对日军作战习惯不了解的乘客当时还暗暗高兴。觉得船上有了大炮，还有这么多炮弹，若遇到敌机，肯定是万无一失了！

岂料，事实恰恰相反，正是这种安排，使"江兴轮"遭受了一场灭顶之灾，酿成了震惊中外的大悲剧！

在武汉会战期间，日本空军派出了一批批的水上飞机，专门监视进出武汉的船只。这些飞机航速很慢，活动也因为带着两个用于水上起降的浮筒而显得笨拙。所以为躲避中国空军的攻击和岸炮，从不在武汉附近的江面起落，而是在武汉上游 40 公里至 60 公里的江面上巡逻。

这些水上飞机一般都是两架一组执行监视任务，一遇到江面上的船只，先是一前一后对船只进行一番扫射，以恐吓驾船者。接着，便总是有一架飞机在几十米的空中盘旋监视，另一架则降落在船只旁边，和船并排行驶。飞行员还往往探出身子并打手势，用半生不熟的中国话喊话："你们的，国军？老百姓？武器的，你们有？"

当时在武汉上游航行的商船、民船以及被征用承运军用物资的民船，都掌握了对付日军这一套的办法。有的船用篷布围得严严实实，人员和物资都藏在底舱，而在靠船舷的地方摆一些生活用品。一旦遇到敌人飞行员问话，押运物资的便衣人员就上到舱面，一面打手势说没有武器，一面又掀开篷布让飞行员看。有的船只则在甲板上堆放着藤箱、行李卷、篮子，表示船上都是逃难的老百姓，没有军人。还有的船干脆贴上回乡标记，迷惑敌人。反正他也不能从飞机上跳过来看，因此很容易蒙混过去。以上这几种办法，被船员们称作"文昭关"。

如果敌人发现船上有军人，或是有携带武器和军用物资的嫌疑，则根本不打招呼，立即实施攻击。或是投弹，或是扫射，不把船打沉是不会罢休的，人们称这种结果为"武昭关"。

由此看来，"江兴轮"凶多吉少，是肯定的了。

26 日凌晨 3 时许，"江兴轮"拉响汽笛，驶离了码头，再次向上游开去。此时，从武昌方向传来的枪炮声已经逐渐稀疏了，敏感的人们明白，大武汉的江南已经陷落了，不禁潸然泪下。

当时在"江兴轮"前面的是一艘乘坐着运输总司令部机关人员的小

火轮"建兴号"。按计划,"建兴号"在前面领航,"江兴轮"随后跟进。但过了龟蛇二山夹持的狭窄江面后,"建兴号"就开足马力,发挥自己小而灵又可以不择航道的优势,一路领先。不一会儿,就把笨重而且超载的"江兴轮"甩下好远。待上行到离武汉60多公里的洪湖新堤镇时,已经把"江兴轮"甩下了20多公里。

在航行的过程中,"建兴号"也遇到了敌机的盘旋侦察和警告性扫射,但凭借着它的上层甲板伪装好,船体又小,船工也有经验的优势,没有使敌机怀疑,敌机也未降落,因此很快就摆脱了危险。

当他们上行到小新镇时,又追上了前一天从汉口开出的军事委员会的专轮"建武号"。经两船交流情况,得知"建武号"从汉口开出的当天,就遭到了敌机的扫射,船上的官兵牺牲了十几个。就连躲避在底舱的蒋介石侍从室主任、军委会秘书长,号称是蒋委员长"文胆"的陈布雷,皮裤上也被机枪打穿了一个洞,所幸没有受伤。

见"建兴号"追上来,陈布雷问道:"你们不是在给'江兴轮'领航吗?船呢?"

"它们就在我们后面,很快赶上了……哎呀,坏了!"运输司令部副总司令庄达说到这儿,脸色突然大变!因为他想到,"江兴轮"的甲板上到处都是穿军服的军人,更不要说上层甲板还摆着6门高射炮呢!

庄达心急火燎地向陈布雷说明了情况,陈布雷也是大吃一惊,连忙命令道:"还不赶快派人联络!"

正说话间,"建兴号"的引水员神色慌张地走进底舱报告:"'江兴轮'离我们大概30公里,一小时前有两架敌机飞过去后,我听到了枪炮声。后来,看到一架敌机往东南方向飞过去了,好像是受了伤,在往下掉高度。半小时前,又来了6架敌机,下游方向又传来很激烈的枪炮声。再后来,就听到几声很剧烈的爆炸声,估计'江兴轮'……"

庄达一听更是着急,连忙嘱咐三个船员和一个水手雇了一条小木船,去下游与"江兴轮"联系。他们急的当然不是那些炮和炮弹,而是船上的人。那不是几百,也不止几千,而是上万人呐!

29日晚,"建兴"和"建武"两船都抵达了宜昌港,但仍然没有"江兴轮"的消息。人们正在焦急时,派去的四个人在30日凌晨赶到宜昌了。他们带来的消息是"江兴轮"的确遇难了。至于是否还有幸存者，因为遇难地点江面极宽，两岸村庄最近处，离江心也10余里，极少可能有幸存者。

他们又说："我们已问了当地的老百姓，他们有人听到了江中的枪炮声和爆炸声。可是赶到江边时，江心已经什么都看不到了，只有岸边漂着一些被炸碎的箱子、衣服等杂物……"

运输司令部的人们听到此，都不约而同地摘下军帽，朝下游方向默哀。

后来，他们根据掌握的零星情况向参谋总部呈报，受到了严厉的申斥，庄达被停职，听候处置。

直到一个月后，原来乘坐"江兴轮"的汉口船舶管理所职工李世芳，脱险后辗转到了宜昌，"江兴轮"遇险的详情才真相大白。

李世芳向人们讲述了那骇人听闻的40分钟经历：

那两架日本飞机第一次从我们船上空飞过时，飞得很低，转了好几圈，我们都知道这回肯定要出事了。

果然，敌机又转了几圈，飞回来时就开始扫射，子弹打得甲板当当响，坐在最上层的人顿时就倒下了一片！还有好几个是抱着孩子的妇女，孩子还在怀里吃着奶也被打死了，血水顺着甲板的雨檐往下流，真是惨极了！

敌机扫射了以后又折返回来，这次却没有开枪。飞行员拉开了座舱罩探出身子，做着手势，意思是让船返回汉口码头。两架飞机轮流围着轮船绕圈子，不断打手势。这时船已经停了，船员们被弄得不知所措。如果继续航行，肯定会遭到敌机继续攻击；如果照敌机的意思返回汉口，那么船上的军人和武器装备的后果更是不堪设想……

正犹豫间，只见那几十名随高射炮转移的炮兵们，从底舱将炮弹搬到了上层甲板，一面脱衣服一面校正炮位，口中大声骂着："狗日的鬼子们，老子们和你们拼了！反正是个死！"

待两架飞机再次绕回来的时候，已经装填好炮弹的两门高射炮一阵猛打！敌机似乎没有想到船上的军人还敢开火还击，吃了一惊！马上把飞机拉了起来，但是已经迟了，其中一架飞机的尾部已经冒出了青烟，另一架飞机也只好护卫着它，摇摇晃晃地朝东返航了。

这时船上一阵欢呼！乘客们纷纷跑上甲板向高射炮兵祝贺，有人还拿出食品往他们怀里塞。但下一步怎么行动，仍难以决定。当时船上还有运输总司令部的三个校级军官，他们主张将船开足马力，冲上岸边沙滩搁浅，然后让大家涉水登陆躲避，因为敌机很可能会飞回来报复。

但高射炮队的官兵们不同意，他们说，敌人水上飞机数量不多，战斗力也不强，如果再飞回来，凭着船上的 6 门高炮、几百发炮弹，一定能打退它。更何况船上还有好几百名军人，大多带着步枪、机枪等轻武器，也很可以抵挡一阵，因而主张继续航行，并说涉水登陆造成的损失不会比边打边走小，因为船上还有那么多妇孺。

他们边说边干，开始调整几门高炮的炮位，又把更多的炮弹搬到甲板上来，同时把舱面的乘客往底舱转移。

正乱着，6 架日本的轰炸机和战斗机已经贴着江面飞临船的上方，并拉起高度开始攻击。甲板上的高射炮一发炮弹还未来得及发射就被火海包围了！6 架敌机轮番投掷爆破弹和燃烧弹，并不停地扫射。只短短几分钟，船尾和中舱就燃起了大火，船尾也开始下沉。这时，船上秩序大乱，号哭声、救命声、爆炸声响成一片。最初，船上的军人还用武器还击了一阵，这时大多数军人也已受伤，更是被上万名旅客挤得东倒西歪，自顾不暇了。

不到 20 分钟，这艘排水量近 3000 吨的大型客轮，船身就开始倾斜。

当时我住在三楼边舱，我太太还带着三个孩子，见情况十分危急，我忙用绷带把太太和最小的孩子连在一起，让她们跳到水里，我一手抱着一个大一点的孩子也随着跳到了冰冷的江水中。这时候，江面上已经满是漂浮着的人，敌机还在惨无人道地向这些逃生的百姓扫射！船已经沉得只露出上层甲板了。我看了一眼，我太太就在旁边，就连忙喊她。可是一个浪头卷过来，她和小女儿霎时就不见了。我赶快去抓，抓了个空。再回过头来，两个大孩子也不见了踪影。我眼前一黑，便失去了知觉……

直到第二天中午我苏醒过来，才知道我头天在一个叫新泽口的地方被渔民救了上来，新泽口离出事地点有60里路，被救的还有另外84个人。

可是我太太，还有3个孩子全没有了，全没有了啊！好好一个家，毁了！毁了啊！还有船上的1万多人，全完了，全完了啊！

说到这里，李世芳痛不欲生，号啕大哭。

除了这次轰炸"江兴轮"外，日军在占领武汉前，还制造了多起惨案。如10月23日上午10时，满载难民近3000人的两列火车由武昌站开出，当行抵距武昌火车站20多公里的纸坊火车站时，日机3架飞临列车上空，先是投弹，继而用机枪扫射车厢。顿时，两列火车都被击中，八分山下浓烟滚滚，铁路两旁尸体横陈。

"新陞隆轮"惨案

当年受聘担任苏联塔斯社记者的舒宗侨（新中国成立后为复旦大学新闻系教授）有一篇关于"新陞隆轮"被日军轰炸沉没的回忆：

十月二十二日下午，武汉遭到猛烈轰炸后，我和塔斯社同事安世祥和工友宋海泉登上了《新华日报》和八路军武汉办事处的撤退专轮"新陞隆"号。《新华日报》的总编辑吴克坚接待了我们，把我们安置在一间堆放着印刷报纸用的卷筒纸的船舱内，这在当时算是"上宾"的待遇了。

"新陞隆"是只旧船，和过江轮渡大小差不多，定在下午4点钟开船。这只《新华日报》包的专轮上主要是报社的工作人员和八路军驻汉办事处的人员，还有 50 位左右的难民。李克农是船上的总指挥，另外还有一位姓边的参谋长，此外还有两个德国妇女，一个叫王安娜，另一个是简·尤恩。王的丈夫，八路军驻西安办事处工作人员王炳南和东北抗日联军副司令员李延禄也在船上，全船共装了 150 人左右。

船舱里和一只木拖船载着 105 筒印刷用的进口卷筒纸，这是《新华日报》准备运到重庆复刊时用的。船计划先到长沙，再接运一批人员、物资后开往重庆。

船似乎走得很慢，走了一夜到第二天早上只不过走了 240 多里。在一个距嘉鱼县 45 里的名叫燕子窝的地方停下来了，说是船要在这里躲避敌人的飞机，大家可以上岸休息，下午 3 点半开船。

我和几位同事到离江边不远处的一座小村子里的小茶馆喝茶、吃面，很快把几小时打发过去了。坐了一会儿，离 3 点半开船只有 10 分钟了。我们听到"新陞隆"的汽笛声，才互相催促着："快跑，要开船了！"

可是不等我们走近船边，突然看见三架敌机从西北方向飞过来。这时，一部分人已经上了船，另一部分人还留在岸上，身挎驳壳枪的卫兵在船上向下面的人喊着："飞机来了！快躲开！"

说话之间，三架敌机俯冲下来，先是围着"新陞隆"绕了一圈，从地面上可以清楚地看到飞机上的太阳旗标记和飞行员的相貌，所幸这几架飞机没有投弹就飞走了。可是过了不大一会儿，飞机又飞了回来，轰鸣着朝轮船俯冲下去。

敌机飞临上空时，李克农叫道："全体隐藏！分散开来，不要聚在一起！"可是，没等大家喘过气来，飞机已经向船的驾驶台投下了一枚炸弹，只听见"轰"的一声，火光冲天，硝烟四起！留在船上的人就向长江里跳。紧接着，敌机像发了疯似的，用机关枪向轮船和跳水者扫射起来。

"新陞隆"驾驶舱中弹后，敌机接着又去炸长江中正在向上游行驶的其他轮船和木船。我们乘机又向远处移动，躲在一处树林里。在树林中我们看到一条条的船被炸，一颗颗炸弹下去，船身立即被炸成两半，船板和船上的货物在空中飞舞。不一会儿，已经有5条船被炸沉，天空弥漫着浓浓的黑烟，我认出其中一艘是熟悉的"岳阳轮"。

在敌机轰炸别的船时，"新陞隆"开始冒出青烟。不一会儿工夫，整个船从头到尾都被火舌包围起来。飞机上的机关枪仍在不停地扫射，根本没法抵抗和营救，甚至连呼救的声音也听不见，眼看着轮船被烧的只剩下一堆龙骨，慢慢沉入江中。

敌人的暴行持续了半个小时，敌机飞走后，没有来得及上船的人才从草丛和庄稼地里爬出来，江边一片哀号。

经过清点，有50多人失踪，他们不是被烧死就是在江中被淹死了，其中就有几小时前还和我一起谈笑的潘美年（潘梓年的弟弟）、李密林、项泰（女）三人。在这次轰炸中，《新华日报》共牺牲了16人，即潘美年、李密林、项泰、程德一（一说为程德仁）、陆从道、李鉴秋、王祖德、罗仁贵、罗广跃（一说为罗广旭）、胡炳奎、胡宗祥、潘香如、季履英、许厚银、李元清、易竟成，八路军驻汉办事处的殉难者有张海清、赵兴才、徐挺荣、任高年、傅世明、韩金山、张清新、孙世实等8人，其中一人听说是周恩来的警卫员。除了这20多个人之外，遇难的都是船员和难民。

"新陞隆"号客轮被日军炸毁后的残骸

李克农是位参加过长征、有组织才能的高级干部，他立即把大家组织起来。首先为我们三个塔斯社的人找来一只小木划子星夜前往嘉鱼转长沙，其他的近百人就近入住农家休息，等第二天再分组步行前往长沙。

我们 23 日深夜到了嘉鱼，24 日乘船到了泉铺，再坐轿子到蒲圻。途中遇到一队妇女，她们是 23 日乘专车往后方撤退的，不料在中伙铺站火车被炸，死了几百人，她们想到嘉鱼乘船去岳阳。

蒲圻是我的祖籍，可是这天夜里经过蒲圻县城时，整个县城漆黑一片，连故乡是个什么样子也无法看清。黑夜里，我们从蒲圻车站沿着粤汉公路马不停蹄地向南走去，25 日才走到赵李桥车站，沿途看到那些倒毙在路上的伤兵，令人惊恐和心酸。26 日一大早，总算爬上一辆开往岳阳的火车，到了岳阳，看到这个城市已经被炸得不成样子，商店全部关门，路断人稀，非常凄凉。

26 日晚，挤上一列开往长沙的列车，车里人满为患，我们只能坐在两个车厢的接头处，并时刻警告自己："不能打瞌睡啊，跌下去会变成肉酱的。"从岳阳到长沙原来只要四五个小时，可是沿途经常停靠等待，走了十几个钟头，直到 27 日上午 9 点才到长沙。

在长沙北站下车，买了张《中央日报》和长沙《大公报》一看，只见上面印着"武汉弃守"的大字标题，这才知道大武汉已经于 10 月 25 日落入敌人的手中，心中的悲痛和愤懑油然而生。

到了长沙，找到中国青年记者协会，前往八路军长沙办事处，告之《新华日报》专轮"新陞隆"被炸的情况，并得知那批近百人的难友仍在途中，后来他们是分乘了 8 条木船经洪湖和洞庭湖，走了 20 天才到长沙的。当晚，中央社为《新华日报》专轮被炸和记者殉难一事发了新闻通稿。恰好周恩来也到了长沙，立即到青年记者协会来看望我们，了解情况。

新华日报社为"新陞隆"号死难同志举行的追悼会

随后，我与国际宣传处的英籍专家马先生、国新社的黄药眠等乘车到衡阳，转赴重庆。到重庆没待几天，又与塔斯社罗果夫、斯戈沃采夫同去西康采访。1938年除夕，我们取道成都回重庆，继续从事我的记者、编辑工作。

1938年12月5日，在重庆的新华日报社为死难同事举行了追悼大会，并为此刊发了社论。

在本书中，我们只列举了上述两个在长江上被日军飞机炸沉的民船的例子，而在长达八年的抗日战争中，在长江上被炸沉没的船只何止百艘！被日军残害的中国老百姓又何止千万！

第六章 水上中转站

1. 传奇卢作孚

没有钱的大亨

1893 年，在中国近代百年的屈辱史中，是个相对比较太平的年份。

这一年，整个国家似乎仍然笼罩在"同光中兴"的余晖中，朝廷上下在为老佛爷慈禧太后的六十大寿而忙碌。然而，谁也未曾想到这个庆典实际上却给清王朝苦心经营了 30 余年的洋务运动敲响了丧钟。

另一方面，1893 年又是一个应特别予以关注的年份，毛泽东、宋庆龄等改变中国历史进程的伟大人物便是在这一年诞生的。此外，享誉中外的平民教育家晏阳初、乡村建设派代表梁漱溟也同样是这一年出生的。我们接下来要说到的在抗战初期为大撤退作出了巨大贡献的、著名的爱国实业家卢作孚，也在这一年来到了这个世界。

说到抗战初期的大撤退，卢作孚是一个不能不说的关键人物。

卢作孚是四川合川县人，出身于贫农家庭，小学毕业后即告辍学，以后完全靠勤奋自学而成才。青年时期参加了同盟会，经历了四川保路运动和辛亥革命，并有过出色的表现。

卢作孚是个有思想、有作为的人，他认为国家的根本是亿万普通民众，如果不改变民众的落后思想，是无法使整个国家走上现代化的。因此，他十分强调"人的建设"，毕生致力于"教育救国"。

卢作孚特别强调个人的社会责任和国家意识，他说，看一个人是否成功，是看他对社会施以多大的回报而定的。

民生轮船公司总经理卢作孚

正是有了这样"先天下之忧而忧，后天下之乐而乐"的使命感，卢作孚在抗战全面爆发后，临危受命，先后担任了交通部次长、全国粮食管理局局长等职务。在那样艰难的环境里，出色地完成了各项任务，为抗战竭尽全力。

综观卢作孚的一生，除了冠以爱国实业家、一代船王等头衔外，还可以称之为杰出的教育家、社会实践者。所有关于卢作孚的书籍，无一例外对他进行了极高的评价。究其原因，除了他一生对国家富强和民族复兴所作的杰出贡献外，他的人格魅力也是极其重要的原因。国民政府要员、国民党元老张群戏称卢作孚是"一个没有钱的大亨"，而黄炎培和梁漱溟则称赞他"耐劳耐苦，大公无私、公而忘私，为而不有"。

卢作孚虽然是位名副其实的船王，抗战中不仅身居要职，还担任很多企业的董事，然而他却始终只领取民生公司的一份薪水，生活非常俭朴，对家人也要求严格。他的挚友晏阳初在《敬怀挚友卢作孚》一文中写道："像卢作孚这样一位正人君子，爱国志士，了不起的实业家，国人应当敬重。"

毛泽东在评价中国民族实业家的时候，也曾这样赞誉卢作孚：

在中国民族工业的发展过程中，有四个实业界人士是不能忘记的。他们是搞重工业的张之洞，搞化学工业的范旭东，搞交通运输的卢作孚和搞纺织工业的张容。

周恩来对卢作孚的一生也给予了充分肯定："卢作孚先生不仅对祖国的交通运输事业和工业的发展作出了贡献，而且对新中国的新民主主义建设也作出了贡献。"

新中国成立初期，毛泽东在北京曾宴请过他，并请他担任国家交通部的副部长。

但令人惋惜的是，1952 年 2 月 8 日，卢作孚在重庆自杀身亡。

一代船王

据卢作孚的儿子卢国伦回忆，卢作孚 1925 年从创办现代航运企业着手，以实现孙中山的"民生主义"为目标，成立民生轮船公司，靠乡亲、朋友、地方士绅的支持，以 8000 元资本购买了一条仅 70 余吨的小客轮，艰难起步，几年时间即统一了川江航运，迫使外国航运势力退出长江上游。民生公司由小到大，艰辛发展，10 年后，相继在上海、南京、武汉、宜昌、重庆等地设立分公司。抗战前已拥有大小轮船 116 艘，成为我国内河航运最大的民营企业。

1937 年 8 月 15 日，国民政府成立了抗战大本营，下设六个部，卢作孚被任命为政略部副部长。此时，沿海地区的工厂面临必须立即撤退至后方的严峻形势。卢作孚既要主持草拟抗战总动员的计划，又要组织民生公司的精干人员赴镇江，参与抢运内迁工厂的设备；还要从南京接运撤离的机关人员和学校的师生、仪器、图书，从芜湖接运撤退的金陵兵工厂，从武汉接运撤退的所有兵工厂和钢铁厂，其工作量之大是常人无法想象的。1938 年 1 月 6 日，卢作孚被任命为国民政府交通部常务次长，同时兼任军事委员会下属的水陆运输委员会主席，负责统一调度指挥长江上的一切民用船只。

从抗战初期到宜昌沦陷前，卢作孚的民生公司运送部队、伤兵、难民等各类人员，总计 150 余万人，货物 100 余万吨，仅从汉口经宜昌运往大后方的物资就有 45 万吨，其中包括 20000 余吨空军器材和广东炮厂的物资。

1939 年元旦，卢作孚获得了国民政府颁发的一等一级勋章。

"战争开始了，民生公司的任务也开始了"

抗战爆发时，卢作孚正准备赴欧洲考察，国难当头，他毅然放弃欧洲之行，全力投身抗战。

此前，民生公司的业务集中在上海到重庆的几乎全部长江航运区域内。"七七"事变后，长江下游的江阴遭封锁，通往上海的航线被切断，民生公司百分之九十的业务被中断了。对此，曾有人不无担忧地说，国家的对外战争开始了，民生公司的生命也要结束了。然而，卢作孚的想法却截然相反，他说："国家的对外战争开始了，民生公司的任务也就开始了。"

这时，卢作孚突然接到国民政府邀其赴南京帮助草拟抗战总动员计划的电报，接到电令他当即奔赴南京。抵达南京后，他又立刻电示民生公司全体职工："民生公司应该首先动员起来参加战争！"

卢作孚抵达南京后，立即投入了研究制订总动员计划的工作中。另一方面，他又安排民生公司集中所有的轮船，将赴前线抗日的川军及时从重庆、万县送到宜昌。

1937 年 7 月 25 日，卢作孚的母亲不幸在北碚去世，他回北碚匆匆办完丧事即飞回南京，重新投入紧张繁忙的工作中。

其子卢国纪在《我的父亲卢作孚》一书中写道：

> 我父亲当时的主要工作除主持草拟抗战总动员计划外，还与熊式辉（政略部部长）、周佛海（政略部副部长）等研究和部署外交、政治、社会、发动民众和组织民众等重大工作，提出对策，制订实施方案，工作异常繁忙。

> 除了白天之外，晚上也同样繁忙，甚至更加繁忙地工作，那就是指挥长江中下游的民生公司船只抢运上海和邻近的江苏各地向西撤退工厂、学校、科研机构以及众多的人员和伤兵……

11 月 12 日上海沦陷后，华东战局进一步恶化，国民政府决定撤离南京。民生公司集中了中下游全部船只，从南京接运政府机关人员以及南京各学校，其中包括中央大学、金陵大学和江苏医学院。中央大学校长罗家伦是第一个力主迁校的校长，中央大学也是南京第一所迁校的大学。为了运输中央大学的大型设备，卢国伦回忆说："我的父亲下令改造船舱，将中央大学所有的师生、仪器和图书，包括实验用的各种动物，一齐运到重庆，在沙坪坝重庆大学借出的松林坡建校，并于 1937 年 11 月复课。"

在整个撤退运输期间，卢作孚始终坚守在最前线，亲自指挥，不分昼夜地工作，直到撤退的最后一批物资及人员离开，卢作孚才从南京撤出，此时，距南京失守仅半个月。

1938年夏，安庆失守，武汉顿时告急，那些内迁来的机关、学校、工厂又纷纷撤退，争先恐后地涌向川鄂咽喉的宜昌。

卢作孚在《一桩惨淡经营的事业》一文中写道：

（民生）公司集中了所有的轮船，第一期运1.2万吨，两个月间完成了。第二期运8万吨，分为二段，集中扬子江（长江）上游的轮船，担任宜昌、重庆间一段运输；集中在扬子江下游的轮船，担任汉口、宜昌间一段运输，这时除这8万吨以外，还有政府机关、学校、航空委员会、民间工厂等单位，通通需要内迁，其总量远在8万吨以上。大半年间，以扬子江中下游及海运轮船的全力，将一切内迁人员和器材集中到了宜昌。

为阻挡及延缓日军进攻，国民政府决定在江西九江附近的马当"沉船阻敌"，民生公司的轮船也在被征之列。而卢作孚对"沉船阻敌"很有看法，他认为这种孤注一掷的办法根本无济于事，必须予以制止。为此，卢作孚亲自找蒋介石力陈利弊，民生公司的一批适合在长江上游航行的轮船才免遭沉船之虞。

卢国纪回忆说：

武汉保卫战的时候，国民政府的军委会命令封锁长江航道，在田家镇那个地方把所有的船都沉下去，把航道阻断，招商局的船、大道公司的船几乎都在那儿沉掉了，当时要把民生公司的船全部沉掉，情况很严重。

我父亲就直接找了蒋介石，向他报告说，民生公司的船不能沉。因为只有民生公司的船才能在长江上游，就是宜昌到重庆那一段航行。如果把民生公司的船也沉了，那么宜昌到重庆撤退就完全没有船可用了。蒋介石同意了这个意见，于是民生公司的船就保留下来了。后来，武汉沦陷后的整个航运任务都是民生公司单独承担的。

前方战事吃紧，后方的安定对坚持抗战是极为重要的。1938年1月20日，四川省主席刘湘在武汉病逝，之后，蒋介石任命张群继任四川省主席之职。然而，此举却遭到四川地方势力的极力反对，最后竟逼迫张群宣布延缓任职。

不得已，蒋介石只好请卢作孚等人入川调解，经过卢作孚的悉心劝说，总算让张群顺利就了职。2月8日，四川的《新民报》报道此事说：

"川省善后事宜，自傅常、卢作孚联袂到省，与省方各要人几度晤谈，均极融洽。现已具体决定，除遵照刘主席遗嘱，绝对服从中央，关于巩固后方，建设国防各事，亦有相当拟议。"

粮食管理局局长

抗战时期，大后方突然新增了上千万从各地逃难、迁移来的人群，食物供应问题显得异常突出。国民政府也意识到，如果不能妥善解决粮食问题，将直接影响大后方的稳定，进而威胁到能否持久抗战。

为了缓解大后方出现的粮食危机，国民政府于1940年设立了全国粮食管理局，任命卢作孚为局长。此刻，卢作孚为了确保民生公司在抗战时期的经营，一方面想方设法开拓水运航运；另一方面又广泛投资其他产业。

作为交通部常务副次长的他，当时还在忙着建设四川省内及通往云南等地的公路。他被任命为全国粮食管理局局长一事，甚至连他本人事先也未得到通知，足见事情的紧迫程度。尽管临危受命，但卢作孚仍是毫不犹豫地赴任了。

要想解决粮食问题，首先就要找出粮食紧张的根本原因。卢作孚一上任，仅用了两三个星期，建立了从上到下的整个粮食管理体系。与此同时，他还以最快速的行动，做了全面的调查研究，经过调查他发现：

造成粮食供应不上的原因，既不是由于灾荒引起的粮食减产，也不是农村缺少粮食，而是层层官吏只知道贪污受贿，没有办法将分散在交通不便的广大农村地区的粮食运出来，集中到城市。很清楚，问题的症结，乃是一个运输问题……

找到了病根，余下只要对症下药便可。卢作孚建设性地提出了著名的粮食运输的"几何计划"，所谓"几何计划"，卢国纪将它归纳为：

将各个没有公路的偏僻地区的粮食，首先用人力运送到邻近的公路或水路边上的一些特定的点，或特定的地区集中起来；然后再从这些公路或水路边上的点或地区用板车、汽车或船只，将集中起来的粮食转运到各个交通要道上县城的政府粮仓中。这样，就将复杂万分的粮食运输问题缩小到易于管理的最小范围，变得简单明了。

这个"药方"疗效果然显著，短短几个月的时间，粮食运输与前线军需、后方民用的困难得到了极大的缓解。1944 年美国《Asia and the A-merica´s》杂志在评价卢作孚这一贡献时说：

> 其在战时的意义，至少与宜昌撤退的"奇迹"相等，并且是以同样有效和激动人心的机敏来完成的。

然而，此刻的卢作孚却因为劳累过度而病倒了，经检查发现，他竟患有严重的心脏病，必须静养。但卢作孚不顾医生的劝告，冒着生命危险，只在病床上躺了几天，又投入工作中。

2. 世界瞩目的小城

名流云集

峡口之城宜昌，素有"川鄂咽喉"之称，历来是兵家必争之地。自1876 年中英签署《烟台条约》后，宜昌被辟为通商口岸，它又是长江航线上的一个重要转运港。

1937 年 11 月南京沦陷，国民政府宣布迁都重庆，并确定四川为战时大后方，进出四川的通道就成了抗战的重要运输线。当时入川，少有公路，更没有铁路，唯一路线只有走长江，宜昌即成为受全国关注的、能够进入大后方四川的唯一交通咽喉。

从 1937 年年底到 1940 年，大批的人流、物流从华东、华中、华北地区涌向这个通向大后方四川的唯一江上中转站。

政界、军界、商界的重要人物一时也齐聚宜昌，1938 年先后到过宜

1938 年的宜昌码头

昌的有蒋介石、李宗仁、陈诚、汪精卫等众多国民政府军政要员。

　　冯玉祥、陶行知、老舍、李四光、黄松龄、王芸生、于毅夫、程希孟等先后来宜昌，举行抗日演讲。宋庆龄、宋美龄、宋霭龄三姐妹也飞抵宜昌，慰问抗战伤兵。一时间，名流云集小城。

　　华东及上海等地的文艺团体在西迁的途中多在宜昌逗留，如上海业余剧团、上海影人剧团的著名演员赵丹等在宜昌街头演出了《放下你的鞭子》，白杨主演了《沈阳之夜》，江苏剧团演出了《夜光杯》，演艺界著名人士曹禺、熊佛西、沈西苓、宋之的、谢添、陶金、陈波儿等在宜昌演出抗日救亡剧目，贺绿汀在宜昌哀欧拿中学义演，女作家谢冰莹等在宜昌组织抗战救护活动。中共地下党组织负责人陶铸、钱瑛、曾志、何功伟、雍文涛、韦君宜、马识途等都在宜昌和鄂西开展过抗日救亡宣传。

　　中国小说家、著名剧作家老舍 1937 年 11 月到武汉后，与郭沫若、茅盾、阳翰笙、楼适夷、冯乃超等作家一道在党的领导下为组织全国性文艺界抗日民族统一战线而工作。1938 年 7 月，文协迁往重庆时，老舍一行来到宜昌，在宜昌逗留了一周。当他听到宜昌的抗战剧团在非常艰苦的条件下，坚持到城乡进行抗战宣传时，深为感动，亲笔为该团题词："我们只知为抗战建国尽心尽力，教那没良心的去计较私利吧！"

在《老舍自传》中，有一段辞别武汉、乘船来到宜昌的生动记叙：

> 因为我是文协的总务主任，我想，非到万不得已不离开汉口。我们还时常在友人家里开晚会，但十回倒有八回遇上空袭，我们煮壶茶，灭去灯光，在黑暗中一直谈到空袭解除。邵荃麟先生劝我们快走："到了最紧急的时候，你们恐怕就弄不到船了，想走也走不脱了！"这样，在 7 月 30 日，我，柯容，老向，与肖伯青（文协的干事），便带着文协的印鉴与零碎的东西辞别了武汉，只有友

宋氏三姐妹

人白君和冯先生派来的副官来送行。

> 船是一家中国公司的，可是插着意大利的旗子。这是条设备齐全，而一切设备都不管用的船，舱门有门轴，而关不上门，电扇不会转，衣钩掉了半截。也就是说，什么东西都有，但什么东西都不能用。我还亲眼看见一位娘姨洗完脚，把洗脚水倒在开水桶里。

> 一位军人带着紧急公文要在城陵矶下船，但船长不愿意停船，军人耽误了军机，就一头碰死在甲板上拴缆绳的铁柱子上了。

> 船到了宜昌，天天都有空袭。在这里等船的人非常多，所以这里很热闹，而不是紧张。中国人仿佛不会紧张，也许这就是日本侵华失败的原因吧？日本人完全不懂得中国人"从容不迫"的道理。

> 我们求一位老翁帮我们买票，他是一位极其诚实坦白的人，

在民生公司做事多年，极愿意帮我们的忙，但就连他也是不断地抓脑袋。人太多，他实在没法给我们临时造出一条船来。等了一个星期，他总算是给我们买到了在甲板上的铺位。我们不挑别，只要不让我们浮着水走就行。

仿佛全宜昌的人都上了我们这条船，不要说甲板，就是烟筒座上面还有几十个难童呢。船上昼夜开饭，茶役端着饭穿梭似的行走，把脚上的泥和水全都踩到我们的被子和枕头上。

我要上厕所，但在夜间三点钟，厕所外面还站着一排候补大员。

三峡多么值得看哪，可是，看不见，人太多了，若是都拥到船头上去观景，船必会插在江里，永远不再抬头。我只能侧目看下面，看到一排排人头，头发很黑，在水里打旋儿。

1938 年 8 月 14 日，我们就这样到了重庆。

文艺理论家、诗人胡风在《抗战回忆录》中写道：

1938 年 9 月 28 日，匆匆地离开了武汉，但我总感到很快就会回来的。告别生活了近一年的武汉，匆匆地由住处跳上轮渡到汉口，去印刷厂、去出版社、去找许多作家朋友，为了抗敌文协的工作，为了《七月》的出版，焦急地在马路上满头大汗地跑着。这些火热的生活并没有结束，我们还要回来的，还要继续为大武汉、为全国人民工作。现在我却安静地坐在小江轮上，驶向人们认为是安全的宜昌。

70 多岁的、由家乡逃出来的老父亲和我一起坐在底舱，我已经 10 多年没回家，这次算是回家乡了。他老人家正高兴着我离他近了，谁知现在连他也要逃离家乡了。我是以一个中国人的良心来劝他逃难的，我不愿我的一家遭欺凌做亡国奴，他们也就听从了我的意见弃家出走了。继母、大侄媳和几个孩子去了宜都梅志那里，现在是我护送父亲走……

在小船上坐了 5 天，3 日上午到宜昌，岸上嘈杂不堪。找了一间污秽不堪的小客栈安置好了父亲……第二天即起来上了小火轮，挤得简直没有立足之地……

儿童文学作家叶圣陶抗战开始时在武汉大学任教，主编《国文杂志》《中学生》等。为了抗战救亡，叶圣陶决定率家人入川，并于1937年12月26日，在武汉与家眷登上民生公司的"民族轮"，4天后抵达宜昌。

在下船码头上，看到滞留在宜昌江边等候运进四川的故宫文物、兵工器材，以及大批迁徙后方的难民。国难严重，使他悲愤满腔。在宜昌因一时没买到船票，他和家人住进民生公司将江轮改作的旅店内，逗留7天后，才在民生宜昌分公司经理李肇基帮助下，购得"民主轮"船票7张，登轮继续西行。

住宜昌期间，叶圣陶有感而发，写下了《宜昌杂诗》三首：

宜昌日日啖川橘，聊作椒盘献岁新。战讯忽传收杭富，悲欣交并愿他真。

对岸山如金字塔，泊江轮作旅人家。故宫古物兵工械，并逐迁流顿水涯。

下游到客日盈千，逆旅麋居待入川。种种方音如鼎沸，俱言上水苦无船。

1938年1月4日，叶圣陶全家经5天的航程才抵达重庆。

2000年7月，86岁的著名电影导演谢添回忆63年前从上海到重庆，途经宜昌，剧团在宜昌举行义演的情景时说：

在我们出发去夔门的水路上，剧团在船上抓紧时间排练了陈白尘新写的话剧《卢沟桥之战》，船上的乘客就成了我们的观众。在快到宜昌的前一天，突然接到电报，要求剧团在宜昌上岸，为给前方打仗的士兵募集棉衣进行义演。接到这个电报已是深夜了，可大家谁也没有睡意，连夜准备了几个义演的剧目。我邀吴茵、燕群两人，现编现排了一个短剧《过关》。我演把关人，吴茵、燕群演一对母女，这个戏说的就是过关难的故事。剧团在宜昌上岸时，露天剧场的票早就卖完了，连站票都没了，演出的时候，墙头上坐的都是人，整个演出特别的热烈，从台下不断传出热烈的掌声和口号声。

天津南开大学、南开中学、南开女中、南开小学的开创者张伯苓在1937年"七二八"天津事变后，携家属离开天津，继而登上民生公司的轮船去重庆。一路上，张伯苓沉默不语，心情沉重。当轮船行至宜昌停泊换船时，宜昌鄂西女中校长、南开校友安梦华得悉张校长莅临，特意请他下船，为宜昌各界人士做抗战形势的演讲。张伯苓欣然同意，随安梦华步行来到鄂西女中会场。张伯苓详尽论述了当前抗战的形势，他说："我国地大物博，人口众多，加上国共两党共同合作，抗战必胜。"他又形象地说："必要时大老俄还可以从日本鬼子背后踢它一脚。"

中国现实主义油画的奠基人徐悲鸿一行于1937年10月9日到达汉口，17日，他们与逃难的民众乘民生公司"民权轮"离开汉口，驶向宜昌。徐悲鸿一行在宜昌停留后，乘船继续沿长江进川。在三峡的峡谷中穿行，当时正下着蒙蒙细雨，犬牙交错的巫山十二峰若隐若现，云霭苍茫。长江三峡的壮美奇观和沿岸土著民众（古称巴人）的贫苦生活，给他留下了深刻印象。到重庆后，他研墨挥笔，创作了画作《巴之贫妇》和《巴人汲水》。

历史学家、华中师范大学原校长、中国辛亥革命研究会会长章开沅教授，2004年撰文回忆了1937年他随家人乘船逃难入川，母亲在"民贵"轮上分娩的特殊经历：

> 1937年秋，由于上海战事吃紧，我随父母乘民生公司"民贵"轮由宜昌逃难入川。当时船上乘客极为拥挤，连甲板上都睡满了。我的母亲此时是临产孕妇，处境极为困难，幸好轮船负责人富于同情心，让我们一家八口（外婆、父母和我们五个姐弟）集中在一个单间。从宜昌行船泊万县的夜晚，我们一家曾上岸观光，由于人多过于拥挤，行走中竟然与母亲失散。幸好母亲比较机敏，加以少女时期曾在成都生活过多年，能够讲一口四川话，所以自行雇了一个"滑竿"先行回船了。我们姐弟不知，只得在人群中挤来挤去，大声呼妈叫娘，把嗓子都喊

国殇
抗战时期国民政府大撤退秘录

哑了。回船以后，母亲反而笑我们太笨。

可能是由于在人群中受到挤压，母亲当晚就分娩了。我们这群孩子睡得太熟，竟然毫不知晓。后来才知道，也是靠船上职工帮助，临时腾出一间清洁的舱房作为产室，并且请来船上乘客中的医护人员协助接生，母亲才得以顺利地生了一个小弟弟。尽管是兵荒马乱，抛乡离井，但大家还是为这个小生命的出现感到由衷的高兴。船长亲自前来祝贺，馈送营养食品，并且深情地说："孩子就叫'民贵'吧！以后随时乘坐我们的船都可以免费。"我们的排行是"开"字辈，唯有这个小弟弟取名叫"章民贵"。

然而到重庆以后不久，他就患上了急性肺炎，乡间缺医少药，眼睁睁地看着这个还不到 8 个月的弟弟匆匆离开了人世。此情此景，至今仿佛就在眼前。

美籍华人女作家聂华苓，1925 年出生在湖北宜昌，故又名"宜生"。1960 年聂华苓发表了成名作长篇小说《失去的金铃子》，书中回忆她少女时代在外婆的家乡宜昌三斗坪度过的一段难忘时光，以及在长江三峡行船搁浅与险滩恶水抗争的亲身经历和见闻。

抗战中我到过三斗坪，那时我才十三岁，没想到多少年后，那个地方与那儿的人物如此强烈地吸引着我，使我渴望到那儿去重新生活。……在回忆中，我又回到那儿，又和那些人生活在一起了。我仿佛又闻着了那地方特有的火药、霉气、血腥、太阳、干草混合的古怪气味。

小说集中描写了峡江小镇被敌机轰炸后的焦土、废墟中仅存的祠堂、在生与死的夹缝中讨生活的过往商人、为生存而苦苦挣扎着的乡民、残腿的伤兵、无家可归的难民、不绝于道的死尸……小说没有正面描绘血与火的战争风云，但所有这些都有着战争的影子以及她的真实经历。

在《瞿塘峡历险记》里，聂华苓写道：

木船在峡里向上水走，一边是白盐山，一边是赤岬山。两边的山往天上冲，好像要在天上会合了，只留下一条很窄的青天带子。太阳在中午晃一下就不见了……江水从天上倒流下来，船在水坡上往上爬，爬上水坡，前面又堵住一座大山，好像没有路了，但左一转、右一转，又转到大江上了……一排纤夫拖着我们的木船上滩了。他们有时在山岩上走，有时在岸边水里走，纤绳从背后搭在肩上，肩上垫着布，两手拖着胸前的纤绳，身子越弯越低，一面走一面嗨唷嗨唷地唱着，和船夫的哎嗬哎嗬应和着一起一落……

聂华苓 1948 年随家人去台湾，1964 年赴美国定居，1971 年与丈夫、美国诗人保罗·安格尔一道翻译《毛泽东诗词》。1976 年，世界各国 300 多名作家曾联合提名聂华苓夫妇为诺贝尔和平奖候选人。

国立戏剧专科学校（简称剧专），是中国第一所正规培养话剧人才的艺校，1935 年创办于南京，由著名戏剧教育家、理论家余上沅任校长。1938 年在余校长率领下，剧校师生乘大木船向重庆撤退，当时在校任教的老师有应云卫、曹禺、黄佐临、张骏祥等。

从剧专毕业的何之安 1995 年在《剧专十四年》一书中写道：

1938 年 1 月上旬，国立剧校在一个朝雾迷蒙的早晨，全体教职员生分 5 艘大木船从长沙出发向重庆撤退。每艘木船约 20 余人，浩浩荡荡从湘江码头启碇，沿湘江向洞庭湖进发。经沅江、汉寿、安乡，过藕池口再沿公安、松滋、枝江上行，由宜都逆长江到达宜昌，前后共行 23 天。

在过去的 23 天里，生活清苦得很。每天均是黎明起锚，下午 4 时左右停泊；顺风则扯起风帆，逆风则大家下船帮助拉纤。吃的是船家供应的糙米饭、盐水煮鱼和腌大刀豆，住的是舱底。但沿途都进行抗敌宣传演出活动，心情"壮怀激烈"，并不以为苦，反而歌声终朝不断。

在宜昌等候换乘轮船时，敌机忽来轰炸，大家紧张了一阵。因为急着要入川的机关、学校、群众团体太多，每天能分配到的轮船票，也就三五张而已，大家都心急如火。

年除夕后总算能上船了。时任剧专教务主任的是30岁的曹禺，师生们记得他当时身穿旧棉袍子，手里总提着一面大锣。只要船靠码头，哪怕只有几个小时，他都敲着锣在前面开道，招呼着同学们上岸宣传演出。同学们也敲着锣鼓，演出街头剧《放下你的鞭子》、《疯子的母亲》（骆文编剧），齐唱抗战歌曲。一天正在演出的时候，6架飞机飞临上空，开始师生们还以为是自己的飞机，但顷刻间，便投弹轰炸起来，只见曹禺大声招呼着要同学赶快疏散隐蔽。

幸好那天日机的轰炸目标是飞机场，演出的师生没有伤亡。

1938年1月，戏剧作家吴祖光随南京国立剧专师生西迁重庆。吴家11口先随父亲吴瀛（文物收藏鉴赏家，抗战时曾参加故宫博物院文物的内迁）向内地迁徙。吴家家具全都带不走，只带着父母挑选的非带不可的30多件文物古董，由南京上船，途经宜昌，辗转去重庆。

吴徕（吴瀛的第五个女儿）在《珍藏文物历难记》一书中，回忆抗战初期，全家随父亲途经宜昌到四川的情景时写道：

在上船的码头，呈现在眼前的是一幅让人绷紧心弦的"逃难"场景。人山人海，扶老携幼，万头攒动，一望无边。前面的大驳船上，挤满着的人群黑压压一大片，站在船边的更是不敢动弹，稍一不慎就会跌落在江水之中。蒙蒙秋雨无情落下，人多，伞难以撑开，不少人只好听凭雨淋。听说就是这样等船，不少人也已经熬了好几天，看着真是揪心。

我们一家人紧紧挤在一起，人与人、人与行李绝对不敢分开，只要一分开就会再也找不到了，费尽九牛二虎之力才从人群中挤到船边。30多件装着父母亲最心爱的古董的大木匣子由三姐、二哥牢牢地看守着，不敢离开半步。

上船时，父亲指挥二哥和母亲，带着我和六弟吴祖强、六妹吴乐、七弟吴祖昌、八妹吴楚还有二表姐先上船，挤上去占地方，看护行李。他自己和三姐吴皋、四姐吴冬、七妹吴要留在下面，等东西搬完才上船，我们几个全都是跌跌撞撞从人堆里挤上船的。

船在破浪前行，我们一家老少齐动手来安排属于我们的大约 6 平方米的地盘。为了怕古画丢失，母亲把画匣塞进棉被，让 4 个孩子紧紧抱住。我们一排排地坐着、斜靠着睡着了……这真的是一幅奇特的流亡图，让我们终生难忘。

大哥吴祖光到重庆后，以这段经历创作了话剧《凤凰城》在重庆公演，引起了强烈的反响。

全家人在战火中舍身保护的古董，解放后，也由父亲全部捐献给了国家。

中国共产党创始人之一、五四运动的主将陈独秀和家人一道，也于 1938 年 6 月途径宜昌去重庆。复旦大学的尉素秋在她的《传记文学》中谈到了入川时和陈独秀同船的情景。

武汉保卫战开始时，我在人潮中挤到宜昌，换上了"民权轮"，遇到了郑学稼学长。他告诉我，陈独秀先生也在这艘船上。因为没有买到铺位，只好在统舱里打地铺。我欣喜地和郑兄到陈先生处闲谈，首次见到了陈先生的庐山真面目。大家席地而坐，海阔天空地闲谈，打发漫长的旅途。

危如累卵

10 月 25 日武汉失守后，日军逆长江而上，进犯岳阳，同时沿平汉铁路北进，直捣襄阳，如此一来，宜昌便处于日军北、东两个方向的威胁之中，情势岌岌可危。

武汉迁出的工厂物资，一部分由铁路运往陕西，另一部分运往湖南、广西等处，但大部分都集中到了宜昌江边。这里待运入川的物资堆积如山，约达 20 万吨。候船入川的机关人员超过 1 万人，还有七八万待运的老百姓。在这个小城里满街都是难民，遍地都是器材，人心非常恐慌，情形非常紊乱。

全中国的兵工业、航空业、重工业、轻工业的前途，近 10 万老百姓的生命，系于宜昌一身！

史料记载：

原本只有 10.5 万人口的宜昌城已被滚滚而来的难民和源源不断运来的战时物资撑得爆满。这时在宜昌的难民至少有近 10 万人，其中包括 8000 名难童惶恐不安地在港口争抢着上船。人们都焦急盼望能尽快让他们"换载"，而人多船少，很难如愿。为等购船票，往往一等就是半个月或一个月。从城区通惠路到船码头，大街小巷都是人，所有的旅店、客栈、学校都挤满了人，不少人只有露宿街头，栖身屋檐下，而此时天空中还不时有日军的飞机盘旋、轰炸。

宜昌以上的三峡航道狭窄，弯曲复杂，滩多浪急，险象环生，有的地方仅能容一船通过。1500 吨以上的轮船不能溯江而上，所有从上海、南京、武汉来的大船，当时都不能直达重庆，乘客和货物都必须在宜昌下船"换载"，转乘能走峡江的大马力小船，才能继续溯江进川。

当时航行在川江上的民生、招商、三北、太古、聚福、怡和等公司各条轮船的运输能力，在洪水期每月可达七八千吨，枯水期每月仅两三千吨。滞留的各厂家万分焦急，不得不求助于渐被淘汰的川江白木船。

1938 年 9 月以后，共雇用了白木船 850 只，上运物资 25000 余吨，受损物资约占百分之五。由于白木船载重有限，而在川江急流中逆水行舟又极艰难，在宜昌待运的各厂物资经过近两年（1938 年 11 月至 1940 年 7 月）时间才运到四川，其中由工矿调整处协助运川的有 45260 吨，占大部分，还有一小部分（如中福、裕华、周恒顺等）是通过与民生轮船公司合作运川的。

在这个紧要关头，抵达宜昌的卢作孚焦虑地看到，局面非常混乱。从一码头到十三码头数里长的空地上，已被密密匝匝的各种亟待转运的货物拥塞得水泄不通，而此时日军正在疯狂地向宜昌推进，敌机不停地飞临宜昌轰炸。

宜昌民生公司办公楼的楼上楼下、里三层外三层都是焦急盼望购票的人，请客、争吵、求情等手段无所不用其极。不仅民生公司如此，公司局面乱，满街是人员，满地是物资，满巷都是人，所有的旅店客栈、各轮船公司从大门起直到每一个办公室，也都塞满了想尽快离开宜昌的人们。各公司办理运输的职员，都在全力和这些人应酬，完全没有时间去办理运输业务了。

管理运输的机关责骂轮船公司，轮船公司责骂运输管理机关，争运器材的人员互相对骂，要求安排货物上船的人不仅争吵甚至还动手打架，秩序相当混乱。

这时，由于中国军队第33集团军张自忠部正在汉水防线阻击日军，大批难民和伤兵还在不断涌进宜昌，几十万出川抗战的部队和装备，也亟待通过长江航线，奔赴战场。每天，民生宜昌分公司怀远路的办公楼除了被购票的人群挤得水泄不通外，还常有一些武装押运货物的军官气势汹汹地要船，甚至掏枪威胁，这使得运输秩序进一步混乱，人心非常恐慌。

更为严峻的是，自10月中旬起，长江已接近枯水季节，中水位的航运时间仅剩40天，此刻较大轮船尚能航行，过后便是漫长的枯水期，吃水深一点的船根本无法入川。这意味着滞留在宜昌的人员及器材，必须在40天之内运出。然而，按照当时所有船只的运输能力计算，货物全部运至重庆却需要整整一年。

要在40天时间，完成这样大的运输量，除非出现奇迹。当时能走峡江的只有民生轮船公司的22艘轮船和2艘外轮，而民生公司单艘船运载量只有200~600吨。

情况如此严峻，卢作孚却临危不乱。他果断下令，停止一切交涉请客，马上组织安排抢运。在召集各轮船公司负责人及各轮船的船长、引水、宜昌港的技术人员连夜紧急会议后，他通宵达旦作出了一份紧急运输方案，10月24日清晨，他亲自向各机构代表进行了部署，要求在40天内一定要将物资和人员运出去，并为此制定了具体的实施计划及措施，抽调了民生公司最得力的人员参与抢运工作。

卢作孚亲自分配了有限的运力，要求各个分公司和各艘船根据分配到的吨位，各自先行选择重要的器材，配合成套，率先起运，其余的再交由木船运输。方案一经确定，原先的混乱渐渐平息了，所有的人都开始投入紧张的抢运工作中去了。

宜昌至重庆的一段江面，滩多流急，负责抢运轮船只能白天航行，夜间装卸，因此所有的船只及人员，必须全天候地投入。

民生公司为了有效地维持秩序，提高抢运效率，使抢运计划准确实施，又专门组成了"总动员委员会"，分派处室人员轮流上船值班，出巡万县、涪陵等港口的码头检查监督。

整个抢运工作在卢作孚的领导和指挥下，如同一部开足马力的机器，紧张而有条不紊地运行着。

3. 大抢运

生死 1000 小时

在此之前，民生公司的成员是无论如何也想象不到，怎么能够在 40 天内，将所有的人员和货物都运走的。

为了完成这个看似不可能完成的任务，卢作孚对各种类型的船只和装运的物资器材进行了分类，运用他在 1936 年便已创造的"三段航行"经验，采用分段航行的方法，以加快轮船的周转速度。

民生公司的轮船运载工厂物资向后方撤退

所谓"三段航行"，其实是卢作孚等人为了克服长江枯水期航运的困难，又根据重庆至宜昌航道的险恶性找到的一种分段运输法。他们把重庆至宜昌的航线分成三段，由相应的船只分别负责各段的航行。

卢作孚说：

宜昌至重庆，去时溯水而上，要走 4 天，返回顺江而下需 2 天，来回一趟 6 天。为了缩短运载时间，我们把整个运输划分为三段航行。即宜昌至三斗坪为第一段，三斗坪至万县为第二段，万县至重庆为第三段。以每艘船的吃水深度、马力大小为基本依据，用一部分船只先运货物至三斗坪，当即返回，再由公司调船运至万县或直运重庆；对重要物资和大型货物则由宜昌直接运至重庆，并在重庆运载出川抗日的士兵，再顺江而下，在最危险的地段则由陆地转运货物。

在历史上最严重的枯水期里，民生公司凭借着"三段航行"法，不但保证了公司的利润，而且创造了长江上游秋冬季节通航的奇迹。事隔两年，民生公司又创造了另一个奇迹。

卢作孚回忆说：

扬子江上游的滩险太多，只能白昼航行，于是尽量利用夜晚装卸。又因为宜昌、重庆间上水（航行）至少需要 4 日，下水（航行）至少需要 2 日，为了缩短航程，就将最不容易装卸的运到重庆，其次缩短一半运到万县，再次缩短一半运到奉节、巫山，甚至于巴东。一部分力量较大的轮船，除本身装运外，还要再拖带一只驳船。

这样一来，民生公司充分利用了所有的力量和时间，在一场与时间赛跑的抢运中，逐渐占据主动。卢作孚曾深有感触地写道：

（我们）没有停顿一个日子，或枉费一个钟点，每日清晨宜昌总会开出五艘、六艘、七艘轮船，下午总会有几艘轮船回来。当轮船快要抵达码头的时候，船上舱口的盖子早已被揭开，舱门也早已打开，起重机的长臂早已举起，两岸的器材，早已装在驳船上，拖船已靠近驳船。

轮船刚抛了锚，驳船即已被拖到轮船边，开始紧张地装货了。下货装货的灯光，彻夜映在江上。岸上每数人或数十人一队，抬着沉重的机器，不断地喊着号子。往来船只的汽笛，不断地鸣响，配合成了一支极其悲壮的团结抗战的交响曲。

在拥到宜昌的人流中，还有从华北、华东战区抢救出来的无家可归的数千名孤儿难童，这是由战时儿童保育院从各地送来的难童，准备先将他们集中在宜昌，然后再送进四川。

为了尽快抢送难民难童，民生公司对客运舱实行"坐票制"，将二等舱的卧铺位一律改为坐票，这就可以增加一倍以上的客运量。同时降低收费，对公教人员实行半费，对战区难童免费，货物运费只收平时的十分之一。

1938 年 10 月 24 日，一艘满载着物资和人员的轮船起航，离开宜昌港向上游驶去，几百名孤儿难童在卢作孚亲自护送下第一批上船。孩子们趴在栏杆上放声高歌，摇着小手向卢作孚告别的情景，令岸边送行者为之动容。

宜昌大撤退抢运出的单位，从当时民生公司所做的统计来看，包括兵工署 22 厂、23 厂、24 厂、25 厂、金陵兵工厂、航委会安庆站、扬州航空站、钢铁迁建委员会、申钢厂、大鑫钢铁厂、周恒顺机器厂、天元电化厂、新民机器厂等，还有国民政府机关、科研单位、学校设备、珍贵历史文物等。

民生公司又先后在巴东、万县、涪陵、重庆等处增设办事处，以利指挥和调度抢运的工作，同时还增加码头的设备及装卸工具，提高装卸能力。另一方面，民生公司又在三斗坪、青滩、巴东等地设立公司转运站，增添趸船，并增加了一支 2000 多人的装卸队伍。

在宜昌 40 天的抢运中，民生公司的困难并非只是轮船数量上的，也遇到了前所未有的技术难度。很多待运的器材是民生公司从未装卸过的大件，技术人员发挥了极大的创造力，如在公司较大的轮船上，装上较大型的起重吊杆。其中，他们在"民乐轮"上便专门设计安装了能起吊 30 吨的吊杆，又在上海招聘了 40 名有经验的起重工人，由他们专门负责重型设备的起吊、装卸，圆满地解决了大件起卸的问题，创下了在长江上游货运装卸大件的纪录。

为了躲避敌机轰炸，船只白天常在支流峡谷停靠，几乎每艘船都要夜航，以弥补白天的损失。川江夜航本来就是十分艰难的冒险举动，以往只有在万不得已的情况下才有船只夜航。抗战时为了防止被敌机轰炸，江面上原来设置的灯标全部被取消了，这在长江航运史上几乎是从未有过的举措，也使夜航变得更加危险。在江水湍急、航道上遍布浅滩和暗

长江上的绞滩站

礁的狭窄江面上，运载人员和货物的船只全凭着船员们丰富的驾船经验
和勇气，借着月光摸索夜航。在江水过浅的地方，民生公司还在岸边设
置了绞车，将船拖曳过滩。

绞滩和月光夜航这两项举措，是抢运成功的关键措施。

另外，在这段时间里，民生公司还组织技术熟练的引水人员，把招
商局原来走申汉线的大型班轮"江安"、"江华"、"江顺"、"江新"，三
北公司申汉线的班轮"长兴"号等，安全拖曳到重庆，这无疑是更冒险
的举动。拖轮和大客轮之间或用钢缆拖曳，或用拖轮把大客轮向上顶托，
在最窄处只有百米、水流湍急的三峡江面上，这是需要极为熟练的驾船
技巧和超人的勇气的。

这些大型客轮被安全拖到重庆港，没有落入敌人手中，乃是民生公
司的另一大功劳。

除此之外，民生公司又在一些较大的轮船及沿江重要码头、港口等地装置无线电台，在通信上将轮船、岸上及宜昌指挥中心连接起来，有效地掌握船舶运输的动向，调度运输、航运、装卸均得以有序进行。

有了上述一系列有效的措施，加之民生公司广大职工及大量当地人民的奋力拼搏，终于胜利地完成了抢运任务。

轮船向大后方抢运物资

在大抢运中，卢作孚一直没有离开宜昌，直到"民本"轮由万县开来装走最后一批40吨的大件后，他才松了一口气。

10万吨货、近10万人的运输任务，终于在40天内完成了。

在这1000多小时异常忙碌的日子里，卢作孚每天都要到宜昌各个码头了解船只装载和航行的情况，深夜还要到江边各个码头去检查装货卸货的进度。据卢国纪回忆，卢作孚在指挥抢运时，由于白天晚上都在声嘶力竭地打电话，最后竟然导致肺膜破裂。卢作孚回忆说：

> 40天内，人员早已运完，器材基本运出。原来南北两岸各码头遍地堆满的货物，两个月后仅有若干零碎的废铁留在地面上了。

宜昌陷落后，民生公司调整经营理念，又朝纵深发展，重点发展以重庆为中心的短航线和其他几条新的航路。

当时发展和新辟的短航有：重庆至柏溪线、重庆至木洞线、重庆至洛碛线、重庆至磁器口线、重庆至江津线延长至白沙、重庆至合川线延长至南充、重庆至长寿线、重庆至涪陵线、重庆至邦都线、长寿至涪陵线、涪陵至邦都线。

民生公司还特派"民信"、"民法"两轮试航水浅狭窄的岷江上行到达成都，又派船试航乌江到龚滩，后因水情险恶未正式开航。另还派船试航金沙江一段成功，开辟了叙府至屏山线。由于这些短航连接广阔的农村，沟通了城乡物资流通的渠道，航运收入可观，这对当时维持民生公司几千名员工的薪资和公司日常开支起了相当大的作用。

此外，民生公司还购买了几十部汽车走滇缅路，把国外物资运到泸县，并成立了川陕联运处，由嘉陵江再转汽车向北运物资到广元赴陕西。因为公司有了盈余，还以廉价买了"江兴"、"顺泰"、"顺祥"三轮，又买了海关三轮，并新建"山"字号轮 10 只。虽然被敌机炸坏的主力船还有待修复，但民生公司的船只数目在抗战期间反倒增加了。

江上的劫难

1941 年 8 月 22 日，可能是卢作孚在抗战的几年中，甚至是其整个一生中最为悲伤的一天。

这一天适逢民生公司的"民俗"轮从巴东运送伤病官兵及旅客入川，正当轮船行驶至巫山青石洞时，忽遭 7 架日军飞机轮番俯冲轰炸、扫射。"民俗"轮不幸中弹，霎时间烟火弥漫，血肉横飞，不久即沉入长江。除 7 名船员生还外，船上 160 名伤兵及 20 名旅客同遭不幸。

卢作孚当时正因病卧床，卢国纪回忆他父亲当时的神态时说："他的声调很沉重，可以想见他说话的时候，心情是多么痛苦。"今天，我们在阅读民生公司留下的《民俗等轮被炸经过报告》的文件时，在深感悲痛的同时，也为民生的职员在"民俗"轮被炸沉的过程中，为抢救轮船和旅客所表现出的不怕牺牲的爱国精神而折服。

加油工人邱宝定在机舱值班工作时，弹片穿破腹部，流血不止，别人叫他快离去，他却回答："死就死吧，绝不能走！"仍扪腹忍痛工作，毫无畏怯，竟与轮船共沉。船将倾倒，机舱人员尚望开车挽救，然而机器已被炸停，可是全体值班人员均未离去，仍照常工作，加油工杨培之、炉水工罗绍修等，均随同船舶被炸沉而英勇殉职。

当船将倾覆沉没时，水手长龙海云仍屹立船头，继续工作，努力挽救船舶。船长数次催其逃生，他却慨然回答："船长不走，我怎能离去！"船又一次被炸时，龙腹部中弹牺牲。三水奉船长之命执舵被炸伤，船长改命徐鸿章执舵，叫他速离船逃生，但他仍坚守岗位不肯离去，后随船沉没殉职。大副李晖汉，当船被炸沉时，急赴驾驶室将航行日志、船舶证书及其他重要文件抱于怀中，忽一弹片飞来，削去嘴脸，即倒于血泊中牺牲。当船被炸沉时，报务员陈志昌已不能再发电报，但仍保护着电报机而不离去，终被炸死殉职。护航组长申志成、茶房头唐泽民、袁文彬，当敌机临空投弹扫射时，乘客骚乱，他们却不顾个人安危，冒着枪弹，照样维持秩序，企图保持船身平稳，但敌机不断地轰炸、扫射，弹如雨下，二人被炸惨死。唐被炸断右臂，昏倒于血泊中，英勇牺牲。

船沉没后，幸存水手辜华山，仍不顾个人安危，急泅水至岸，抢推木划，在惊涛骇浪中救起伤兵和旅客数十人，其余未被炸死的船员均积极抢救浮于江上呼救之客人。

感谢你，船工

整个宜昌大撤退，卢作孚是总指挥，他卓越的组织、指挥才能，在这次抢运任务中得以充分地展现。

除了作为总经理的卢作孚所发挥的重大作用外，民生公司职工在抢运过程中所体现的爱国奉献精神也是不可忽略的，而当地的老百姓在抢运中作出的贡献更是值得称颂，卢作孚本人曾高度赞扬过当地人在宜昌大撤退中的贡献。

纤夫们拖曳着满载机器设备的船只在三峡江段逆水上行

宜昌大撤退的功劳不仅是民生公司的，作出贡献的还有宜昌人民，那些三峡的纤夫、搬运工、码头工人和挑夫都作出了贡献。那些人衣不遮体，光着脚，有的仅穿着一双草鞋，有的甚至全身都没有穿衣服。三峡滩多、险多，非常的不畅通，有的地方很容易触礁。有的地方要绞船，有的地方要靠人工拉那些木船。很多人和物资进川，靠的就是那些纤夫一船一船地拉上去的。

前些年有一张照片曾引起了很多人的关注，那是一张全身赤裸的湖北清江纤夫在拉纤的照片。不少人都认为那是为了哗众取宠在作秀，其实，在长江沿线，千百年来纤夫都是赤裸拉纤的，尤其是在夏秋两季。一是这种劳动的强度太大，不一会儿就全身是汗，没有经过磨炼的人根本无法承受；二是以前的纤夫都是生活非常拮据的贫苦人，纤绳磨在背上，不一会儿衣服就会被磨穿，对于一年只有三两套衣服的纤夫来说，不如干脆脱光。在抗战期间这些赤裸的纤夫默默地作出了巨大的贡献。

民生公司一向都很重视对职工个人素质的培养，抗战期间更是不忘对职工进行爱国主义宣传，然而，在精神宣传的同时也没忽视物质方面的鼓励。

一位曾在民生公司担任过会计的人这样回忆道：

……在万县以下，就有日本的飞机轰炸。日本飞机扔炸弹炸我们，炸完以后，还要俯冲下来看炸沉了没有。尽管这样很危险，我们还是要做事，公司没有一个船员离开船。当然主要是为了这个工作，也是为了生活。当时公司为了对这些人进行鼓励，规定在万县以下行船的领取两份薪水，巴东以下更加危险，就是三份薪水。当然，最主要的还是抗日这个正义的事情。人家在前线打仗流血，我们只是参加运送嘛！

有些船工还给国民政府写信：

我们并不顾虑工钱太少、职业无保障，对于战时的交通，我们曾尽了和正在尽着最大的努力，输送杀敌壮丁，抢救生产器材，护送伤员和避难同胞等，在敌人的飞机炸弹下工作，不管死或活。如果说我们是在为微薄的工资而苟延残喘，实在不如说我们是为了抗战的胜利。

卢作孚也回忆说：

　　24 艘在扬子江上游航行的中国轮船当中，只有两艘不是民
生公司的轮船，外国轮船亦有数艘，但因中立关系，它们只运
商品，不运与抗战有关的任何东西。中国轮船公司为了报效国
家，兵工器材每吨只收运费 30 元到 37 元，其他公物只收 40 余
元，民间器材只收 70 元到 80 余元，而外国轮船装商品，每吨运
费却收 300 元到 400 元，由此可知中国公司尤其是民生公司的牺
牲之多、报效国家之大了。

亲历了宜昌大撤退的晏阳初感慨万千地说："这是中国实业史上的敦
刻尔克，在中外战争史上，这样的撤退只此一例。"

在冒着巨大危险抢运物资和人员的过程中，民生公司及其广大职工
也付出了惨重的牺牲。据不完全统计，民生公司的船员有 117 人牺牲、76
人伤残。船只方面，包括"民俗"轮在内，被炸沉、炸坏的船有 16 艘，
因军运事故损毁 6 艘。这些损失，使得长江上游的运输力比战前减少了
一半，抗战中大后方的物价飞涨也给民生公司带来了严重的经济损失。

新中国成立后，卢作孚顶住各种压力，于 1950 年毅然从中国香港北
上奔赴北京，出席全国政协第一届第二次会议。之后，他又历尽艰险，
设法将滞留在中国香港的 18 艘轮船，突破重重封锁开回内地，为新中国
的航运事业作出了重大贡献。

卢作孚将被历史永远铭记。

1980 年 9 月，在中共中央的关怀下，四川省委专门下发了一份名为
《关于卢作孚先生的结论》的文件，文件中对卢作孚的一生作出了这样的
评价：

　　卢作孚先生是我国著名的民族工商业者，早年创办和经营
的民生轮船公司，对发展民族工商业起过积极作用。解放后，
他热爱祖国，拥护人民政府，拥护共产党的领导，曾从中国香
港组织一些轮船回来参加祖国建设，对发展内河航运事业作出

了有益的贡献，为人民做过许多好事，党和人民是不会忘记的。

4."中国的斯大林格勒保卫战"

之所以写到石牌血战，是因为这是发生在宜昌的、抗战后期关系到大后方以及陪都生死存亡的一次关键性的战役。

被称为"中国的斯大林格勒保卫战"的宜昌石牌战役战场

不少对抗战史很熟悉的人可能都不知道抗战中有这么一场血战，这场激战被称为抗战中规模最大的白刃战。第二次世界大战后，西方军事史学家称它为"中国的斯大林格勒保卫战"。

石牌镇位于现在的葛洲坝和三峡大坝之间，在长江一个130度拐弯处的西陵峡右岸，依山傍水，是一个天然的江上要塞。石牌镇方圆70里，上有三斗坪，下有平善坝，不仅是我军的重要江防阵地，还是长江沿岸的补给枢纽，战略地位极为重要。

在石牌构筑阵地，就可以用火力将长江江面完全封锁，因此，日军如果要溯江西上进犯重庆，必先要过石牌镇这一关。只有控制了岸边的制高点，才能把长江作为西犯的通道。石牌镇是拱卫陪都重庆的第一道门户，所以在 1943 年 5 月，仅有几百人的石牌小镇就成为了决定中国命运的要塞，当时有个口号叫作："军事第一，石牌第一。"

为拱卫陪都，中国海军于 1938 年冬在石牌设置了第一炮台，其左右有第一、第二分台，部署了榴弹炮 10 门，是为长江三峡要塞炮台群的最前线，与之相配套的还有川江漂雷队、烟幕队等。驻守石牌的海军官兵共有 1000 多人，由于石牌与宜昌几乎处在一条直线上，要塞炮台的炮火可以封锁南津关以上十几公里的长江江面，极具威慑力。

日军对石牌要塞早有觊觎之心，1941 年 3 月上旬，敌曾以重兵从宜昌对岸进攻过石牌镇正面的平善坝，并以另一路进攻石牌镇侧翼的曹家畈。两路日军当时都遭到我守军的猛烈回击，惨败而归。因此，日军不敢贸然从正面夺取石牌镇，而是在 5 月采取大兵团迂回石牌镇背后的战术，企图一举攻取这个要塞。

在石牌要塞和重庆之间无险可守，如果石牌被日军攻占，那么，重庆将命悬一线，岌岌可危！

石牌镇保卫战是中国军队全线扇形阵地的旋转轴，坚守旋转轴，顶住敌军的正面进攻，伺机侧击敌军方能取胜。因此，蒋介石对石牌要塞的安危极为关注，他不止一次地给第六战区司令陈诚、江防军司令吴奇伟发电，强调确保石牌要塞的重要性。

5 月 22 日，蒋介石又发来电令："石牌要塞应指定一个师死守。"此重任落在第 18 军第 11 师身上。为保卫石牌要塞，5 月 27 日江防军调整部署，决定先把长阳、宜昌两县间之稻草坪、高家堰、余家坝、曹家畈作为石牌一战的前出阵地，再进行决战。

为此，陈诚命第 10 集团军第 94 军主力转移到长阳资丘附近，掩护江防军右翼，同时调动空军战机协同地面陆军作战，并对日军后方实施轰炸，切断敌之增援和补给。在此关键时刻，从重庆再次传来蒋介石 5 月 26 日的手令，蒋介石指出："石牌乃关系陪都安危之要地，望江防军胡琏等诸将领，英勇杀敌，坚守石牌要塞，勿失聚歼敌军之良机。"

死守石牌要塞的第 11 师师长胡琏在当天夜里修书五封，在写给父亲的信中他写道：

死守石牌要塞的胡琏

父亲大人：儿今奉令担任石牌要塞之防守，孤军奋战，前途莫测。然成功成仁之外，别无他途……有子能死国，大人情也足慰。

胡琏把师指挥所推进到离火线很近的地方，亲临指挥。胡琏是一位善于山地作战的将军，他充分利用了石牌山峦叠嶂、壁立千仞、千沟万壑的有利地形，构筑坚固工事，并在山隘要道层层设置鹿砦，凭险据守。

5月28日，日军第3师团、第39师团开始向石牌推进。同日，日军第3师团从长阳高家堰进入宜昌县境，向我第11师第一道防线南林坡阵地发起攻击。同时，右邻之第18师阵地也受到日军的袭击，至此，一场争夺石牌之战在西陵峡正式展开。战斗之激烈，为八年抗战中鄂西战事所仅有。

南林坡阵地是日军的主攻目标，第11师第31团第3营官兵奋勇抵抗，战至黄昏时分，敌军接连发起了5次冲锋，右翼第9连阵地首先被敌攻占，左翼第8连阵地继而也被敌突破，连长阵亡。然而，配有重机枪排和迫击炮排的第7连阵地始终坚守，并以猛烈的炮火向敌射击，日军在阵前陈尸数百，第7连官兵伤亡也非常惨重。

第二天黎明，日军又向第7连左、中、右三个方向进行夹攻，也被我军击退。日军对我南林坡正面阵地屡攻不下，遂于上午9时出动飞机5架，同时搬来直射火炮数门，对我第7连阵地进行狂轰滥炸。周围树木被扫光，山顶被炸平，第2排排长阵亡，迫击炮炮手全部牺牲，重机枪排伤亡惨重。

第三天，日军一部在飞机支持下，持续向第7连阵地攻击，掩体和工事破坏殆尽，但该连余部仍顽强坚持战斗。第四天即5月31日，第7连奉命撤离南林坡时，200多人的第7连仅剩下70多人，官兵伤亡达四分之三。

5月29日中午，日军第39师团主力推进至曹家畈，遂分兵两路向牛场坡、朱家坪我第11师阵地进攻。

牛场坡群山逶迤、树木参天，是朱家坪的屏障，朱家坪则是峡谷深邃、峰峦叠嶂，第11师官兵凭借此有利地形沉着应战。日军一路由彭家坡迂回牛场坡，另一路从响铃口、柏木枰向牛场坡正面攻击，我军与数倍于我之敌在牛场坡激战了一整天。日军为了攻占主峰大松岭，在飞机支持下，向我坚守主峰阵地的第11师的一个连发起数次冲锋。

战斗最紧张的时刻，胡琏师长给前方打来电话："弟兄们，积极报效国家，死守阵地，战斗到最后一个人，流尽最后一滴血！"但终因众寡悬殊，我军撤离牛场坡。由于失去了牛场坡的屏障，5月30日朱家坪被敌攻占。与此同时，日军第3师团另一部越过桃子垭，向天台观一线我第18军暂编第34师阵地进犯。

天台观是石牌要塞周边的制高点。这天，日军沿点心河从天台观侧背向我阵地攻击，企图夺取天台观。当敌进至点心河时，我军一举毙伤敌300多人，日军无奈遂转攻王家坝，又遭我军分头迎击。

这时，日军第3师团前来驰援，掐断了我天台观守军与大军之间的联系。守卫天台观的暂34师一个排的战士，临危不惧，死守阵地。日军几攻不下，又调来飞机助战。我一排战士聚集在冬荆树下坚持战斗，飞机竟把山头的土翻了几层，战士们视死如归，与敌肉搏，最后全部牺牲。

日军攻下天台观后，骑兵队突入窄溪口，又遭到我龙家岩阵地守军迫击炮的攻击。不久，日军步兵在飞机掩护下强行通过窄溪，向八斗方我第11师二线阵地突进。自日军进入我石牌外围主阵地后，由于这一带山岭高耸，其步兵仅能携带小口径的山炮配合作战，于是便用飞机轰炸代替炮击，每天都有近10架飞机低飞助战扫射。

5月30日这天，我军和日军的激战成胶着状态，每座小山头、每片小树林都经过反复争夺。只要有一点空隙，日军就以密集队形冲锋，做锥形深入，我军则立即还以颜色进行反击。在只有一平方公里多一点的阵地上，尸体山积，血流成溪。

在战斗最激烈的时候，陈诚打电话问胡琏："守住要塞有无把握？"胡琏回答："成功虽无把握，成仁确有决心！"

在曹家畈附近的高家岭阵地上曾有整整 3 个小时听不到枪声，这是敌我两军完全穿插在一起、扭作一团进行肉搏战。敌人穷凶极恶时，一度竟然施放催泪瓦斯弹。我军当时没有防化设备，竟然在毒气中奇迹般将敌人歼灭殆尽。在此弹丸之地的反复冲杀，使日月为之失色。经浴血奋战，共杀伤日军近 2000 人，阵地前沿敌军的尸体竟垒成了一座座的金字塔。

5 月 31 日，中央社播发消息称："宜昌西岸全线战斗已达激烈，每一据点均必拼死争夺。"

在石牌外围的战斗中，日军一度曾绕过石牌，冲到距三斗坪仅 60 里的伏牛山。第 11 师师长胡琏立即命其属下将国旗插到伏牛山的最高峰上，并严令守军不得后退一步，他给前线打电话说："打仗要打硬仗，这一次一定要让日军领教领教中国军队的厉害！"

为配合陆军作战，中国空军和美国盟军战机也频频出动对日军进行攻击。5 月 29 日，我空军攻击了被日军占领的宜昌城，30 日又攻击了驻宜昌日军的土门垭机场。5 月 31 日，在石牌大战的最后时刻，我空军与地面部队联合作战，同日军飞机展开激烈的空战，击落敌机 6 架。石牌要塞的海军官兵，除不断向长江江面布放漂流水雷，与陆军协同阻止日军舰船溯江西上外，还坚守炮台，任凭日军飞机、大炮猛烈轰击，临危不惧。

到了 5 月 31 日夜晚，日军损兵折将，久攻石牌不下，信心完全丧失。战场上的枪炮声逐渐沉寂下来，进犯石牌之敌掉头东潜。

此次石牌大战，我军打死打伤日军达 7000 余人，我军也伤亡一万多人。

但血染的石牌要塞仍巍然屹立在西陵峡之滨，如同一面铁壁，挡在陪都的东面。

正是因为石牌一战的胜利，胡琏名声大振。蒋介石曾对人夸奖："陕人是龙不是虫！（除胡琏外，黄埔军校的陕西籍名将还有张灵甫、杜聿明、关麟征、董钊、高吉人等）"石牌战役后，毛泽东也曾评价胡琏："这个胡琏，狡如狐，猛如虎。"

解放战争的淮海战役中，胡琏任国民党军第 12 兵团副司令，在双堆集与解放军杀得难解难分。战役结束后，解放军兵团司令杨勇说："我宁可俘虏一个胡琏，也不愿意俘虏十个黄维，可惜给他跑了。"

第七章 硝烟中的国宝

1. 誓与文物共存亡

"寂寞空城在 仓皇古董迁"

"九一八"事变后，日军入侵热河，窥伺华北。在山海关陷落后的第六天，故宫博物院召开理事会，决定将故宫文物南迁，以策安全。

自此，从1933年2月至1949年1月，故宫博物院文物先后经过南迁、西上、东归、北运、迁台，经历了十余年的"长征"，其时间之长、数量之大、艰辛之巨，在世界文物史上堪称之最。

第二次世界大战中，欧洲参战国的文物都不同程度地遭到了破坏，苏联的文物也曾经历过向腹地迁移的过程，但其规模和时间以及过程的艰辛，都无法和故宫博物院文物的内迁相比。

故宫博物院，是一座收藏中国古代文物和艺术品的殿堂，这些国宝精美绝伦，价值连城，早为日本帝国主义所觊觎。只要平津一带发生了战事，故宫里这些稀世国宝所面临的危险是不言而喻的。

但当国宝迁徙被当作一个方案正式提出时，却引起了轩然大波。

国宝迁移牵涉到各方人士的切身利益，国民党元老张继主张迁往西安，故宫博物院院长易培基则希望国宝迁至上海。而北平各阶层乃至普通市民，大多反对"南迁"。他们集会、游行，表示"誓与国宝共存亡"。以周养庵为首的反对派说道："如果没有了故宫的文物，北京还能叫北京吗？"

甚至大名人鲁迅和胡适都曾经是强硬的南迁反对派。

在故宫博物院副院长段勇的《古物南迁的记忆与真相》一文中，讲述了当时的情景。

"最激烈的反对者以古物陈列所前所长周肇祥为代表，他发起组织了'北平民众保护古物协会'，在太和门集会宣言'誓与国宝共存亡'，并给支持南迁和参与南迁工作的人士打骚扰电话、寄恐吓信。著名学者胡适也对'南迁何处是净土'感到茫然，忧虑古物一散难复聚，而寄希望于通过国际监督和干预来保障古物安全，鲁迅也发出了'寂寞空城在，仓皇古董迁'的嘲讽。"

而即便在故宫博物院内部，关于古物是否南迁，也存在着争议，故宫博物院的创始人之一吴瀛最初就不赞成。最有意思的是，当故宫博物院古物馆副馆长马衡在为南迁做准备时，他的儿子马彦祥却在报纸上发表文章讥讽道："要抵抗吗？先从具有牺牲古物的决心做起！"除此之外，北平和外地的不少民意机构也纷纷通电，加入反对南迁的"大合唱"。

虽然反对声四起，但为了确保珍宝在外敌入侵时不致散失，古物南迁最终成为社会的主流意见。政府也批准了文物南迁的计划，而原来反对南迁的不少人士如吴瀛等人，后来也积极参与到了古物南迁的行动中。

国之瑰宝

这批即将南迁的文物，包括故宫博物院和古物陈列所两处的馆藏。

说到故宫博物院，很多人都知道它的来历。1924 年，已经退位 13 年的清朝末代皇帝溥仪出宫，离开了紫禁城内廷。随后，成立了"清室善后委员会"，清理宫内公私财产，除了被溥仪这个近代最大的败家子和卖国贼偷出卖掉的大量文物以外，竟然还清点出文物 117 万件。

1925 年 10 月 10 日，故宫博物院开院，参观者蜂拥而来，北京城万人空巷。当时的一则报道这样描绘开院当天的情景："唯因宫殿穿门别户，曲折重重，人多道窄，汹涌而来，拥挤至不能转侧。殿上几无隙地，万头攒动，游客不由自主矣！"

而古物陈列所，则是个让大多数人感到陌生的名称。

古物陈列所成立于 1914 年，位于故宫内，是中国第一家国立博物馆，被誉为"民国成立后最有价值之建设"。古物陈列所成立之初，它的藏品来自清王室的热河行宫和盛京行宫。清朝入关后，皇室的人对北京夏季的炎热很不适应，所以他们在凉快的承德修建了行宫。行宫其实就是级别较低的皇宫，又因为满族人是从沈阳起家的，所以清王室还有一处行宫在沈阳，叫盛京行宫。

溥仪退位后的 1914 年，热河行宫和盛京行宫的文物被运到了北京，陈列在故宫的太和殿、中和殿、保和殿等处，当时称为古物陈列所。古物陈列所内的文物，主要是陶瓷器，我们称之为宫廷文物，其实就是王室的日常生活用品。

南迁的文物中除故宫博物院和古物陈列所的 13491 箱外，还有太庙、颐和园、国子监等处收藏的文物 6066 箱。

这批南迁的文物中计有书画 9000 余幅，瓷器 7000 余件，铜器皿、铜镜、铜印 2600 余件，玉器无数，文献 3773 箱，包括皇史宬和内府珍藏的清廷各部档案，明清两朝帝王实录、起居注，以及太平天国的档案史料等，还有《四库全书》及各种善本、刻本，当时国内发现最早的印刷品之一《陀罗尼经》五代刻本、国内最古老的石刻"岐阳石鼓"等也在其中。

这批南迁文物的数量和种类，还有另外一个说法。据《古物南迁的记忆与真相》一文所列："总数为 19816 箱又 72 包 15 件 13 扎（其中 70% 以上为故宫古物），其中文献档案约 45 万件，图书古籍约 30 万件，陶瓷、青铜器、书画、玉石器、漆木器、文玩、珠宝等共约 30 万件。"

但不管哪种说法更接近于真实，故宫文物都是一个庞大的惊人的数字。

秘密起运

最终，行政院代理院长宋子文终于下令将国宝迁至上海，并代表政府表示"待北平安静，原物仍运还"，然而，国宝的起运时间仍是一拖再拖。

1933 年 2 月 4 日深夜，故宫博物院院长秘书吴瀛和很多故宫人一样留在紫禁城中，守着数千箱国宝，等候随时可能下达的起程命令，这 2118 箱故宫的国宝将在这一天秘密离京。

2 月 4 日夜的情景，在故宫人那志良的《故宫四十年》中多有记载。对吴瀛、那志良来说，在阴森的大殿里熬过漫漫长夜等待起运的记忆非常深刻。他们及许多故宫同仁在那一夜之后再没有回到宫中，身后已经装箱的国宝有许多也再没有回来。

宋子文

离家的时候，妻子曾问吴瀛："去哪儿呀?"他摇摇头说不知道。他的确是不知道，因为当时没有一个故宫人能说清自己和国宝的最终去向和命运。

5 日凌晨，国民政府的命令终于到了，故宫午门口，士兵们荷枪实弹、戒备森严。而事实上，"从紫禁城到车站沿途，4 日日落时分就开始戒严了。"那志良回忆道，"他们吩咐我们，要等到天黑才起运。由几十辆板车轮流运往车站，由军队护送，沿途军警林立，板车在熟悉的街道上行驶，街上空无一人，除了车子急驶的辘辘声之外，听不到一点别的声音，使人有一种凄凉的感觉。"

前门火车站内，押运官吴瀛逐一巡视装载文物的 18 节车厢，这里全部是故宫的珍贵文献、书画还有档案珍本，每件东西都价值连城，何况还有贵为无价之宝的全套《四库全书》。所以，车窗外有张学良的马队在等候，列车开启，马队又随车警戒护卫。身负第一批文物押运重任的押运官吴瀛以及相关押运人员、监视员、宪兵 100 名和故宫警卫，另乘三节客车随行。

文物的转移是完全秘密的，沿途有各地方军队保护。火车的车顶架着机关枪，车厢内遍布持枪的宪警，车内人员和衣而卧。除特别快车外，其余列车都要让道给文物列车先行，经过重要关口时，车内还要熄灯。

为避开天津，以防遭遇日军袭击，转移的路线设定为：平汉线转陇海路再转津浦线，绕道南下。

列车到达南京浦口站的时候，大家才得知，南京城内根本没有符合2000余箱国宝存放的合适地点，国宝只能留在火车上！所有押运人员都知道火车上是不可能长时间存放文物的，何况是如此娇贵的古籍善本、书画文献！

吴瀛的情绪简直低落到了极点，他深知有太多的人在争夺文物迁移、存储的权力，为的是从中渔利，而真正关心国宝的人又无力去争夺。他们只能待在火车上，等有关方面去协商，等着权贵们的争论尘埃落定。

没想到这一等就是20多天，常有当地人对这列久久停靠在站上的火车小声谈论，后来就成了放肆的讥笑，有一句话叫"抬着棺材找坟地"，吴瀛听了很多次了，每次都只能无奈地摇头。

3月中旬，故宫博物院又开始装运第二批箱子，到5月共装运了五批。那志良在《故宫文物运到南京》一文中记录了五批文物的装运日期：第一批1933年2月5日，第二批1933年3月15日，第三批1933年3月28日，第四批1933年4月19日，第五批1933年5月15日。

"沪上寓公"

当国宝终于被获准存放于上海天主堂街仁济医院及四川路业广公司内时，吴瀛已经说不清他的感觉是喜是忧了，国宝终于有了存放地按理说是该高兴的，可是那个地方隶属法租界，他觉得这实在有辱国宝的尊严。

国宝有了安身之所，北平故宫博物院驻沪办事处也随之成立。此后的3月21日、4月5日、4月27日、5月22日又有4批文物先后运抵上海，总共5批合计19557箱。

接下来要做的是把国宝重新编号、入册：古物馆文物编号为"沪"，图书馆文物编号为"上"，文献馆文物编号为"寓"，秘书处文物编号为"公"。连起来念作"沪上寓公"，这实在是不好听。但不管怎么说，国宝总算有了暂时的安宁，然而，人与人之间的争斗却又开始了。

数月前，国民党元老张继与故宫博物院院长易培基为国宝去向而引发的分歧，如今已演化为激烈的矛盾，矛盾又并非仅仅是二人之间的。张继的后台是汪精卫，易培基的后台是吴稚晖、李石曾等国民党元老。

两边都搬出后台来压阵，二人之争演变成了两派之争。

1934 年，张继夫妇串通最高法院指控易培基私占故宫宝物，同时以妨害秘密罪控告吴瀛，院长易培基被迫引咎辞职。同年 1 月 24 日，新院长马衡正式开始主持上海方面的工作，不久，吴瀛被迫离开了工作了 10 年的故宫博物院，携全家黯然南下武昌。

最大一批文物是通过京浦铁路到达南京浦口的，当时是 1936 年夏天，此时，为了迎接远道而来的文物，位于南京朝天宫的文物仓库已经开始动工了，可是，当文物到达浦口时，朝天宫的仓库还没有建好。于是，南迁文物在浦口装船又到了上海，存放在某银行的金库（也有说是在仁济医院仓库）。

1936 年，故宫博物院南京分院成立，最大的这批南迁文物和先前到上海的"沪上寓公"分 5 批迁往南京，总算是有了暂时的安身之所。

1937 年成立了故宫博物院南京分院，也是在这一年，南京朝天宫的仓库基本建好了，位于中山东路上的中央博物院的大殿也快要竣工了。然而，战事越来越紧张，大殿被迫停工，从北京来的古物陈列所的文物，也就无缘入驻。

1937 年"七七"事变后，南京分院的文物又分北、南、中三路运往四川。最终，在巴县存了 80 箱，峨眉县存了 7287 箱，乐山县存了 9331 箱。

2. 颠沛的文物

这批国宝经历了常人难以想象的艰难曲折后，才在大后方找到了几处暂时的安身之所。

走南路的是故宫从曾经送到英国参展的精美文物中挑选出来的 80 箱，弥足珍贵。这 80 箱文物中有张择端的《清明上河图》、米芾的书法作品、清代扬州八怪留下的旷世珍藏、范宽的名画《名山行旅》、李唐的《万壑松风图》、吴道子的《钟馗打鬼图》以及南宋马远的作品等名画。

这批字画 1937 年从南京起运到汉口，再到长沙，在岳麓山下开凿石洞作为文物的栖身之地。但由于长沙很快失陷，再迁至贵阳六库门的一座花园外。1938 年冬，续迁到安顺华岩洞，然后再转移到四川巴县石油沟飞仙岩。

这个过程说起来简单，但实际做起来却是步步惊心动魄，尤其是在贵阳，那是阴多晴少、雨雾弥漫的季节，加之战火纷飞，兵荒马乱，一时找不到愿意进山的车辆和装卸工人，好不容易找到了文物装载车，又碰到贵州百年不遇的特大洪水，当文物车队沿着崎岖山路向山顶行驶时，恰逢一股山洪从峰峦间奔泻而下，似乎要把整个车队淹没。幸好山洪没有砸在卡车上，冥冥之中似乎有神灵的力量在护佑。

车子进入位于镇宁和关岭之间的黄果树瀑布群附近时，险情又发生了。此地是典型的喀斯特岩溶地区，曲折幽暗的山涧里几乎无路可走，百般无奈之下，只好将文物从车上搬下来装上竹筏。

接下来，必须把这些一旦浸水就彻底报废的无价文物，放在竹筏上心惊胆战地行走于水上。前有滔滔河水和巨大瀑布，下面又有暗流隐藏，可谓险象环生。幸好事先请到了布依族和苗族的村民，他们是驾驭竹筏子的高手，又深谙水性，整整用了一个月的时间，终于安全到达了龙岩山。

北路是在南京保卫战最吃紧的时候抢运的，共有 7287 箱，分装在 3 列火车上，先沿津浦路北上到徐州，再向西沿陇海路前往宝鸡，准备将文物分别藏在关帝庙和城隍庙内。

文物运到宝鸡 2 个月后，潼关的形势也紧张起来。这批文物又被运到汉中；汉中机场被炸后，又决定将文物转运到成都。

1938 年 2 月，由铁路运到宝鸡的文物开始用汽车装运前往四川。这一带不仅山高路险，又恰逢天寒地冻，行车异常困难。3 月大雪，山路崩陷，车队被困在山谷中进退不得，随行的车队人员尽管经验丰富，此刻也急得团团转，一直到公路修好，车队才得以继续前进。

从汉中到四川的这段路要翻越"难于上青天"的秦岭，道路极其险峻！人只有走在缓慢爬行的卡车前面，不断地向司机报告前面的路况，才能保证卡车行驶安全。行车途中，押运员刘承宗被车辆撞下了山坡，摔伤了右手，造成了终身残疾。有一辆汽车经过绵阳附近的一座桥时，不幸翻车，庆幸的是木箱内装的全部是档案，不怕震动，那条河又是干河，因此损失不大。

紧接着又组织了抢运另一批文物入川的工作，但是恰逢西迁高峰，汽车和轮船严重不足，加之敌机不断进行轰炸，装运工作只能选择在黄昏进行，故宫博物院的职员朱学侃在伸手不见五指的晚上查看轮船舱位的时候，失足掉下了没有盖上铁盖的仓口，不幸重伤身亡，成了为保存中国文物而牺牲的第一人。

由于岷江每年9月就进入枯水季节，从宜宾到乐山一段江面照例停止航运。但是马衡等人为了尽快把文物运到安全的地方，果断决定打破惯例，从9月1日起，天天开船抢运文物。经过两个星期的努力，终于使文物全部安全到达乐山，并存放入事先布置好的山洞。

存放在湖南大学地下室的故宫文物，分别被装上20多辆军用卡车，在夜色的掩护下，悄无声息地沿着一条通往西南方向的山路，夜行晓宿。长长的车队穿行在湘西的荒山野岭之间，不仅时刻要提防隐藏的土匪，还要提防野兽。

一天深夜，运送文物的车队发现有两只明晃晃的灯盏在密林深处隐没游弋，刚开始还以为是远方开来的汽车灯光，等渐渐靠近的时候，才看清是一只老虎的两只眼睛。看到老虎，押送的士兵吓得手足无措。情急之中，一位士兵拿出一颗手榴弹，扔向那老虎，老虎这才被吓跑了。

淞沪战争失利，存放在上海的1331箱文物也被运往汉口。南京失陷后，武汉也有唇亡齿寒之感，在屡遭空袭的情况下，马衡院长做出将文物运到宜宾的决定。之后又分27批运往四川乐山县，同时还有一批运往成都的文物，也被转运到峨眉县。

在大西南，这些国宝级的文物度过了一段相对安稳的日子，虽然远离了战火，但土匪的骚扰却隔三岔五不时发生。为了安抚土匪，保住文物，工作人员想了很多办法，时任故宫博物院古物馆馆长的徐森玉，甚至曾经把自己的一个儿子交给土匪做人质。

在峨眉期间，也遇到一次险情。1943年县城发生了一场大火，不远处就是国宝的库房所在地，负责人当即下令把西门外所有的草房一律拆

187

除，以隔绝火源，国宝这才安全了，但县城的大部分房屋都在这场大火中化作了灰烬。

由于南迁工作是在保密状态下进行的，所以长久以来，一直带着神秘的传奇色彩，直到20世纪90年代，故宫文物历尽艰辛的南迁过程才逐渐被揭开神秘的面纱。

中国文博事业奠基人之一的吴瀛参加了故宫文物从装箱到护送南迁的全过程，一直工作在第一线。据吴瀛之子、著名剧作家吴祖光回忆，父亲率领全家逃难到四川的万里征途之中，宁可将衣服箱笼大量丢弃，也要尽可能将自己所收藏的国宝形影不离地带在身边，以后，又把这批宝贵的文物全部捐献国家。

3."北京人"觅踪

扑朔迷离的头盖骨

人类重新认识自己起源的旅程，是从中国的周口店开始的。

生活在50万年前的"北京人"头盖骨的出土，被学术界誉为古人类研究史上最为动人、最为重要的发现，贾兰坡、裴文中等考古学家在20世纪30年代初的这个重大发现，曾经轰动了世界。

而"北京人"头盖骨的命运，在抗战中也有扑朔迷离的坎坷，和"北京人"头盖骨被发现一样，它的失踪，再度震惊了世界。

"卢沟桥事变"之后，周口店现场挖掘工作全部中断，这样一来，科学家们必须为"北京人"头盖骨化石寻找一个安全的存放地点。经国民政府与美国协商，美国驻华大使授权驻北平的美国领事馆接受这批珍贵的古人类化石，准备安全运往美国保存。

装箱时，古人类学家胡承志采取了多层包裹的办法。化石被装在一大一小两只没有上漆的白色大木箱里，他将化石从保险柜里一件件取出，给每件化石都穿了6层"衣服"：第一层包的是擦显微镜用的细棉纸，第二层用的是稍厚的白绵纸，第三层包的是医用吸水棉，第四层是医用细棉纱，第五层包的是白色粉莲纸，第六层则用厚厚的白纸和医用布紧紧裹住。包完之后将化石装入小盒，并用棉花将小盒的空隙填满。木箱内6面都垫有弹性很好的黄色瓦楞纸数层，小盒逐一放入木箱后再用木屑填满。化石全部装完后，封盖、加锁，并在两个木箱的外面分别标上"CASE1"和"CASE2"的字样。胡承志回忆道：

> 装完以后，我通知了中方负责人裴文中和美方负责人博文，然后将箱子送到博文的办公室。大概我是最后一个见到"北京人"化石的中国人，以后再也没有任何一个中国人看见或者知道它的下落了。

此次托运的负责人是即将离华返美的海军陆战队退伍军医弗利，弗利说：当时上司让我直接回国，为安全起见，那些"北京人"化石被夹杂到我运回美国的行李中。这件事，在当时是相当秘密的，火车的目的地是秦皇岛。在那里，弗利的助手戴维斯接到命令，负责接收这批特殊的行李。

随后的结局让弗利和戴维斯都无法预料，而且是大吃一惊。

1941年12月初，包装在两个大木箱内的"北京人"和山顶洞人化石被移交给即将离京回国的弗利和戴维斯所在的美国海军陆战队。12月5日，该部队乘火车前往秦皇岛。12月7日，珍珠港事件爆发，美日关系迅速恶化，运送化石的列车在秦皇岛被日军截获，"北京人"头盖骨从此下落不明。

与此同时，美国在华的各种机构和美国海军陆战队在秦皇岛的兵营陆续被日军侵占，弗利和戴维斯成为日军的俘虏。几天后，他们在天津的战俘营中见面了，在这里，弗利陆续收到从秦皇岛兵营运送来的行李，但唯有"北京人"头盖骨已不见了踪迹。

"北京人"头盖骨化石是否已落入日军之手？

事隔半年，日本东京大学教授常谷部言人和助教高井东二，突然在英文版的《北平新闻》上声称，保存在协和医院的"北京人"头盖骨被窃。

他们为什么会有这个奇怪的举动？他们为什么会这么关心"北京人"

头盖骨的下落？他们又是怎么知道头盖骨被窃的？这里面欲盖弥彰的味道似乎也过浓了一点！

这个动向传达出了这样的信息：日军并没有在秦皇岛发现头盖骨化石，而认为化石是在协和医院丢失的，这难道不是贼喊捉贼吗？

很快，一场追寻"北京人"头盖骨的行动紧锣密鼓地开始了。值得注意的是日本人对追寻工作格外卖力，他们指派华北驻屯军最高司令部侦探定者凡晴负责搜寻工作，几乎所有参与周口店发掘工作的人员，都受到日军的审查和盘问，这是日本人为掩盖自己的偷窃行为在演戏吗？

考古学家裴文中被关进监狱整整 48 天，裴文中的孩子回忆了那段痛苦的经历：

> 1944 年 5 月初的一个早晨，天还没全亮，我们还在睡觉，一群日本人带着枪冲到我爸爸妈妈住的北屋，10 分钟后，父亲被日本宪兵队抓走了。他们追问我父亲"北京人"的下落，我父亲说："不知道。"一说不知道，日本人就动手打，还灌辣椒水，一直把我父亲灌晕过去。最可恶的是，临出来那一天，又来审问，说裴文中，要枪毙你了，你还有什么话可说的，给你纸和笔，写遗书吧。父亲战战兢兢地写起来，结果日本人哈哈大笑，说裴文中，今天放你回家了。

古人类学家周国兴回忆道：

> 曾经传出一个消息，说这些东西已经在天津找到了，当时就派魏敦瑞一个秘书（她当时还留在中国没走）去天津查看，结果这个人还没到那儿，又被叫回来，之后，莫名其妙地就把很多被拘留的人释放了。颇让人产生疑问的是，日本宪兵队参与了，如果没得手的话，他们怎么能轻易放人？日本人的反常行为，似乎更证明了化石已经落到他们手中。

1945 年 8 月，日本宣布无条件投降。不久日本发布的公告声称，已将劫掠到东京的一批古人类化石，连同劫掠的发掘工具一起，移交给了盟军当局，以便归还中国。然而在归还物品的清单中，却没有"北京人"

头盖骨化石。

为此，中国政府驻日本代表团的李济曾多次在东京追寻化石的下落，盟军总部也应中国政府之邀，动用驻日盟军参与广泛搜寻，结果一无所获。

1949 年 9 月，周口店的发掘者们在找寻不到"北京人"化石的情况下，又把目光投向了周口店，希望会有新的发现，来弥补丢失的遗憾。

贾兰坡迫不及待地回到了周口店，时隔多年，龙骨山已是野草没膝，荆棘丛生，到处都是日军暴行留下的累累伤痕，当年的办公用房荡然无存，满山的树木也被砍伐殆尽。

继续发掘周口店的计划很快被批了下来，9 月 27 日，中断了 12 年之久的工作重新开始。贾兰坡和技工们先把 1937 年回填的土重新挖掘出来，在挖土过程中，他们获得了 3 颗"北京人"的牙齿，这是当时唯一在中国人手中的"北京人"化石的真实标本。此后，又陆陆续续进行了几次发掘，又获得了两颗"北京人"牙齿和其他动物化石。

值得一提的是，1966 年在由裴文中主持的发掘工作中，发现了一块额骨和一块枕骨，它们显然属于同一个头骨。新发现的头骨碎片与 1931年、1936 年的第五号头骨的两块骨头，可以拼合成一块比较完整的头盖骨，显然，它们属于同一个个体，这是目前仅存的北京猿人头盖骨的标本。

众说纷纭

"北京人"头盖骨到底在哪里？有着几种不同的说法。

一是藏于国外说。开价 5000 美元的"北京人"化石照片现身在纽约帝国大厦，但后来照片传到北京，裴文中看后说不是，因为其中有腿骨化石，原来的化石里根本没有腿骨。

二是"阿波丸号"说。美国总统尼克松访华时，曾把"北京人"化石的下落作为一件绝密礼物送给了中国政府，说是可能在日本"阿波丸"号沉船里面。但经过一次对"阿波丸"号不彻底的初步打捞和清理，发现了伪满洲国官员郑孝胥留给后人的砚台，还有郑孝胥的儿子郑禹家里用的小官印，小官印上面写着郑禹之印，这说明日本人确实从中国北方携带了中国的大批文物回国，也完全有可能把"北京人"头盖骨或者其他文物装上"阿波丸"号。

如果这个说法准确，那么，"北京人"头盖骨可能在1941年失踪后，流落到了伪满地区，最终被日本人藏匿。但目前究竟在哪里，仍然是个谜。

三是藏于日本说。日本关东军军官中田光男称，他在长春见到了"北京人"化石。据他说，看到的头骨是完整的，下颌骨、牙齿都是全的。但"北京人"的头盖骨基本都是残破的，没有完整的面部，下颌骨都是分离的，所以他看到的不可能是北京猿人化石。

1992年，中日恢复邦交20周年之际，周国兴到日本大阪举办中国恐龙与北京猿人展览。利用这一机会，他与日方有关人士成立了"回归北京猿人化石委员会"。中日友好协会大阪分会和日中合作公司负责联络，大阪的《每日新闻》负责宣传工作。当年发布头盖骨丢失消息的高井东二已是著名的人类学家，他的学生池谷先知也积极参与了这一活动。

但让人感到迷惑不解的是，高井东二却委婉地拒绝了和周国兴见面的要求，并通过别人转交了一封信给周国兴，信中他不但否定化石到过日本，甚至连他自己到过中国都予以否认。在这样的重重疑问中，"北京人"化石在日本的线索也就中断了。

四是藏于国内说。1980年，纽约自然博物馆名誉馆长夏皮罗来华访问，有人告诉他，装有北京猿人化石的箱子放在天津原美国海军陆战队兵营大院6号楼地下室木板层下，但旧时兵营已经几易其主，现在属于天津卫生学校。6号楼在1976年7月的大地震中被震塌，后被夷为平地改做操场。

又曾有日本人称，头盖骨化石埋藏在北京日坛公园东边的一棵大树底下，中科院古脊椎动物与古人类研究所的专家曾秘密对该地进行了勘察并试掘，但没有发现任何线索。

直到20世纪末，人们在周口店龙骨山先后进行了长达几十年时断时续的挖掘，获得了大约3万立方米的堆积物，6个头盖骨，15个下颌骨，153颗牙齿，代表了40多个远古的"北京人"。

随着许多参与周口店发掘工作的当事人和知情人的辞世，寻找"北京人"化石的难度正变得越来越大。裴文中、杨钟建、贾兰坡等考古学家陆续离世后，人们根据他们的遗愿，将他们安葬在龙骨山上。带着生前无尽的遗憾，这些中国古人类学的先驱们在九泉之下，依旧静静地守望着这片50万年前北京猿人生活过的家园，并期盼倾注了他们毕生心血的"北京人"头盖骨能重见天日。

不过前几年事情似乎有了转机，在"北京人"头盖骨失踪63年后的2004年，周口店再次成为世界关注的焦点，目前，这里正在进行大规模勘探，希望北京人头盖骨能够"再现"。

与"挖新"工程几乎同一时刻，"搜旧"工作也被提上了有关部门的议事日程。日籍沉船"阿波丸"号被许多人认为是"北京人"头盖骨最有可能的藏身之处，待"阿波丸"号出水的时候，谜底应该可以见分晓了吧。

4. 南迁文物今何在

1945年抗战胜利后，历经艰险南迁的、分散在三个地方的文物，陆续运抵重庆，此后，这批文物又经过长途跋涉，于1947年回到南京。

1948年底，解放战争胜利在即，国民政府令故宫博物院挑选贵重文物用军舰转运中国台湾，原故宫博物院的文物分别于1948年12月22日、1949年1月6日和1月29日，被分成三批由南京运往中国台湾，共有2972箱，60万件。其中的珍品有甲骨档案2万多片，瓷器2万多件，铜器1万多件。铜器中有商周到春秋战国时期的青铜器4300多件，如商代蟠龙纹盘、兽面纹壶、西周毛公鼎等。

余下的大批故宫博物院文物，在1949年以后至"文化大革命"之前陆续运回北京故宫博物院，合计1万多箱。但是，不久后，文物"北返"的工作，因为"文革"而停止了。

如今在南京仍保存有2211箱清宫旧藏文物。

这两千多箱文物，具体包括什么？据人民文学出版社2010年9月出版的长篇纪实文学《承载》记载："共计10万余件，主要包括清宫旧藏的官窑瓷器9万多件，铜佛像1332件，御笔135件，清朝皇室历代祖先牌位74件，还有部分香炉、玉册和铜仙鹤等物。"《承载》中还指出，"自'文革'结束之后，故宫博物院和南京博物院对这批文物的最终归属权问题一直争议不断。"

　　而对于这批神秘的文物，南京博物院方面表示不愿意接受采访，曾经有人请教故宫博物院的吕济民研究员，他则表示："这个问题，牵涉的时间久远，方面众多，我没有发言权。"而研究员谷大任的建议则是："搁置争议，先行展出。"

第八章 高校及文化界的内迁

1. "偌大的华北，放不下一张平静的书桌"

迫在眉睫

抗战初期的高校内迁，是当时社会重心西移的重要组成部分，也是国民政府为保护教育和人才所实施的一个重要措施。

纵观整个第二次世界大战史，我们还没有看到任何一个国家有像中国这样各类学校大迁徙的例子，不能不说这是世界文化史上空前绝后的壮举！

对于高校的内迁，开始时在政府和社会各界是存在严重分歧的。有人主张改组或停办教育，让学生应征服役，参战卫国，实质是反对内迁。但国民政府最终还是决定将高校内迁，理由是"抗战既属长期，各方面人才直接间接均为战时需要。为自力更生抗战建国之计，原有教育必须维持，否则后果将更不堪。就兵源而言，以我国人口之众，尚无立即征调此类大学生之必要。故决定以'战时须作平时看'的办理方针，适应抗战需要，固不能有任何临时措施，一切仍以维持正常教育为其主旨"。

战争一步步扩大也是促使高校内迁的动因。1937年7月中旬以后，各地的高校陆续遭到了敌机的轰炸。截至1937年10月，除北平的14所大学为敌盘踞而未被炸外，三个多月里，有南开、复旦、同济、中山大学等23所高校被炸。1938年，日寇对高等学校进行狂轰滥炸的地区不断扩大，手段更加凶残。

1938年4月10日，日寇"轰炸湖南大学时，以27架飞机，分三队侵入长沙岳麓山上空，密集投弹四五十枚。其中有许多是烧夷弹，致使湖南大学图书馆全部被炸毁，科学馆被炸毁三分之二，学生宿舍被毁三栋，剩下的只是残垣断壁，全校精华付之一炬"。

从1937年7月至1938年8月底，全国已有25所高校关闭。全国高校的校舍图书等设备的损失更是惊人，仅据北大、清华、南开、同济、复旦等46所高校统计，财产损失已达法币3360.4879万元。其中，国立专科以上学校2249.1867万元，占66.9%；省立专科以上学校356.72万元，占10.6%；私立专科以上学校754.5812万元，占22.5%。而有些高校损失的珍贵资料，更是无法用金钱来估算。如南开大学关于东北经济的研究资料、清华大学关于中国近代史的档案资料、北京大学关于中国地质的资料，都是无价之宝。

在这种形势下，高校内迁已经迫在眉睫！

于是，从1937年7月、8月起，各高校开始史无前例的大迁移。国民政府还设立了全国战时教育协会，负责全国各地学校和研究所的迁建工作。

1937年7月，教育部要求各省市教育厅局，在其辖区内或境外比较安全的地区，择定若干原有学校，迅速加以扩建，或布置简单临时校舍，作为迁校或收容战区学生的准备。

同月中旬，蒋介石在庐山宣布抗战国策后，时任国民党中央执行委员、中央大学校长的罗家伦即向兼任行政院院长的蒋介石建议，把东南沿海的几所主要大学和科研机构西迁到重庆去。蒋接受了罗的建议，要教育部指令南京的中央大学及杭州的浙江大学等立即迁往重庆。随之，各地的高校内迁陆续开始。

全国高校内迁的基本情况是：大部分学校迁入四川、云南、贵州等西南几省。如北京大学、清华大学、南开大学内迁到昆明组成西南联合大学，中央大学、中山大学、交通大学、复旦大学迁到重庆，武汉大学内迁四川乐山，浙大迁到贵州。

一部分大学迁往西北几省，如北平大学、北平师范大学和北洋工学院组成西北联合大学，迁往陕西，后迁汉中和兰州；焦作工学院迁往陕西天水，东北大学和民国大学迁入山西。

另一部分大学由省会迁往省内比较偏远的县镇，如山西大学迁往晋南，厦门大学迁往长汀，广西大学迁往柳州，安徽大学迁往沙市，湖南大学迁往辰溪，河南大学迁往鸡公山，这一类大学占全国高校的四分之一左右。

高校内迁基本于1939年底完成，到1940年学校和学生数都恢复到战前水平，大学数为113所，学生数为52376人。到1946年，大学数为189所，学生数达到129326人。所以，抗战时期虽然到处都弥漫着硝烟，但大学总体却是在不断发展的。

抗战时期虽然条件艰苦，但这一时期却是不少大学发展最好的阶段，例如浙江大学在竺可桢带领下，在战火中成长壮大，一举成为国内最好的大学之一。

教育为本的政府

之所以有如此好的局面，一是国民政府得当的教育政策和措施，二是师生强烈的使命感和民族责任感促使他们奋发图强，三是战争带来的相对宽松的学术环境，四是大学合并、数量减少使得师资力量集中。

平心而论，国民政府对于教育是重视的，并具有比较长远的眼光，这也是中国大学在短时间内获得跨越式发展的重要原因之一。早在1929年，国民政府制定的《大学组织法》就明文规定，除了国立大学以外，可以设立私立大学、教会大学。教育部对所有这些大学都一视同仁，都予以财政支持。

《大学组织法》还规定大学校长不能由政府官员担任，大学的教育不统一教学大纲，教材的编写和使用，由任教教师自己决定，大学里设置什么课程由教师自己决定，一学期讲多少、怎样讲也由教师自己决定，学生可以自由选择上什么课。

在这种宽松、自由的教育环境下培养了学生的怀疑和批判精神，也调动了老师上课的积极性。

当时，《中华民国宪法》明确规定，教育科学文化经费，中央不得少于预算总额的15%，省一级不得少于预算总额的25%，市、县一级不得少于预算总额的35%。

为解决内迁学生的生活问题，国民政府教育部先后采取了贷金制度和公费制度，对学生一律免除学费、提供住宿，使受教育者由少数人扩大到大众。如西南联大的学生不仅免学杂费，而且还免费提供每天的午餐。如果学生上学仍然有困难，可以申请助学救济金，大学毕业后找不到工作，助学救济金可以不还。

在全民族抗战最艰难的时候，老百姓能够活命就属万幸，哪还有钱供孩子上学？所以当时的国民政府实行免费上学的政策深得人心。

而抗战初期，当时的国民政府所面临的财政困难是无法想象的。战前国民政府超过50%的收入是海关的税收，且那时国民政府不收"个人所得税"，战争爆发后，随着各主要城市和港口被相继占领，海关的收入已经被完全切断了。一些大的企业和工厂有的被炸，有的被占领，有的内迁，这样又失去了很大一笔的财政收入。同时，政府的开支又因战争的需要增加了将近10倍，前方有近400万士兵在作战，后方约有1100万壮丁后备军在训练，来到大后方的十几万教师和学生要安顿。

尽管如此，抗战时期，国民政府为每名教授定的工资为每月120块大洋，中学教师每月80块大洋，另外还有大量的公务员的薪水要支付。在这种财政极度艰难的情况下，全免十几万大中学生的学费、食宿费和杂费，一个政府能做到这一点，实在是难能可贵了！

在抗战最艰难的时候，大后方生存已进入了临界状态。一些大学生不得不去一些中学任职以维持生计，一些教授不得不摆摊变卖财产，连闻一多这样的大学者都上街刻图章赚钱，但他们仍然默默地坚守着自己的岗位，没有忘记使命和职责。这些情况反映到国民政府后，教育部又从仅有的财政经费里拿出了一部分钱补助困境中的教师。然而，此消息传到西南联大后，西南联大校委会却召开会议，做出了一个决定：所有的教师集体联名拒绝政府的救济！从这里不难看出广大师生的爱国主义精神和气节，以及大局观念。

抗战时期高校内迁的意义不仅仅在于保存了中国高校教育资源，同时对于改变地区文化教育的不均衡状况，以及推动西南、西北地区教育事业的发展也具有重大意义，西迁的学校对于当地的政治、经济、文化教育、社会风俗都有极大的促进作用。

2. 精英摇篮西南联大

联合起来的大学

北平沦陷前夕，国民政府教育部令清华大学等校筹划南迁。平津失陷后，又于1937年9月10日发布第16696号令，以"北京大学、清华大学、南开大学和中央研究院的师资设备为基干，成立长沙临时大学"。以北大校长蒋梦麟、清华校长梅贻琦、南开校长张伯苓、教育部代表杨振声、湖南教育厅厅长朱经农、湖南大学校长皮宗石，以及北大的胡适、清华的顾毓琇、南开的何廉等知名教授组成筹备委员会，以蒋、梅、张三校长任常务委员，决定在中央庚款外，拨款50万元作为经费。

长沙临大于1937年10月25日开学，11月1日正式上课，全校设文、理、工、法商4院17系，共有老师148人，学生1452人。

1937年底，南京失守，长沙也岌岌可危。1938年1月19日，国民政府批准长沙临大西迁昆明。长沙临大决定迁滇前，广西省政府也曾表示欢迎临大到广西桂林或省内其他城市办学。北大经济系主任秦瓒教授则提出应该迁往四季如春的昆明，理由是云南峰峦叠嶂，日军难以进犯，相对较为安全。加之云南有滇越、滇缅两条公路通往国外，便于学校与外界的交流和办学，临大常委们当即采纳了他的这个建议。

1938年1月，长沙临大任命秦瓒为先遣队长，与同为迁校筹备委员的南开大学的杨石先和清华大学的王明之等组成第一批人员赴昆明筹建西南联大。当时规定教职员搬迁费为65元，学生20元，教职员和学生统一限于3月15日以前在昆明报到。1938年初，师生们开始分三路入滇西迁。

第一路为湘黔滇旅行团，团长为东北军黄师岳中将，284个学生分成18个小队，11个教师组成辅导团。南开黄钰生、北大曾昭抡和清华闻一多、李继侗、袁复5位教授组成指导委员会，黄钰生任主席。由三位军官分任参谋长和大队长，随团还配有炊事员和医生，两辆卡车负责运送行李。该团于 1938 年 2 月 19 日出发上路，在闻一多、黄子坚等教师的带领下，一路栉风沐雨，翻山越岭，由长沙搭船到益阳县，再从益阳步行经湘西到达沅陵，在沅陵乘卡车到晃县，随后穿越云贵高原转滇越铁路于 4 月 28 日抵昆，全程 3000 多公里，其中步行路程约 1300 公里，历时68 天。

对于大学的师生来说，这长达 2000 多里的征途几乎都是人生的第一次，谁也没有用自己的双脚走过这么长的路。

时年 40 岁的闻一多不顾体弱，他说："现在国难当头，应该认识认识祖国了！"一路上虽然历尽艰辛，但他却仍然意气风发挥笔作画，沿途画了 50 多幅写生。他还蓄须明志，表示不驱逐倭寇决不剃去胡须。杨振声教授听说闻一多要参加步行，曾打趣地说："闻一多要参加旅行团，须带一副棺材同行。"第一旅行团到达昆明后，闻一多见到杨振声，也风趣地说："如果我带着棺材走的话，现在可以送给你了。"

师生们一路考察，采集标本，收集民歌民谣，访问少数民族村寨，受到沿途各地方政府和当地老百姓的热情接待。学生们不仅经受了体力和意志的锻炼，还学到了许多从课堂里、书本上学不到的知识，这是中国教育史上的一次创举。此时在美国的胡适听到师生们的徒步壮举后，深为感动，于是自费把师生徒步西迁的照片放大，散发到全美国，宣传联大这段光荣历史，说这在世界教育史上也是罕见的、值得纪念的。

第二路人员主要是女老师、女生和身体较弱的师生及教职员眷属，由长沙经广州、香港、海防、河内和滇越铁路入昆明，沿途均设置了接待站；第三路由陈岱孙教授组织，从长沙经桂林、南宁、河内和滇越铁路进入昆明，冯友兰、朱自清等均走此路线。

1938 年 4 月 2 日，学校奉教育部令正式更名为"国立西南联合大学"。

西南联大于 5 月 4 日正式上课，从 4 月 28 日三路师生胜利会合到此时仅六天就开学复课，充分说明了西南联大办事效率之高。

1938 年 3 月 15 日，校常委会又决定设蒙自分校，文法学院在蒙自上课。理学院及校本部在昆明大西门外，工学院在拓东路。1938 年 8 月 23日，文法学院迁回昆明，购得昆明市西北角城外荒地 124 亩为校址，修建新校舍。8月，遵照教育部下达的命令增设师范学院，并将哲学心理教育学系的教育学部分划归师院，该系改名为哲学心理学系，后云南大学教育系也并入西南联大师范学院。

至此，联大共有 5 院 26 系及 2 个专修科，即文学院（中国文学系、外国语文学系、历史学系、哲学心理学系）、理学院（算学系、物理学系、化学系、生物学系、地质地理气象学系）、法商学院（法律学系、政治学系、经济学系、社会学系、商学系）、工学院（土木工程学系、机械工程学系、电机工程学系、航空工程学系、化学工程学系、电讯专修科）、师范学院（国文系、英语系、史地系、公民训育系、数学系、理化系、教育学系、师范专修科）。由此，西南联大成为了当时国内规模最大的高等学校。

1938 年 9 月，日机首次空袭昆明。一些学校外迁，西南联大借得昆华工业学校、昆华师范学校、昆华中学的校舍，1938 年至 1939 年度的第一学期才得以在 12 月 1 日上课，师范学院则推迟至 12 月 12 日上课，该年度招收新生 700 余人。1939 年 4 月新校舍落成，有土墙茅草顶的学生宿舍 36 栋，土墙铁皮顶的教室、办公室、实验室 56 栋，砖木结构的食堂 2 栋，图书馆 1 栋，至此西南联大初具规模。

1945 年 8 月日本无条件投降后，因交通不便，西南联大继续在昆明办学一年，1946 年 5 月 4 日举行结业典礼，在昆明的教学活动就此终结，三校陆续北返平津。7 月 31 日，西南联大宣布正式结束。

自 1937 年 11 月 1 日至 1946 年 5 月 4 日这 8 年多里，在西南联大就读的本科生和研究生有 8000 余人，毕业 3807 人，其中本科毕业生 3732 人，研究生毕业 75 人。毕业生中，有的是在战前入学的，具有三校各自的学籍，毕业时拿三校各自的文凭，有的是在西南联大时期入学的，1946 年西南联大结束时，自愿登记转往三校继续学习的 1665 人，其中北大 666 人，清华 936 人，南开 63 人。

坚韧的名流

在中国高等教育史上，西南联大有着非常特殊的地位。

如果有机会去昆明的西南联大原校址参观，面对那些坑坑洼洼的红土小径、那些铁皮屋顶和泥土地面、那些有窗没玻璃的平房，你可以想象在很多年前，站在这些简陋校舍讲台上的著名教授们，用他们深厚的学养娓娓而谈，讲台下是一双双对知识如饥似渴的眼睛。在炮火连天的艰苦岁月里，这该是一幅多么令人感动的画面。

若干年后，这些当年的莘莘学子中也涌现了大批的学者专家。

让我们来看看西南联大这些如雷贯耳的师生名单吧：

杨振宁、李政道、吴大猷、周培源、邓稼先、丁肇中、朱光亚、王竹溪、梁思成、林徽因、金岳霖、陈省身、王力、朱自清、冯友兰、吴有训、陈寅恪、沈从文、陈岱孙、闻一多、钱穆、钱钟书、费孝通、华罗庚、朱光潜、赵九章、李楷文、汤用彤、谢玮、黄昆、宋平、彭珮云、潘光旦、江泽涵、吴晗、张奚若、李庆海、任继愈……

这其中，哪一个名字不是头上笼罩着耀眼的光环？又有哪一个名字不让我们肃然起敬？

联大不仅集中了当时国内第一流的师资力量，还聘请了一些外籍学者、教授，如米士、白英、温德、葛邦福等，再加上不定期地聘请客座学者讲学，大大开阔了学生的视野，李约瑟、华莱士、费正清夫妇和老舍、曹禺、林语堂等都曾任过联大的客座教授。

这无与伦比的强大教师阵容，吸引了无数有志青年前来报考，青年们都以考取联大为殊荣，在同时被几所学校录取时，学生们宁肯舍近求远，奔赴昆明。这些联大毕业的学生，有些人牺牲在抗日的疆场，有更多的人成为日后中国知识界的中坚和学术带头人。有资料统计，1955 年至 1980 年中国科学院自然科学部的 473 名学部委员中，原西南联大的师生竟然有 118 人，占总数的四分之一，此外还有诺贝尔奖得主杨振宁、李政道等人。

联大师生在国难当头时所迸发出的那种为民族复兴、为国家强盛而努力教学的精神力量，体现了校歌中所描述的悲壮情怀："楚虽三户，亡秦必楚。驱除仇寇，复神京，还燕碣。中兴业，需人杰。"在这样的感召下，便有了闻一多蓄须明志抗日之举，便有了钱穆在空袭警报频来时凭记忆写成两卷本的《国史大纲》。杨振宁在获得诺贝尔物理学奖后回忆道，他对现代物理学的鉴赏力是当年在昆明求学时养成的。在国立西南联合大学纪念碑的碑文中，冯友兰写道：

> 文人相轻，自古而然，昔人所言，今有同慨。三校有不同
> 之历史，各异之学风，八年之久，合作无间。同无妨异，异不
> 害同，五色交辉，相得益彰；八音合奏，终和且平。

联大师生们说，在战争中我们的责任就是护卫中国的文化，他们说：
"前方的将士在护卫中国的躯体，而后方的书生们则在护卫我们民族的
灵魂。"

曾经有位记者问第二次世界大战期间流亡到美国去的德国著名作家
托马斯·曼："你离开祖国有什么感想？"他说："凡我在处就是德国。"
联大的师生也是这样，虽然他们失去了平津的校园，然而，他们心中的
校园并未失去。"凡我在处就是清华，就是北大，就是南开！"凡联大所
在之处就代表着中国自强不息的文化。

钱钟书也曾在西南联大任教，他 1937 年从英国牛津大学毕业后，又
赴法国巴黎大学做研究，原来想留在法国继续攻读博士学位，但后来放
弃了。1938 年回国时，国内有很多大学争相聘请他讲学，最后，还是他
的母校清华大学抢先了一步。时任联大文学院院长的冯友兰力荐钱钟书
回清华任教，黄延复在《钱钟书在清华》一文中抄录了当时冯友兰给清
华校长梅贻琦的一封信，信中说：

> 钱钟书来一航空信，言可到清华。但其于 9 月半方能离法，
> 又须先到上海，故要求准其于年底来校。经与公超、福田商酌，
> 拟请其于 11 月底或下学年第二学期来。弟前嘱其开在国外学
> 历，此航空信说已有一信来，但尚未接到，弟意或可即将聘书
> 寄去。因现别处约钱者有外交部、中山文化馆之《天下月刊》
> 及上海西童公学，我方须将待遇条件先确定。弟意名义可与之
> 教授，月薪三百，不知近聘王竹溪、华罗庚条件如何？钱之待
> 遇应不低于此二人方好……

钱钟书的小说《围城》中描写的人物、事件以及他所发的议论，与
他在西南联大的这段经历是有密切关系的，他在联大教书时还不到 30

岁，又刚从国外留学回来，正是年富力强、风流倜傥的好年华。

在联大的教师团队里，吴大猷是著名物理学家和教育家，其研究领域涉及原子、分子结构及光谱、等离子体及其动力学理论、核物理、天文物理、统计物理、散射理论及相对论等，内容十分广泛。他对现代物理学的许多理论有着十分透彻的理解，并常常能够提出自己独到而有深度的见解，在世界物理学界享有很高的声望。

他家住在离联大十里路的岗头村，每天他去上课，都要走1个小时左右，早晨5点多就要起程。"累是不必讲了，穿皮鞋走石子路，一天来回20多里，用不了几天，皮鞋就要打掌。"他不但自己长期抱病坚持教学，他的夫人阮冠世也长期患肺结核，全家人的生活几乎到了难以为继的地步。就在这样艰苦的环境中，吴大猷仍然著书立说，写成专著《多原子分子的结构及其光谱》，该书获得当时中央研究院的丁文江奖，他是继李方桂之后，第二个获此殊荣的人。

对于这段抗战期间的经历和他自己发愤图强的精神，吴大猷在《回忆》中感叹道：

> 1945年日本无条件投降前，是生活上最困难的时期。每月发薪，纸币满箱，因为物价直线上升，所以拿到薪水后，除手头留些用于买菜的零用之外，大家都立刻拿去买容易保存，不易坏的东西，如米、炭等。
>
> 很多外省人为了在将来战争结束时回乡准备路费，都在摆地摊卖东西，我可能是教授中最先出马的一个。抗战初起时，托人由中国香港带来较好的东西，也陆续卖光了，等到1946年春复员离开昆明时，我和冠世的东西，只需用两个手提箱就足够装，还不是满的。

在当时那么艰难的条件下，吴大猷仍坚持科学研究，他回忆说：

> ……在岗头村租了一所泥墙泥地的房子做实验室，找了一位助教帮我把三棱镜等放在木制的架子上，拼凑成一个最原始的分光仪，试着做一些拉曼效应工作。
>
> 我想，在20世纪的任何实验室里，不会有仅靠一个三棱

镜，并且是用一个简易木架做成的分光仪。

吴大猷在如此艰难的条件下培养李政道的经过也十分感人，吴大猷的回忆道：

著名核物理学家朱光亚1938年在重庆

> 1945年春天，忽然有一个胖胖的不到20岁的孩子来找我，这个孩子叫李政道。李原在广西万山内迁的浙江大学读过一年级，那时恰逢学年中间，不经考试不能转学，我便和几位老师商量让李随班听讲考试，他及格了……李应付课程，绰绰有余，每天课后都来我处请我给他更多的读物和习题，他求知如此心切，简直到了奇怪的程度。

> 有时我风湿病发作，他替我捶背，还帮我做些家务琐事。我无论给他多难的书和题目，他都能很快地读完做完，并又来要更多的。我从他做题的步骤及方法上，发现他思维敏捷的程度大大异乎常人。老实讲，在那些日子里，我为了我自身的工作，冠世的疾病，还有每日买菜、烧饭、生火等家务劳动，牵扯精力很多，再加上物价飞涨，实在没有心绪准备更多的参考资料和习题给他，好在他天资高，也不需要我详细讲解就能理会资料和习题的内容。

1946年吴大猷去美国考察，按规定可以带两个年轻人随行，于是他选择了武汉籍的朱光亚和李政道两个人。李政道因无大学毕业文凭，一般大学的研究生院不收，最后是芝加哥大学爱惜人才，通过选拔考试，李政道才顺利地被该校录取。吴大猷慧眼识珠，使得李政道此后得以展示其夺目的光彩。

而另一位学生朱光亚也是后来大有建树的学者，1942年夏天，当时昆明西南联合大学在重庆招收大学二年级插班生。朱光亚在几位南开校友的关心和帮助下报名应试，顺利地转学西南联大，从大学二年级起他先后受教于周培源、赵忠尧、王竹溪、叶企荪、饶毓泰、吴有训、朱物华、吴大猷等教授。

朱光亚是中国杰出的科学家，我国核科学事业的开拓者之一，中国工程院原院长、党组书记，政协第八、第九届全国委员会副主席。

"不得了"与"了不得"

西南联大绝大部分学生都来自沦陷区和战区，都是离别家乡与父母，独自一人跟随学校内迁的。战争断绝了他们的经济来源，使他们无法得到家里的接济。联大学生自治会曾数次上书学校领导，反映生活问题：

颠沛流离，辗转来昆，得身受春风，固属万幸。然以物价高涨百物腾贵，学生等又家乡沦陷，接济无门，是以身心苦痛无日。此生活既处风雨飘摇，伏案又岂得安心？

西南联大曾编写过两本《联大八年》，其中有一篇《八年来同学的生活与学习》谈到学生的伙食：

同学的伙食在民国二十七年（1938年）时每月只要7元，还可以天天吃肉吃鸡蛋，每星期打牙祭时还可以吃鸡吃鱼，至三十年（1941年）时已涨到每月200元，以后生活费用更跳跃式地增高。到三十三年（1944年）每月伙食费涨到1000多元，三十四年（1945年）到五六千元，三十五年（1946年）一万元，还是终月尝不到肉味。由于生活费用上涨，不仅剃头洗衣成问题，即按月伙食的费用，也逼得学生走投无路。有的除开自己而外，还得肩负弟妹的生活负担，为谋解决的办法，兼差便成了他们生活的一部分。

大批来自沦陷区的学生衣食无着，教育部先是对这些学生实行贷金及公费制，以保障学生的基本生活。战时由中学到大学毕业，完全依赖国家贷金或公费的学生，大后方总计有128000余人，西南联大学生领取救济金的占学生总人数的35%。在当时，教育经费是仅次于国防经费的政府第二项开支。当时我国大学生的数量在总人口里所占的比例是万分之一，仅是欧美国家比例的百分之一，所以保障学生的生活就成了国民政府不可推卸的责任。

然而即便如此，少得可怜的补助金和"膳食贷金"仍难以维持学业与生计，学生只得自办膳食团。因为联大学生食堂伙食质量较差，一日只有两餐,由国家提供,上午 10 点和下午 4 点各吃一餐,早餐要自理。学生们自嘲:"我们吃的是沙石俱全的'八宝饭'!"米中有沙子,有时甚至还有老鼠屎,有时菜里连盐都没有。

因营养不足,课业繁重,有的学生被迫因病休学,有的晕倒在课堂上。只有少数人可以得到奖学金,多数人要靠打工维持生计,包括到中学兼课、做家教等。

为了帮助同学们解决实际困难,学校想了许多办法。图书馆和不少系科纷纷安排一些简单的有偿劳动,如看管图书、整理资料等,以便让学生赚取一点生活费。北平图书馆主持的中日战争史料征集委员会,需要人剪贴报纸,抄写资料等;工学院土木系教授李庆海,帮助同学成立清华服务社为美军测量绘图;云南图书馆在编地方志时需要抄录史料,云南省民政厅和建设厅需要有人刻蜡版等,各种需要临时性工作的地方,都可以看到联大学生的身影。有人估计,联大至少有一半以上的学生都做过各式各样的兼职,甚至有的学生去做大西门城楼上打午炮报时的活计。

兼差不仅解决了学生们的生计,更让他们品尝到了人生的艰辛,体会到能继续学业是件不容易的事,从而更加珍惜读书的时光。

又因书籍短缺,学生中发起了一种互通有无的方法,高年级学生学过的书籍,用不着了,或急等钱用,便写张纸条,贴在民主墙或食堂外面,需要者便上门议价。贴满在联大布告栏上的除了校方布告外,最多的就是同学们出让私人物品的广告。这些小广告也充满了意趣,比如广告上说:"某某东西定价 3 元出让。"后面就会有人写道:"2 元卖不卖?"

尽管联大是抗战时后方最大、学科最完备的大学,但校舍简陋得出奇,条件艰苦得惊人。初建时,下无寸土,上无片瓦,只能借用昆明一些学校的校舍,但昆明城区的学校实在太少,以致联大各院系不得不分散于昆明城内和郊外各地。理学院在北郊,工学院在东郊,法学院和文学院竟远在 200 公里以外的蒙自县。

1939 年学校在昆明西郊购买了 120 亩荒坟地重建的新校舍(今云南师大校址),全是泥地土坯墙、木格窗的平房,除图书馆是瓦顶、教室是铁皮屋顶外,宿舍则用茅草覆顶。宿舍是由梁思成设计的,但因经费严重不足,即便建筑大师也是"巧妇难为无米之炊"。

教室夏天如同蒸笼，冬天则寒风穿堂入室，窗户是用棉纸糊的，一刮风，沙沙作响。下雨的时候，雨点打在铁皮顶上，叮当作响，教授讲课要提高嗓门，大声喊叫才能压得过雨声和风声。

一次，经济系教授陈岱孙上课，因下雨，学生根本听不到他讲课的声音，万般无奈之下，陈教授便在黑板上写了"下课赏雨"几个字。

宿舍是土坯草屋，睡的是上下双层床，室内灯光暗淡。一间大房间里要住40人，双层床一排排地摆满。遇上大雨，木床上层便成"泽国"，油布、脸盆、雨伞全派上了用场。学生的衣着就更简单了，多数是褪了色的黄制服，天气冷了就加一件黑色棉大衣，遮住缀着一层层各色补丁的破裤子。有些同学几个人合用一件长衫，谁进城就谁穿。因为新校舍是在泥土松软的坟地中建的，地上泥泞，床下长草，一到下雨天就到处是烂泥。路上也是一个个的水坑，一双鞋穿一个雨季就破了。同学们诙谐地称鞋底磨穿了是"脚踏实地"，把鞋尖鞋跟破了洞叫作"空前绝后"。

清华校长梅贻琦曾有一句名言："大学之大不在有无高楼，而在于有无大师。"西南联大恰恰有大师而无高楼。那时林语堂从美国回来，参观昆明的西南联大校舍后，感慨地说道："看了西南联大的师生学习、生活情况后，感到西南联大物质生活极其艰苦，不得了，但是精神生活了不得！"

战火中的辉煌

即便如此，校园内仍是生机勃勃，学习氛围浓厚。每每于钟声响后，男女学生便满院奔跑。但他们既非逃空袭，也不是避火灾，而是去抢座位的。因为当时的联大学生，每班有四五十人之多，因座椅设备不齐全，去晚了就要站着。不仅"罚站"，有时连黑板都看不见。

遇到名教授上课，教室内外更是挤满了人，好些人站着记笔记。当时校图书馆库藏书少，参考书也不足，有些教授为了备好一堂课，往往需要四处寻觅有关书刊，常常挑灯夜战赶编讲义。联大许多教授，如周培源、吴大猷等为了躲避空袭迁到郊区居住，住得最远的是在50多里外的呈贡。由于住得分散，当时流传着一句话："昆明有多大，西南联大就有多大。"为了讲课时能取得良好的学习效果，他们从不采取连续数小时集中讲授的方式，一门 3 学分的课程必按每周三次来校授课，教授们不辞辛劳往返数小时，从不迟到一分钟，这种认真负责的敬业精神，深受同学的敬重。

中文系学生汪曾祺回忆说，图书馆座位太少，而且只有煤油灯。每天晚上规定 7 点开放，但是每每在 6 点就有学生在门口排队了。当地茶馆晚上有汽灯，于是也成为学生们学习的好去处，买一杯茶，可以占着这个位子坐一个晚上，甚至一天。因此学生们看书多半在茶馆，按当时联大学生的说法叫作"泡"，只要五分钱就够了，这还是喝茶，若是喝白开水只要三分钱。既省得去图书馆人挤人，而且光线也好得多。所以每天晚上都有些联大的学生占据着茶馆，叫作"开矿"。汪曾祺最初的一些小说就是在茶馆里构思写的，他后来自认"是在昆明的茶馆里泡出来的小说家"。昆明街头的大小茶馆，像是为数众多的联大图书馆分馆，同学们亲切地称茶馆为"校外的第二学习阵地"。

当年西南联大学生上课时用的课桌椅，大家都戏称之为"活腿椅"。但是就在这些破桌椅上，培养了一大批的科学家，如诺贝尔物理学奖获得者杨振宁、李政道，两弹元勋邓稼先，物理学家丁肇中等，同时也培养了一批在社会科学领域有极深造诣的学者大家，任继愈就是其中有代表性的一个。

1938 年，任继愈考取西南联大的北大研究生院文科研究所，成为哲学家汤用彤教授的得意弟子，他对联大充满了感激：

> 我觉得联大有个好的传统，那就是相信同学自己的能力，好多课程不是把着手教的，而是自己读、自己看，这个很有好处。而且老师也不鼓励死记硬背，死记硬背答的卷子，分数都很低的。

物理学家黄昆教授，当年是吴大猷的硕士生，他回忆道：

> 西南联大从学术方面来讲是很强的。我记得我后来到英国读研究生时，与其他同学比较起来，我明显地比他们基础要强。虽然我是去读博士生，从我实际的情况看，甚至已达到博士后的水平，这就完全反映了当时西南联大在学术方面深厚的底蕴。

物理系学生杨振宁后来回忆说：

当年的课堂笔记，现在仍然有用。联大的生活为我提供了学习和成长的机会，我在物理学里的爱憎主要是在该大学度过的 6 年时间里（1938—1944）培养起来的。

西南联大的学术传统有着丰富的内涵，例如，教授可以自由流动，由教授而非政府官员来管理学校，合法地和非暴力地对政府进行抗争，支持学生的民主运动，把学术自由作为第一要务等。西南联大的学者都有着殚精竭虑、笔耕不辍的动力，这种动力来自对国家民族的一腔热忱，在学术上的成功也无不来自国难的激励。

联大是由两所国立大学和一所私立大学所组成的，三校的经费来源各不相同。北京大学的经费由国民政府拨给，南开大学的经费是自筹自用，清华大学的经费靠的是庚子赔款，但抗战后庚款停止，因此实际上也是依靠国民政府拨给的。据此，西南联大的每年经费预算为 120 万法币，仅仅相当于抗战前清华大学一所学校的经费数额。

北大和清华是北方最好的国立大学，而南开是当时中国最好的私立大学。但即便是这样，北大和清华还是比私立的南开的学术力量远为强大。当时的中国，处于一个长期战乱的环境中，私立大学办学相当困难，经费始终是个大问题。南开在没有并入联大之前，饱受经费缺乏的困扰，只有不断扩大招生，从学费中寻找生路，但是私立大学好在不需要依靠政府，所以有自由研究的精神。

当时的昆明，是在与蒋介石一直有矛盾的云南省主席龙云的保护下，呈现的是一番独特的景象：言论自由、社会政治活动成风。西南联合大学因而成为当时共产党向国民党争取民主的后方堡垒。许多新中国成立后在重要岗位上的领导，也都出自西南联大，如全国人大常委会副委员长王汉斌，不少省市的领导人当时都是在联大就读的中共地下党员。

"一寸山河一寸血，十万青年十万军"

在昆明有一座联大从军纪念碑，在这座石碑上，镌刻着联大 834 名从军学生的姓名。实际上，战时联大离校参军的学生远不止此数，在长沙临大时期校方记录还有 295 人，两者相加共 1129 人。他们都是自愿暂时放弃学业、立志从军的，很多人甚至为此献出了生命。

中国战场已经从 1943 年起转入反攻阶段，1944 年，日本已经在太平洋战场节节败退，在中国南方发动豫湘桂战役的，日本军队已经是拼凑起来的非精锐部队。而这时，接收了大部分国际军事援助物资，特别是美式武器装备的国民党军队，尤其是驻印军和远征军都感到兵员严重不足，尤其是能使用新式武器装备的兵员非常缺乏。

从 1943 年下半年起，为弥补兵源不足的状况，并改善兵源质量，国民党中央执委会决定开展知识青年从军运动，广泛动员学生参军。而实际上，就在这一年，在大规模号召知识青年从军之前，为了补充驻印军的特种兵（如汽车团、炮兵团等技术性要求较高的兵种），曾由个别新兵补训处招收了一些知识青年，成立了几个团，陆续空运到印度去。

1944 年 9 月 16 日，蒋介石在国民参政会即席演讲时称：

"国家在此紧急战时关头，要先其所急，使知识青年效命于战场，因为知识青年有知识、有自动判断的能力，队伍中增加一个知识青年，就不啻增加了十个普通士兵。"

随后，国民党中央决定征集知识青年十万人编组远征军。"知识青年从军征集委员会"由蒋介石亲自担任主任委员，党、团、军、政各方面负责人及各大学校长、社会名流等担任委员，蒋经国也是委员之一。

"一寸山河一寸血，十万青年十万军"是当年国民政府的一句征兵口号，这个口号惨烈而不失悲壮！在国破家亡的情况下，在此口号的激励下，十多万主要由青年学生组成的远征军踏上了征程，并将他们的热血、生命和报国的忠诚永远地留在了战场上。

蒋介石对青年军的人事安排很重视，师长由他亲自挑选，团长都是由嫡系部队的少将级干部担任的。团以下干部则由各部队择优保送到青年军训练总监部所属的干部训练团受短期训练后，选派到各师任用。

10 月 21 日，国民政府军事委员会颁布《知识青年从军征集办法》等法规，规定男性知识青年年满 18 岁至 35 岁者，受中等以上之教育或具有相当知识程度者，体格标准符合条件者，均得志愿参加，数额暂定为十万人；除照远征军之待遇办理外，副食费酌量增加；服役期限定为两年，期满后退伍。

13天后，教育部也出台了《志愿从军学生学业优待办法》，不仅对从军学生一律保留学籍，而且还对从军学生退伍作出了优先录取、减少学期、复员后可以免考免费升学、愿意就业的可以优先就业、大学生可以公费留学等优待办法。

为鼓励学生从军，一些国民党及政府官员带头送子女从军，蒋介石特令蒋经国和蒋纬国参加远征军服役，一些省市县的长官也把自己的子弟送去报名，学生青年投笔从戎成为当时一大潮流。

据统计，中央大学、重庆大学两校报名学生的人数竟达到在校生的1/3，甚至连中国聋哑协会的会员也要求参军。一时间，从陪都重庆到贵州、云南、甘肃、广西、陕西等大后方，甚至敌占区的浙江、福建、江西、湖南、湖北等省市，都出现了中国历史上规模空前的知识青年报名参军热潮。

当时在很多大学都展开了学生从军的大讨论，对知识分子去当兵值不值得以各种方式表达自己的看法。报刊上也连篇累牍地刊发文章，如《有血性者，死国之时也》、《从军行》、《祖迈、父老、母死、弟幼、妻无子，都不能阻止我从军》等。在中央政治大学甚至还展开了"大学生从军划算吗"的大会辩论，绝大多数同学都表达了"以身许国，甘当普通一兵，战死沙场"的决心，社会各界也是一片支持的声浪。

"一寸山河一寸血，十万青年十万军"的口号响遍全国，很快，各地征集人数突破了原定十万人的数额。

据全国知识青年志愿从军编练总监部宣布，1945年1月1日应征入伍的青年远征军共有12万人在各基地接受训练。1945年4月底，实际入营者为8.5万余人，后因一部分人补充远征军及出国接受驾驶、跳伞等特种训练，到抗战结束，在国内实有76000余人。

青年军成立初期9个师的师长分别是：201师戴之奇，驻璧山；202师罗泽闿，驻綦江；203师钟彬，驻万县；204师覃异之，驻泸县；205师刘安棋，驻贵阳；206师杨彬，驻陕西汉中；207师罗又伦，驻昆明；208师黄珍吾，驻江西玉山；209师温鸣剑，驻福建上杭，总计13万余人。

9个师分别归属于中国远征军第6军、第9军、第31军，还有相当一部分调入新 1 军、新 6 军、第 5 军、辎重汽车第 14 团、第 15 团、宪兵教导第 3 团、第 4 团、第 5 团、伞兵总队、译员训练班、无线电训练班及派赴美国受训的海空军等单位。拨给印缅远征军的青年军总数在 1 万余人，他们在印度受训结业后，很快被派到印缅前线担任交通运输、坦克兵等技术兵种工作。

青年军先后参加了缅北大反攻，如密支那、八莫、南坎、腊戌诸战役，对打通中印公路发挥了积极作用。

青年军是国民党军队中的一支很特别，也很神秘的部队。关于青年军的资料很少，它们的番号、建制、武器配备等情况在很长一段时间内都是绝密。目前在中国台湾的外省第二代中，很多都是这批青年军的后代，平均年纪大约在 50 岁。

在这个从军报国的热潮中，联大有 800 余名同学赶赴前线，有的同学担任盟军翻译，有的同学参加远征军到了印度、缅甸。航空系同学则直接参加空军服务，担任飞行员，承担飞越"驼峰"航线运输物资的任务。

当时在昆明，由于美军援华的机构非常多，从空军的各个指挥机构到各级招待所，有数十个之多，因此需要大量的翻译人员，西南联大以及其他学校的很多学生都担任了美军翻译。一时间，昆明便有了"五千译员"一说。

联大校长梅贻琦的儿子梅祖彦当时是联大理学院二年级的学生，他也想跟同学们一起投笔从戎。梅贻琦一开始并不支持他，认为能在大学读书机会难得，但在儿子一再坚持下，梅贻琦便毅然把儿子送到了前线。

梅祖彦告别父亲，和同学们一起投入军中。这些军队中有一支新军，它的统帅便是 1915 年考入清华留美预备学堂（清华大学前身）的孙立人。毕业于弗吉尼亚军校的孙立人时任远征军新 38 师的指挥官，他的部队是史迪威军事改革的样板部队，拥有全副美式装备，这支新军中有大量高素质的知识型军官，而且士兵待遇好。

1943 年冬天，为打通中印公路，新 38 师迅速向缅北推进，涉险挺进死亡地带。两个月后，攻占太伯卡和甘卡，而后一鼓作气，乘胜追击顽敌，攻击缅北重镇孟拱。日军做梦也未曾料到，孙立人竟会如此勇猛。密支那被攻克后，孙立人升任新 1 军军长，成为国民革命军五大王牌之一。

正是在这支军队中，梅祖彦和他的同学们实践着他们报国的理想。

联大师生大批从军，"秀才就是兵"。他们的从军不但提高了军队的素质，也改变了士兵的形象和人们对军人的固有印象。

3. 漂泊的浙江大学

文军长征

浙江大学是所百年名校，前身是建立于 1897 年的求是学院，1927 年改名为第三中山大学，1928 年改名为国立浙江大学。

1937 年秋，迫于战事的压力，浙大将一年级新生迁到西天目山开课，其余各年级继续留守在杭州坚持上课。直到 11 月，当日军已经逼近距杭州市区只有 120 公里时，浙江大学才决定内迁。

浙大的内迁前后有 4 次，历程 2600 余公里，直到 1940 年才尘埃落定，到达贵州，因此有人把它叫作"文军长征"。

迁往何处去？这是浙江大学决定内迁时面临的首要问题。以校长竺可桢为首的校方经过一番深思熟虑后一致认为，为了避免因为内迁大学过于集中在大城市，从而造成人员拥挤和物资供给困难的局面，不宜搬迁到如武汉、长沙或重庆那样的大城市里，而是要迁到西南内地的荒僻小镇，甚至那些不为外人所知的僻静乡村，这样做，还可以把浙江大学的内迁与中国西部大后方的文化开发结合起来。

浙江大学在长江以南的浙西、赣中、桂北、黔北农村和山区，坚持教学和科学研究，为当地的开发和发展作出了巨大贡献。浙大的生源地也从原来以东南地区，即苏、浙、皖、赣为主，扩大到苏、浙、皖、赣、闽、湘、粤、桂、黔、蜀诸省，以致达到招收全国各地，包括东北各省流亡学生的规模，并在此基础上发展成为一所全国性的综合大学。

"八一三"淞沪会战以后，由竺可桢挂帅，浙大成立了特种教育执行委员会，该委员会下设总务、警卫、消防、救护、工程、防毒、研究、宣传、课程 9 股，规定凡是浙大学生都必须参加其中一股的工作。同时，为服务前方战事，成立了战时后方服务队，规定学生也必须一律参加，并须严守纪律、服从命令。另外开办警卫、消防、救护、防毒等训练班，由"特种教育执行委员会"所属各股分别负责办理。

在特种教育执行委员会的主持下，浙大积极开始筹划内迁的相关事宜。竺可桢于 1937 年 9 月 14 日和西天目山禅源寺方丈妙定议妥，暂时租借寺院余屋，作为 1937 年度新生的宿舍和教室，27 日起开始上课。虽然条件简陋，但因地处远离都市的深山，环境清幽，再加上师生朝夕相处，不仅对于学生的答疑解惑很方便，更有利于学生道德品行的陶冶。学生们经常可以就近到老师家里讨教，而且可以跟老师一起出外郊游。

而在杭州浙大本部，由于敌机的空袭日益增多，从 9 月 20 日起至 10 月 30 日的 6 个星期中，因空袭警报而导致课时延误已累计达到了 16%。但在日机狂轰滥炸的情况下，浙大师生仍然坚持上课。11 月 5 日这一天，日军已经在金山卫登陆，逼近杭州市区，师生们却仍舍不得离开，对杭州相当留恋，因为很多老师和学生从小在杭州长大。但是日本人打过来了，又不得不走，他们只好告别秀丽的西湖，迁往杭州西南约 240 公里的建德县。

浙大师生分为三批从 11 月 11 日开始出发，在江干码头乘船。一个班分配到一条船，数日后到达建德。因水比较浅，所以男同学经常要下水拉纤，为此，在船上的女生们都很感动。

要起运的设备物资早已经打包，用汽车或船运抵了建德。到了 11 月下旬，浙西形势危急，远在天目山中的一年级新生，有陷入敌军包围的危险，学校当机立断，决定让这些学生也一同搬迁。自 11 月底起，天目山师生分批行动，乘车、步行、换船，经 5 天奔波，也全部到达建德。

浙江大学在建德的办公室、教室、宿舍等分散在城内各处，浙大师生员工加上家属不下千余人，所以每天课余饭后，小城的街巷便十分拥挤。加上从浙江其他地方迁来的学校，建德一时成了大学城。对于那些离开了故乡和父母而失去资助的学生，则由校方以勤工俭学的方式予以救助。例如，规定种一棵树可得 2 角钱，在当时，2 角钱可以解决很多问题，还有的学生给学校刻教材赚取生活费。

11月20日，竺可桢从广播中得知南京国民政府要迁移到临时首都重庆的消息，同时，日军南侵，逼近嘉兴，建德也不再是安居之地，遂决定立即派人到浙江南部和江西等地实地了解，以便再次搬迁。

12月2日，在接到教育部来电，同意浙大迁移浙江或江西南部后，竺可桢马上亲赴江西，进一步落实校址。自1937年12月24日，即从杭州沦陷之日起，浙大又开始逐渐撤离建德，师生们走上了一条更为艰难困苦的漫漫历程。

浙大这次从建德向江西吉安的搬迁，因为有了一定的经验，已经不像当初刚撤离杭州时那样忙乱。学生们分为若干小队，由领队老师带领，在必经之地的兰溪、金华、玉山、南昌、吉安等地都设置了接待站。

12月26日，金华遭到日军三架重型轰炸机的轰炸，浙大师生虽然幸免，但已身心俱疲。第二天竺可桢到达金华时，也遭遇到日机轰炸，炸弹落点竟然离他的居所只有几米，所幸他没有受伤。加上关于日军越过钱塘江直指金华的消息不胫而走，弄得人心惶惶。恰好在这时浙赣铁路又因前线军运需要，所有客货车都已被迫停开，因此，浙大部分教职员工和学生只得隐蔽在金华的几个临时避难所里。当时粮食供应非常紧张，许多人已是饥肠辘辘。

在迁移的过程中，有的学生通过交涉和运兵车随行，有的则沿铁路步行，有的学生攀上煤车、敞篷车、难民车和兵车西行，尝尽了饥寒困苦。

数学系的名教授苏步青战前娶了一位日本太太，竺可桢去国民党浙江省党部开了一张特别通行证，这才成了苏步青一家的护身符。当时日本是交战国，有日本太太的人便很容易被认为是间谍、汉奸、卖国贼，可以想见会遇到很多麻烦。竺可桢爱惜人才，对苏步青又很了解，这才设法使他一路安全地撤退到了大后方。

浙大的所有人员，不管是搭车的、乘船的、步行的，总算都陆陆续续平安汇集到了江西玉山，但装了700多箱图书仪器的30多艘民船，却被迫停泊在距离金华火车站不远的河面上。浙大教职员工又亲自动手，将它们分批装到运兵车、煤车和货车上。一直到了1938年1月6日夜间，滞留的这些校产才安全到达江西玉山。

从 1937 年 12 月到次年 1 月 20 日，浙大师生从浙江建德出发，经金华、玉山、樟树，转抵江西吉安，行程 752 公里，平均每天前进 30 公里，饱受惊吓和风霜之苦，所幸人员、物资都没有损失，平安到达江西吉安，两周后又南行 40 公里，转移到泰和。

浙江大学临时校址位于泰和城西 2.5 公里的上田村内，上田村在古时有两座书院，即大原书院（又名千秋书院）和华阳书院，还有趣园和遐观楼（即藏书楼）等古迹。

浙大师生抵达泰和后，稍事休息，便立即开展教学科研活动。战时的泰和，几乎是一座空城，许多房子都已残破。浙大师生到达后，把它们修理一番就权且当作了教室和宿舍。

《四库全书》卫士

在这一时期，浙大做了一件保护民族文化瑰宝的好事，就是协助浙江省图书馆运输文澜阁的《四库全书》，并将它们存放于安全处所。

清乾隆年间编纂的《四库全书》，在清代一共抄录了 7 部，分藏于北京故宫内的文渊阁、圆明园的文源阁、奉天的文溯阁、热河的文津阁、镇江的文宗阁、扬州的文汇阁和杭州的文澜阁。前 4 者称"内廷四阁"或"北四阁"，后 3 者称"江浙三阁"或"南三阁"。其中 3 部早已毁于战火，原先存放在热河避暑山庄、奉天的两部在抗战爆发后也已经落入敌手。剩下的两部，一部是原来存放在北京故宫文渊阁的，早已随着国民政府迁入四川，最后就是存放在杭州文澜阁的总计 36278 册的一部。

在淞沪抗战前，这个抄本已经由浙江图书馆装成 140 箱运到富阳乡下存放，后日军进逼，浙江省图书馆虽然很想把这批国宝火速运至建德，但省政府却以经费紧张为由而始终不发经费资助。竺可桢得知这一情况后，当机立断，立即派了几辆校车帮忙把这批书运到建德，以后省图书馆又把它们再运到龙泉乡下加以保存。

浙大迁到江西后，竺可桢时常为《四库全书》的安全存放问题而夜不能寐，忧心忡忡。他认为，即便把书存放在龙泉也不安全，为此他特地以个人名义致电教育部，建议将书移往更为安全的内地，并表示浙大校方愿意派专人予以协助。教育部在随后的复电中同意了竺可桢的建议，决定把文澜阁的《四库全书》迁到贵阳，并指定要求浙大协助迁运。

竺可桢立即与有关部门商议，一路参与护送工作，虽然几经周折，终于会同浙江图书馆起运出省，途经五省，历程 2500 余公里，全部安全运抵贵阳附近的地母洞存放。浙大迁到贵州后，竺可桢几次到地母洞视察，并对保管中存在的问题提出改进意见，使这一中华民族的文化瑰宝得以平安度过抗战的艰难岁月，战后安然运返杭州。

"东方剑桥"

1938 年 6 月下旬至 7 月初，江西北部的马当、彭泽相继失守，而只要南昌再陷落，浙赣路就会立即被拦腰切断，到那个时候就是想走也走不了了，因此，浙大不得不再次迁移。

学校重新为此组成迁校委员会，仍由竺可桢亲自挂帅。7 月 3 日竺可桢去武汉找到教育部部长陈立夫，坦陈浙大迁移的理由，陈立夫同意并建议迁往贵州安顺。竺可桢经长沙赴广西，到各地考察，寻找合适的地点，然而就在这时他遭受了人生的巨大挫折。

7 月 25 日，竺可桢接到电报后急忙回到泰和，得知夫人患了急性痢疾，而次子竺衡也在不久前病故。几天后，夫人因缺医少药而辞世。接连失子丧妻有如焦雷轰顶，让竺可桢受到了巨大的打击。但竺可桢强忍着精神上的沉重创伤，仍坚持完成学校的迁移任务。

竺可桢实地勘察后得知，广西宜山至贵州安顺这一段路途艰险，道路设施很不完善，只能依靠汽车运输，又没有便利的铁路系统。与此同时，广西一带的战事十分激烈，交通也十分混乱。有一列开往后方的火车顶上坐满了人，通过隧道的时候，火车顶上的乘客全都被撞死了。

浙江大学当时有教职员工数千人，还有数千箱图书仪器，要到达安顺，保守估计至少也要费时半年以上，何况车辆一时又很难搞到。因此，权衡再三，决定学校先迁往广西宜山，届时再视形势定夺。并据此草拟了两条入桂路线：一路是把图书仪器沿赣粤间水路入桂，另外一路师生们则沿赣湘公路、湘桂铁路西行去宜山，这样在时间安排上也比较充裕。

迁校委员会还决定：学生每人发 20 元路费津贴，教职工中月工资在

30 元以下、有眷属的发津贴 40 元，押运图书仪器的师生路费由学校支付，每天还津贴膳宿费 1.5 元。由于路线比较长，学校在赣州、大庚、南雄、曲江、茶陵、衡阳、桂林设立了运输站。对于人员分组、出发日期、图书仪器运输、车船调度、房屋准备，以及医疗保健等，事先都做了详细的安排和明确的分工。

9 月 8 日，首批教职员先行抵达广西宜山，20 日后，首批女生也抵达该地。这样一直延续到 10 月底，所有教职员和学生，除了个别因为押运图书仪器等物资尚在途中的以外，全部陆续安全抵达宜山。学校于 11 月 1 日正式开学上课。

当时有 20 名学生为了锻炼自己，以及可以在沿途宣传抗日，效法西南联大的步行团，也组织了步行团。竺可桢对这一壮举表示支持，并把自己用过的地图和指南针送给他们以资鼓励。这个步行团以鲁迅先生的《呐喊》命名，叫作"呐喊步行团"。同学们分成两队，途经茶陵、攸县、衡山、南岳到达衡阳。到 10 月底，这批同学安全抵达宜山。

在这次迁移过程中，人员众多，家属中也是有老有小，图书仪器行李有 200 多吨，总计 2000 多箱。不论是教授还是职工、学生，都克服了许多难以想象的艰难险阻，完成了搬迁任务。

有位教授因为找不到代步的车，只好自己挑着担子步行。担子前面的筐子里放着自己年幼的儿子，后面放着自己的书，太太则一步步地跟在后面。这对今天我们生活优裕的大学教授来说，其情其景是难以想象的。

在如此艰难的迁校过程中，浙大的大部分仪器却都没有损坏、散失，甚至物理系的玻璃仪器乃至米尺都没有损坏或丢失一件。

1939 年 11 月起，广西的形势已十分紧张，日军于 11 月 15 日在桂南龙门港抢滩登陆后，迅速攻占防城县。25 日，首府南宁陷落。日军的飞机很快就入侵到宜山，不断来此空袭轰炸，浙江大学的师生们面临着重重危险。在这样的时局下，地处宜山的浙大又失去了安全感，于是学校就决定再次筹备迁校。

最后决定迁到贵州遵义、循潭，并上报给教育部。12 月 13 日晨，把第一批仪器装船起运，当晚又把第一批图书装运走，一直到 12 月 23 日，总计有 405 箱图书和仪器被运走。

时值隆冬，冰天雪地。桂黔之间，山峦重叠，又缺车辆，搬迁极为困难。浙大师生一路顶风冒雪，协助学校搬运图书仪器，经过艰苦的努力，才使学校于 1940 年 1 月顺利地迁到贵州遵义。

到了贵州后，师生们开始安心做学问，组建了实验室，把从杭州带来的实验设备一一安装好。实验都是就地取材，因陋就简，但却能够很好地完成任务。浙大的教学强调文理兼通，提倡通才教育。当时的学生都是文理混杂在一起，起到了互补的作用，学生们的知识面都很宽。

英国著名科技史学家李约瑟于 1944 年 10 月 21 日到遵义参观浙江大学，原打算 26 日离开，但由于这里"可看之处甚多"，于是又多留了两天，对浙江大学赞不绝口。后来他又把很多浙大教授们撰写的，却没有地方发表的论文带回英国发表。1945 年 11 月 27 日，他在英国的《自然周刊》杂志上撰文写道，在重庆与贵阳之间叫遵义的小城里，可以找到浙江大学，这是中国最好的四所大学之一，他甚至称这里是"东方的剑桥"。

竺可桢对教师们的生活非常关心，他一再说："教授是大学的灵魂。"那时，教授们晚上备课点的都是油灯，后来煤油没有了，就用菜油，再后来又用当时很便宜的桐油，学校给每个人发一根灯草。后来费巩教授发明了"费巩灯"，用一个杯子，上面罩个罩子，下面加热以后，燃烧得比较充分，只用一根灯芯，也觉得十分亮堂。

在极端困难的情况下，浙大竟然从杭州把 20 多架钢琴也一路搬到了贵州。在运送的过程中曾经多次遭遇日军空袭，被炸毁了几架，但多数都是完好的，音乐教授沈思岩在极端困难的条件下还在贵州开设了音乐欣赏课。浙大会弹钢琴的学生也很多，有些同学还可以为音乐会和戏剧伴奏。在战争年代，优雅动听的钢琴声在小城的空气里回荡，不啻为一股清新的泉水，让人们感受到了生活的希望和生命的鲜活。

浙江大学在遵义这片西南的桃花源中获得了 7 年的美好时光，并取得了长足进步。浙江大学在 20 世纪 40 年代初突然崛起，从一所地方性大学而一跃成为名校，被当时学界誉为奇迹。这里既有该大学原有的深厚底蕴，也不能忽略在战乱中教授们的学养和磨炼出来的意志所起的作用。

4. 中央大学

中央大学（即现在的东南大学的前身）是抗战初期南京内迁的唯一一所大学。

国立中央大学肇始于 1902 年的三江师范学堂，1905 年更名为两江师范学堂。1912 年，两江师范学堂停办。1915 年，教育部在南京创办了南京高等师范学校。1921 年，蔡元培、蒋梦麟、黄炎培等人上书教育部，要求在南京建立东南大学。1927 年，国民政府设置东南大学为第四中山大学。1928 年 6 月，又更名为国立中央大学。

1937 年 7 月，中央大学校长罗家伦向蒋介石提议，应该把东南沿海的高校内迁到西南地区，以防被战火摧毁并备日后需要。会议结束之后，罗家伦随即返回南京，命令木工日夜赶制木箱，开始做迁校的准备。

罗家伦还提出了两条迁校原则：一是新校址一定能用轮船将人员和设备运输抵达，二是新校址在整个抗战时期绝无再有第二次迁校之必要。经过仔细研究后大家一致认为，只有四川重庆符合上述两个条件。

1937 年 8 月 15 日，日本飞机首次轰炸南京，中央大学是目标之一，特别是中央大学的大礼堂。这座大礼堂是 1931 年通过"五五宪法草案"的会场，是一座圆拱式的穹顶建筑。在以后几天的轰炸中，日本飞机一共向中央大学投弹 7 枚，炸死 7 人。

被轰炸后，罗家伦校长一面命令法学院院长马洗繁等人赶赴重庆勘察新校址，一面与民生轮船公司的老板卢作孚商量装运图书和仪器入川的事宜。当时民生公司负责运送从内地开赴战场的军队，抵达南京后，即西上返回四川，这一批船只便有空余运能免费提供给了中央大学。

为了装运工学院航空工程系教学用的 3 架拆卸了的飞机和供医学院解剖用的 24 具泡制死尸等，轮船还打通了舱位予以放置。农学院牧场的良种实验动物，是日常生物教学试验必不可少的，也每样挑选了一对迁移。为了安置它们，民生公司破例通融，临时改造了轮船的底层，使这批实验用动物有了一个临时的栖身之所。

不久，赶赴重庆的勘察人员来电说，重庆大学愿意将嘉陵江畔的松林坡转借给中央大学兴建校舍。松林坡是位于重庆大学东北面的一个小山丘，因山坡上长着稀疏的松树林而得名，占地面积约 200 亩。虽然空间略显狭窄，但嘉陵江从坡下流过，山清水秀，能自成小小的格局，是一个读书的好去处。

得知这一信息后，罗校长立即派人到重庆市场上去购买材料，测量土地和规划面积，同时对当时离校的教师和新老学生发出通知，限令在 10 月 10 日前赶赴汉口报到。10 月中旬，中央大学 7 个学院的 1500 余名学生和 1000 余名教职员工及家属总共 4000 人乘轮船赶赴重庆。

9 月底，松林坡校舍破土动工，为保证按时开学，整个工程以最快的速度突击进行。工程采用包工分段的形式，划分成 18 个工程段，包工包料，日夜奋战。在最紧张的施工阶段，集合了 1700 多个民工，仅用了 42 天时间，就围绕着松林坡初步建成了可供千余人教学、住宿的简易校舍，这在当时可谓是一个奇迹。

中央大学于 1937 年 11 月 1 日正式开学上课，这一排排低矮的教室和简陋的宿舍，接纳了历尽千辛万苦、长途跋涉而来的中大师生，他们在这里度过了八年艰苦的抗战岁月。

初到重庆的时候，粮食部规定配给中央大学每天 30 担平价米，这种平价米与其说是平价其实质量极差，里面掺杂有沙子、稗子、霉变米，甚至还有老鼠屎。煮出来的饭，被同学们戏称为"八宝饭"。1940 年以后，因为重庆大米紧缺，即便是这样劣质的配给平价米也得不到保障，黑市米又因为太贵而买不起，购米便成了学校每天的头等大事。1941 年 5 月《中央大学周刊》报道："近日重庆米源不畅，本校学生饭厅因购米不着，由每日一粥二饭改为一饭二粥。"

当时，松林坡广为流传"顶天立地"和"空前绝后"这两句话。"顶天"，是下雨没有伞，光着头淋雨；"立地"是鞋袜洞穿，赤脚着地。"空前绝后"，是裤子的前膝或后臀破洞，这是当时大学生真实生活的写照。

穿不暖，吃不饱，住的是黄泥糊的竹篱笆房子，睡的是几十个人，或百人的"统舱"，拥挤不堪，潮湿更甚。加之重庆气候闷热，蚊子、臭虫肆虐，疟疾病人尤其多，中大师生差不多每个人都有疟疾病史。由于长期营养不良，医疗卫生设备差，师生中肺结核、肝炎、肠炎的发病率也很高。1944年12月，成都《新新闻》报以《教育上一严重问题——沙坪坝肺病蔓延》为题，报道了中大师生恶劣的健康状况。

抗战时期任南京中央大学校长的罗家伦，30多年后在台北撰文《炸弹下长大的中央大学》回忆当年：

> 几千个人，几千大箱东西，浩浩荡荡地西上，于不知不觉之中，竟做了国府为主持长期抗战而奠定陪都的前驱。这次搬来的东西，有极笨重的，有很精微的；还有拆卸的飞机三架（航空工程教学之用），泡制好的死尸24具（医学院解剖之用），两翼四足之流，亦复不少。若是不说到牧场牲畜的迁移，似乎觉得这个故事不甚完整：中大牧场中有许多国内外很好的牲畜品种应当保留。我们最初和民生公司商量，改造了轮船的一层，将好的品种，每样一对，成了基督教旧约中的罗哀宝筏，随着别的东西西上，这正是实现了唐人"鸡犬图书共一船"的诗句了。
>
> 还有剩下来的东西呢，我以为没法管了，所以我临离开的时候，告诉一位管理牧场的同仁，万一敌人逼近首都，这些余下的牲畜，你可迁则迁，不可迁则放弃，我们也不怪你。可是他在南京陷落前夕，就把这些牲畜用木船运过江，由浦口、浦镇，过安徽，经河南边境，转入湖北，到宜昌再用水运。这一段游牧的生活，经历了大约一年的时间。
>
> 这些美国牛、荷兰牛、澳洲牛、英国猪、美国猪和用笼子骑在它们背上的北京鸭，可怜的也受到日寇的压迫，和沙漠中的骆驼队一样，踏上它们几千里长征的路线，居然于第二年的11月中旬到了重庆。我于一天傍晚的时候终于见到它们，仿佛离乱后骨肉重逢一样，真是有悲喜交集的情绪。

5. 武汉大学

育人之道在大师

1938 年 5 月、6 月间，战火逼近武汉，湖北省府教育厅即颁布了"湖北省立各级学校疏散办法"及"湖北省公私立学校联合设立办法"。于是武汉各中小学教师即分布到各县，以扩充县区小学的教育的名义和当地商讨迁校问题，进而指定了湖北西北部山区的随县、宜昌、光化、均县、恩施等地为小学联合分校地址，恩施、均县、郧县、利川、宜恩、长阳、五峰、巴东、建始、房县等地为公私立中等学校联合分校地址。1938 年暑假前，各校学生依据本人志愿，自行填报愿前往地区的志愿书，由教育厅统筹分配。

其实在 1938 年年初，武汉高校的内迁就已经提上了日程。2 月，武汉大学呈准国民政府教育部，将一年级、二年级、三年级学生迁往四川

撤往大后方的武汉大学师生

224

乐山，四年级学生仍留校上课，同时成立以杨端六为委员长的迁校委员会，并决定在宜昌、重庆两地设立迁校办事处，先将部分重要图书、精密仪器运往四川。同年3月，一部分教职员及学生共600余人，采取自由组合方式分批乘轮船入川。4月2日，首批入川的迁校委员们齐集乐山。经过20多天的努力，筹备基本就绪。4月底，学生陆续抵达乐山，校务委员会决定，迁川部分仍称为"国立武汉大学"。

此次西迁，教育部拨了3万元的迁校经费，由于武大精打细算，因陋就简，实际只用了2.7万元。

1938—1946年西迁乐山，是武汉大学历史上最为艰难的时期。然而，正是在这短短的8年间，武大竟然培养出了12位后来为国家作出巨大贡献的知名院士。

日前，笔者翻看武大校史，看到了一张令人惊叹的名单："中国计算机之父"张效祥院士1943年毕业于武大电机系，我国第一代核武器最后型号的总体设计师俞大光院士1944年毕业于武大电机系，秦山核电站总设计师欧阳院士1948年毕业于武大电机系，中国海洋物理学奠基者文圣常院士1944年毕业于武大机械系……

此外，旅居美国的世界级权威火箭航天专家黄孝宗、著名历史学家严耕望、知名漫画家方成等都是武大乐山时期的在校学生。

研究学校历史多年的武大刘以刚教授对此深有感触，他说："乐山时期可谓是武大乃至整个中国高等教育历史上最辉煌的一段，其中有太多经验值得我们今天借鉴。"

时任武大校长的王星拱曾经提倡："大学之道，在于育人；育人之道，在于大师。"为此，他四处奔波，广揽学者名师。

在他的努力下，武大逐渐集聚了一批高水平的学者群，如法学院的周鲠生、杨端六、刘秉麟、陶因，文学院的叶圣陶、朱光潜、陈西滢、刘永济，理学院的高尚荫、查谦、桂质廷（即当代备受关注的艾滋病防治专家桂希恩的父亲）、李国平，工学院的邵逸周、俞忽、赵师梅、涂允成、丁燮和等，可谓人才济济，极一时之盛。

王星拱提出"学校是学术天地"，主张"学术自由"，在学校里唯才是用、兼容并包，大力鼓励学术自由、民主竞争、思想碰撞、中外交流。

国殇 抗战时期国民政府大撤退秘录

学校经常举办学术讲座，教授们可以尽情发挥各自的独到见解。因此，武大既有传统的倡导复古的老学究，也有新锐激进的青年学者，他们共同成为这所大学学术研究的领路人。

"武大学生即牛津学生"

武大的老校友们回忆当年的求学生涯，无不称"严"。当时武大、西南联大、中央大学、浙江大学四所中国一流学府曾进行联合招生，但入武大时还要再参加一次甄别考试，不及格者一律被拒之门外。入学后，各科考试同样把关甚严，两门以下不及格尚可补考，三门则留级；若有一门主课0分，则给予除名。1938年，武大招生481人，但四年后毕业人数只有214人，连一半都不到。如此之高的淘汰率，除了因为贫病或参军抗日外，大都是未能过考试这一关。

严格的淘汰体制下，学生不得不勤奋学习。老校友们回忆当年的求学生活，无不称道那时浓郁的学习氛围。由于宿舍狭小，自习教室也很少，大多数学生都跑到茶馆学习，一碗茶，几本书，一坐就是一整天。有些学生为求清静，甚至渡江登山，到大渡河对面的大佛寺和乌尤寺学习。

那时武大的教学质量不仅在国内被广为称道，在国际上也享有较高的声誉。1948年牛津大学曾致函国民政府，确认武汉大学文理学士毕业生成绩在80分以上者，享有牛津高级生的地位。

当时的武大特别注重为学生的专业发展打基础，因此坚持推行通才教育，努力扩大学生的知识面。刘以刚教授介绍，历史专业的学生，除了专业课之外，还要学习世界地理、经济、文字学、伦理学、音韵学、法律、英语等各类课程。文科学生必须选学理科课程，理科学生必须选学文科课程，这也是学校的规定。为让学生接触多种学术观点，许多老师上课直接引用国外的原版教材。

许多武大的老校友都认为，当时实际存在着两所武汉大学，一所是课堂内的武大，另一所是课堂外的武大，两所武大都给了他们良好的教育。岷江读书社、珞珈剧社、政谈社、文谈社、风雨谈社、海燕社、地平线社、课余谈社等这一时期成立的各种社团相当活跃，学生们在社团活动中阅读经典、交流思想、进行社会实践，这成为他们日后一笔宝贵的财富。

除了武汉大学外，武昌华中大学也于 1938 年夏迁校广西桂林。7 月 4 日，全校师生 1000 多人带着行李、设备和书刊，乘数条驳船离汉，几经辗转，抵达桂林，9 月下旬开学上课。此时桂林也频遭日机轰炸，华大即改为夜间上课。1939 年元月底，华大决定迁校云南。同年 4 月初，全校师生最终迁到云南大理喜州镇。

私立武昌中华大学也于 1938 年 6 月开始内迁，首迁宜昌后坪，上课仅三个星期，武汉沦陷，宜昌吃紧，又迁重庆，借湖北旅川同学会会址古禹王庙作为校址。该校因陋就简，稍作安排，即行上课，直到抗战胜利后迁回。

乐山"小重庆"

抗日战争时期，峨眉山下的小城乐山曾发生过四件大事：1938—1946 年，国立武汉大学内迁乐山办学；1939—1946 年，故宫文物南迁乐山、峨眉秘藏；1939—1946 年，国学大师马一浮在乐山乌尤寺创办复性书院，讲授国学；1939 年 8 月 19 日，日军飞机轰炸乐山。

但武汉大学在乐山期间最值得记述的还是这所大学进行的抗日宣传活动，哪里有武大的学生哪里就有活力，这也是武汉大学内迁时期的最大特点。

1938 年年底，国民党副总裁汪精卫到达越南的河内发出"艳电"，公开叛国投敌，武汉大学随之发动师生声讨投降派。

武汉大学各学院学生都组织了"晨呼队"上街声讨汪精卫的卖国行径，文学院、工学院和理学院的学生沿途高呼"动员民众一致抗日"、"起来，一切优秀的中华儿女"、"打倒日本帝国主义"。在晨呼队上街宣传的同时，中共武汉大学党支部还发动了 3100 多名同学联名发出通电，声讨汪精卫的卖国行径。

除了组织晨呼队之外，理学院的同学还组成了"珞珈歌咏队"，由周钥教唱爱国歌曲，顾谦祥指挥。工学院的同学组成了"激流歌咏队"，由叶琼、王梦兰、张连翔等人教唱爱国歌曲。歌咏队演唱的救亡歌曲有《松花江上》、《打回老家去》、《大刀进行曲》、《黄河大合唱》、《游击队之歌》、《义勇军进行曲》等,歌咏队每逢"七七"、"八一三"、"九一八"、"一·二八"等纪念日,就到夹江、峨眉、五通桥、牛华溪、磨子场、车子乡、苏稽场等地宣传抗日主张,反对妥协投降。为扩大宣传效果,歌咏队还演出了话剧《打倒汉奸、帝国主义》、《放下你的鞭子》。

以壁报为阵地进行抗日救亡宣传,是武汉大学到乐山后开展的又一项工作。最早搞壁报宣传的社团是"抗日问题研究社",他们在武大本部所在地的文庙墙壁上办起了最早的壁报。随后,他们将壁报办到乐山公园,每周一期。为了不暴露"抗日问题研究社"里中共党员的身份,社中的积极分子还与其他小型社团,如"文艺岗位"、"新闻部队"、"大渡河边"、"文会"、"政谈"等建立联系,常以这些社团的名义出壁报,发表文章。

理工学院有一个电力社,由一些爱好无线电技术的学生组成。他们收录国民党中央社和延安新华社播发的电讯,如实公布在壁报上,吸引了很多人观看。还有一个"岷江读书社",办了名为"燎原"的壁报,每周按时出版。

1941年1月,国民党顽固派制造了"皖南事变"。不久,《新华日报》刊登了周恩来题词并出版了揭露"皖南事变"真相的小册子,姬野藜、胡开驷分别撰写了两篇政论性短文《七步诗》和《不准怀疑》,把"皖南事变"的真相公布在壁报上,在武大引起了极大反响。学校训导处立即勒令岷江读书社清除这两篇文章,岷江读书社把两篇文章的标题放在壁报版面的原来位置,下面贴上白纸,在标题旁写上"奉令免登",以示抗议。

1942年年底,岷江读书社被迫宣布自动解散,一些社员分别参加其他进步社团,继续坚持斗争,与岷江读书社同时解散的组织还有"冰岛社"和"社会主义研究会",进步学生运动由公开转向了秘密。这一部分学生又成立了"海燕社",出版名为"原野"的壁报。

在乐山以话剧形式进行抗日救亡宣传也是由武大学生发起的。武大的"抗日问题研究社"最早在乐山演出《自由魂》三幕剧,其内容是反映中共党员进行抗日斗争的故事,该剧利用星期天的时间在乐山城和五通桥各演了6场。

在演出的过程中,他们还为前方抗日将士捐款制作寒衣。武大与江苏蚕丝专科学校的学生合演了曹禺的《雷雨》,首演成功后,他们又进行了多场演出，共募得资金 3000 多元，全部捐给了前方的将士。1942 年 11 月，武大"丛丛剧社"在嘉乐剧院公演名剧《毋宁死》。12 月，他们又以文化劳军的名义公演了 3 天。武大"峨眉剧社"开始排练话剧《沙乐美》，于 1943 年 1 月在乐山城内正式上演。1943 年 11 月，"丛丛剧社"还排演了吴祖光的《风雪夜归人》和《艺海浮沉录》等话剧。

6. 上海的内迁高校

篱笆墙内的交大

上海交通大学是我国最早建立的高等学府之一，1896 年（清光绪二十二年），两江总督刘坤一向招商、电报两局每年募集捐银 10 万两，在上海徐家汇创办了一所"中学为体，西学为用"的学校南洋公学，这就是上海交通大学的前身，它与北洋大学堂同为近代史上中国人自己最早创办的大学。南洋公学成立后几经更名，1910 年代后期改为南洋大学，之后又改为上海工业专门学校。

1920 年 12 月，北洋政府交通总长叶恭绰以交通部所属上海工业专门学校、唐山工业专门学校、北京铁路管理学校、北京邮电学校四校散居各地不便管理为据，于 1921 年统一学制，统称交通大学，而称各分校为交通大学上海学校（沪校）、唐山学校（唐校）、北京学校（平校），校庆 4 月 8 日也是取自交通要"四通八达"之意。

当时交通大学的老师大部分是留美博士，师资水平很高，对学生的管理也很严格，因此毕业生大都较为优秀，并在世界上享有较高的知名度。

交大学生钱学森毕业后去美国加州理工学院深造时，发现许多课程与在交通大学学习的完全一样，便要求免修，后得到批准。茅以升从交通大学唐山工学院毕业去美国卡内基梅隆大学留学时，该校起初不承认茅以升的学历，为此还出题考核他的水平，结果茅以升答得极为出色，名列第一，校方由此决定对交通大学的留学生免试入学。王安刚到哈佛大学时，由于抗战的缘故没有带上交大毕业证书和成绩单，哈佛大学一听是交大毕业的，决定破格录取，这些都说明了交大在国际教育界的地位。

淞沪抗战爆发后，交通大学在上海的校舍遭到严重破坏，师生们暂时在法租界上课。1940年后，战争形势更加严峻，在重庆的交大校友以上海方面情况日益恶劣为由，提请教育部在重庆设立交大分校。

但是重庆市区内房屋紧张，交大只好借用当地的小龙坎无线电厂的一部分厂房作为校舍。上海的一些流亡学生来到重庆后，暂时设立机械和电机两个班。在经费方面，政府只负担日常费用，其他费用只能由交大校友自己募集。1941年，交通部以扩展后方建设为由，下令扩大原有的两个班。经过交大同学会向政府提请，借用九龙坡新建的训练所房屋作为交大的校舍使用。

与此同时，因为太平洋战争爆发，上海的租界被日军侵占，所以教育部把交大的重庆分校改称为交通大学，并任命吴保丰（美国密歇根大学硕士）为校长，而且陆续增加了土木和航空等十几个科系，由此，在重庆的交大已经初具规模。1942年，捐建的校舍完工，后来平、唐两院的一部分教职员及徒步西迁到贵州平越的同学们，也相继来到重庆，重庆的交大正式建立。

虽然经过了这场浩劫，但该校的师资还是维持了较高的质量。正副教授虽然只有28人，却大都是刚从欧美留学归来的青年学者，平均年龄只有37.1岁，讲师平均年龄32.7岁。这支队伍年富力强，而且把当时世界上的新知识、新技术带回到国内，讲授的许多课程内容都是紧跟当时世界最新趋势的。

如当时工学院有关材料力学和流体力学的相关教材都是使用世界第一流学者铁木辛哥的新教材，有的教材在美国1942年刚出版，交大在1943年就使用了。

交大学生、导弹控制专家陈德仁回忆当年在九龙坡的生活时说，抗战时期，上海交大改名私立南洋大学，同时在重庆九龙坡成立了交大总校。他就在这个山多坡陡的城市完成了本应学四年，实际却读了五年的大学生涯。他记忆最深刻的是当时重庆宿舍的竹排抹泥墙，以及从深井打水的动作。

在重庆的时候，交大的经费十分紧张。例如，当时的航空系没有开办经费，没有教材，没有实验室，只有一个靠四处奔走弄来的由报废飞机、发动机和仪表拼凑起来的实习室。

1944年春，交大的经费紧缺，几乎到了断炊的地步，于是交大校友、国民政府元老吴稚晖在某次会议上说，中央党部为庆贺他的八十寿诞，发动募集奖学金，积有成数。他当时因不受虚名未予接受，现在母校经费困难如此，极愿放弃成见，嘱为转作补助交大之用。虽然当时交大没有接受这笔资金，但是老一辈校友的这种精神着实令师生们感动。

抗战胜利后，交大迁回了上海徐家汇原址。

借钱度日的复旦

复旦大学是江南著名的学府，建立于1905年，是我国第一所私立高校。"八一三"后，国民政府教育部派人来沪指示复旦、大同、大夏、光华四所大学组织临时联合大学内迁，大同、光华因经费无着而退出。复旦、大夏遂组织临时联大，分两部分别迁往江西、贵州，后又迁重庆。11月12日，上海沦陷，江西联大一部决定内迁与二部合并，师生长途跋涉，于12月底抵达重庆。

1938年2月，在校长李登辉的主持下，复旦在重庆复课，同时，复旦与大夏的"临时联合"正式宣告解体。复旦大学开始时是借用民房作为课堂，以后陆续新建了图书馆、教室和宿舍。

同年2月，留在上海的复旦师生复课，当年复旦大学上海部有毕业生55名。以后在重庆陆续增设了史地系、数理系、统计系、农垦专修科、园艺系、农场系、茶叶组系、农艺系等。1940年5月27日，日机轰炸复旦大学重庆部，教师宿舍王家大院被炸毁，遇难师生7人。

1941年11月25日，国民政府行政院第五届一次会议通过决议，复旦大学重庆部由私立改为国立，由吴南轩任校长。此后经费稍较以前充裕，并聘请了陈望道、周谷城等著名学者，学术水平较以前大为提高。

太平洋战争爆发后，日军进驻上海租界。李登辉宣布复旦上海部实行"三不主义"，即不向敌伪注册、不受敌伪津贴、不受敌伪干涉。如果"三不"行不通，则立即停办。在敌伪环视的情况下，学校坚持不教日文。1942年，敌伪提议将圣约翰和复旦等四所私立大学合并为联合大学，在李登辉的坚决反对下这个阴谋未能得逞，终于作罢。

重庆复旦改国立后，经费仍入不敷出，有时连印考卷用的纸张也没钱购买。据复旦校长吴南轩的文书主任回忆，那时吴南轩几乎每星期都要到重庆市区去张罗借钱或募捐。他为了省钱，有时只到小馆子里去吃碗面充饥，不知怎么就传染上了伤寒，所幸医治及时，保住了性命。

1945 年抗战胜利后，复旦重新迁回上海。

辗转流离的同济

同济大学的前身是德国人在上海办的宝隆医院和贝伦子工程学院，后由北洋政府收归国有，20 年代末期更名为同济大学，是一所拥有医、工、理等学院的大学，采用德语和德国教材、仪器教学。

"八一三"事变前夕，淞沪局势已经非常紧张，同济大学首次迁校于上海公共租界，借用乌鲁木齐路 121 号房屋作为临时校舍，又在江宁路一家民房内建立了红十字会临时重伤员医院，抢救淞沪前线的受伤将士。由于开始时对长期抗战的认识不足，同济暂时又迁回了上海市区。后又因为位于吴淞的校舍遭到战火的严重破坏，于是同济大学决定内迁。

同济大学于 1937 年 9 月迁往浙江金华，10 月 20 日正式上课。同年 11 月 12 日，上海陷入敌手，日机不断空袭金华，同济大学决定再迁江西赣州。1938 年 1 月底正式在赣州复课，医学院后来则迁到江西吉安。同年 7 月，九江告急，学校决定又迁广西贺县八步镇。此次迁校，从赣州到桂林一段，大多数学生组成了赴桂步行队，日行五六十里。到桂林后，沿漓江乘木船经阳朔至平东，再转程抵八步，前后花了两个月时间。

正准备上课时，日寇攻陷广州，该校又决定迁云南昆明。这次迁徙分为两路：一路是女同学、患病同学和教职员工，他们乘汽车经过柳州、南宁到龙川。另一路是男同学组织的步行队伍，翻山越岭到达南宁后乘船到龙川。两路人马在龙川会合后，再乘汽车经凭祥出镇南关，经过越南到达昆明。全校师生辗转流离，前后迁移了五次，直至 1939 年春节前才陆续分批到达昆明。

同济迁昆明后，虽然校址分散多处，但教学还算是安定。

1940 年秋天，日军对昆明空袭日益增多，当时中国唯一的一条国际运输线滇缅公路也被切断，同济师生不得不考虑第六次迁校。

同济大学内迁的最终校址是四川的李庄，在这个堪称世外桃源的大美小地方，同济师生赢得了五年多平静的生活，本章的后面将会专门谈到这个内容，这里不再赘述。

7. 华西坝五大

"华西坝五大"原指在成都华西坝的华西协和大学和抗战爆发后内迁至华西坝的中央大学医学院、齐鲁大学、金陵女子文理学院、金陵大学等五所院校。因这几所内迁大学都借用华西大学的校舍、图书馆和实验室等，各校既独立办学又有联合办学的性质，故而得名。

中大医学院于1937年10月迁至华西坝，将所带来的教堂仪器和图书分别放置在华大实验室和医学院图书馆里，学生则共享华大教授和实验室，其课程大部分由中大医学院单独开设，小部分则由华大、齐大医学院联合开设。1938年夏，三所医院又合办了"三大学联合医院"，供学生实习。

"华西坝五大"在抗日救亡运动中也密切合作，1937年下半年，几所大学的学生联合成立了抗敌后援会，开展教唱救亡歌曲、编演戏剧、举办时事报告会等宣传活动。1938年2月，又成立华西坝学生救亡剧团。同年成立了"五大战地服务团"，成为中国共产党领导的抗日救亡外围组织，这个组织的实际领导人就是后来牺牲在重庆渣滓洞的车耀先。

笔者的母亲当年17岁，还是一个中学生，便满怀爱国激情地参加了五大战地服务团，后来随宣传队出川到武汉，赴第三战区和第六战区进行抗战宣传。1938年秋，又历尽千难万险奔赴了陕北。

8. 鲜为人知的西北联大

没有校长的大学

抗日战争全面爆发后，内迁学校的主要目的地是西南的四川、云南、贵州、广西等省，但也有少数高校迁往西北的陕西和甘肃，并曾一度组成了西安临时大学。

1937 年 9 月 10 日，国民政府教育部发布第 16696 号令："以北平大学、北平师范大学、北洋工学院和北平研究院等院校为基干，设立西安临时大学。"

随后，除北平研究院迁往昆明外，平津地区的北平大学、北平师范大学、北洋工学院等三所国立高等院校，奉命迁往西安，组建"西安临时大学"。

北平大学是留法学者李石曾在 1928 年实行法兰西式大学区制度时，合并了北平、天津、河北等地的多所大学创建的，后因所并各校持续反对，许多院校宣布退出，只剩下医、农、工、法、女子文理五个学院。但在 20 年代中期到全面抗战爆发前，北平大学依然属于全国一流的高等院校。

北平师范大学的历史可追溯到 1902 年京师大学堂师范馆，是清政府建立的第一所高等师范学院。后几经变迁更名，1931 年与北平女子师范大学合并，定名为国立北平师范大学，下设教育学院、文学院、理学院和研究院。

北洋工学院为近代中国第一所新式大学。1895 年，天津海关道盛宣怀奏请光绪皇帝批准，在天津创建北洋西学学堂，后改称国立北洋大学。1917 年，北京政府教育部对北洋大学与北京大学进行科系调整，北京大学工科移并北洋大学，从此，北洋大学进入专办工科的时代，改称"国立北洋工学院"。

为尽快筹备组成西安临时大学，1937 年 10 月 11 日，教育部部长王世杰以第 17728 号训令颁发了《西安临时大学筹备委员会组织规程》，规定临时大学不设校长，以筹备委员会代行校长职权。"委员会设主席 1 人，由教育部部长兼任，设委员 7 人至 11 人，由教育部聘任。"

据此，教育部决定聘任北平研究院院长李书华（未到任）、北平大学校长徐诵明、北平师范大学校长李蒸、北洋工学院院长李书田、教育部特派员陈剑修、陕西省教育厅厅长周伯敏、国立东北大学校长臧启芳、西北农林专科学校校长辛树帜等为筹备委员，随后，又指定徐诵明、李蒸、李书田和陈剑修 4 人为筹备委员会常务委员，校务主持"由常务会议商决，系共同负责之合议制度"。全校设立文理、商法、教育、工、农、医 6 个学院，共 23 个系。

西安临时大学由于筹建仓促，规模虽大，但存在诸多问题。临大筹备开始，教育部规定三校学生自愿前往报到。但由于华北陆路交通被日寇封锁断绝，学生们不得不先向南，再向西、向北绕道而行。他们冒着被日军搜捕的危险，先进入天津英、法租界，然后搭乘英国客轮入渤海，抵达山东的龙口或青岛上岸，绕一个大弯，再奔赴西安。

平津三所高校先后到达西安临大的学生共 1553 人，教师 159 人。虽然临大规定各院报到日期为 1937 年 11 月 1 日，15 日正式上课，但由于学生赴陕颇费周折，最早报到的同学在临大上课也不足一学期，晚到者仅一月有余，可见西安临大时期只是一个过渡性的收容时期。因此，开学之初，学校既发给入校学生西安临时大学的校徽，同时又发给原平津三校各自的校徽。

蜀道艰难

1938 年 3 月，日寇兵临风陵渡，陕西门户潼关告急，西安不断遭到日军飞机的轰炸扫射，临时大学已很难在西安长期办下去了，于是，教育部决定临大向南迁往汉中。为了做好千余名师生的南迁工作，西安临大常务委员会决定成立以徐诵明等 17 人为首的"准备迁移事务委员会"，下设布置、运输及膳食 3 个委员会。在迁校前，全校进行编队，按军训队原有大队编制，下分 3 个中队，再分为若干区队、若干分队。其中，每中队 500~600 人，设中队部为行军单位。

体坛耆宿王耀东率领着 200 名师生，作为全校的先遣队，从宝鸡沿川陕公路进发，渡过渭河，进入秦岭山区，一路上翻山越岭，晓行夜宿。出发前，学校按人配发的干粮，乃陕西特产"大锅盔"和咸菜。每人必须随身携带的衣物行李由学校雇用的大车装运随行，其余文具书籍等则交给学校派专人直接运到目的地，学生和年轻的教职员工大多数徒步出发。迁移所经地区人烟稀少，土地贫瘠，秦岭更是峭壁陡立，高耸入云，师生们真正体会到了蜀道的艰难！

行军250多公里，经过半个月的时间，终于到达目的地。由于在汉中找房设校很困难，经校常务委员会决定，将全校分置在3县6处，即城固县、南郑县、勉县。校本部和文理学院设在城固县城内考院，教育学院设在文庙，法商学院设在小西关外，工学院设在距城固县城南20公里的古路坝，医学院设在南郑县，农学院设在勉县。

1938年4月3日，学校师生南迁后刚刚安顿下来，教育部又下发了国民政府行政院第350次会议通过的《平津沪地区专科以上学校整理方案》，令国立西安临时大学改名为国立西北联合大学。5月2日，国立西北联合大学正式开学。

西北联大仍按西安临大旧制，为临时性的联合大学，"联而不合"。联大本部考院的大影壁上白底黑字写着"国立西北联合大学"八个大字，在考院入口的门楼里又高悬着国立北平大学、国立北平师范大学和国立北洋工学院三校的校牌。西北联大仍不设校长，由徐诵明、李蒸、李书田、陈剑修等组成校常务委员会管理校政。西北联大仍设6个学院，23个系，教学开始步入正轨，学制一般为四年，医学院为五年。此外，联大还附设大学先修班，招收高中毕业生，学习一年，成绩优良者，可保送上大学。

西北联大同样荟萃了大批全国知名度很高的学者教授，他们中有著名语言文字学家黎锦熙，文学家、教育家许寿裳，哲学家、教育家李达，政治活动家、教育家许德珩，教育家马师儒，文学家罗根泽，翻译家曹靖华，历史学家侯外庐，数学家、教育家傅种孙，体坛耆宿王耀东，病理学家、教育家徐诵明，历史学家李季谷，还有罗章龙、谢似颜、杨若思等人。

当时，一些沦陷区的中等学校也迁来汉中，有师生4000余人，这些中等学校的教师多由西北联大的毕业生担任。汉中地区一时学校林立，名师云集，一跃而成为抗日大后方三大教育重地（昆明、重庆、汉中）之一。

辗转于迁校之途 授业于茅草之室

在战乱中成立的西北联大，教学条件十分简陋。当时，许多图书和教学仪器未能顺利内迁，损坏散失严重，却又无力及时补充和添置。例如，图书馆刚开馆时只有2000多册图书，师生平均每人还不到一本书。

当时在西北联大上学的陈宝琦（后任西北大学教授）这样回忆道："书太宝贵了，每晚要到图书馆去抢看参考书，许多人在门口等着开门，门一开大家就拼命挤，进了门又得眼快腿快地抢座位，放好书包又得挤到台前抢书。听课则人多座少，也得抢……"

由于很少能看到全国性的报刊，消息十分闭塞，因此，学生们学习主要靠课堂笔记、课后参加读书会等社团组织来充实学习内容。为克服困难，体育主任和训导长王耀东曾领导师生自制教具，因陋就简，继续坚持体育活动。

著名语言文字学家黎锦熙教授则利用汉中地处巴山汉水之间、秦汉三国时期的名胜古迹众多的优势，带领师生成功地发掘了张骞墓，将发掘的经过及墓内情况立碑予以记载。黎锦熙还被聘为城固续修县志委员会总纂，受命草拟续修工作方案。该方案后单独刊出，即著名的方志学理论专著《方志今议》。这部著作直到50多年后，还是国内方志界编修当代地方志书的重要理论参考。

此外，学校师生还成立了各种戏剧组织，自创自演，话剧团、京剧团、秦腔剧团都有，而且人才济济，水平很高，在战时环境下为活跃贫困山区的文化生活起了重要作用。

西北联大师生的生活条件也极为艰苦。学生多数来自华北、东北、华中等沦陷区，主要靠微薄的借贷金和公费来维持极低的生活水准。为了保证他们能够顺利完成学业，1938年2月，国民政府教育部颁布了《公立专科以上学校战区学生贷金暂行办法》11条，规定："专科以上学校家在战区，费用来源断绝，经确切证明必须接济者，可向政府申请贷金。贷金分全额、半额两种，全额依据当地生活费用及实际需要决定。学生毕业后，再将服务所得缴还学校，其偿还期不能超过战事终了3年以后。"

当时，教育部规定贷金数额为"全额每月八元或十元"，绝大多数学生是靠贷金维持生活、艰难完成学业的。1938年上半年，西北联大千余名学生中，享受公费待遇者仅 54 人（平大 26 人，师大 17 人，北洋工学院 11 人），约占全校学生比例 4%，可见公费比例极低。

西北联大的规模比西南联大还要大，但西南联大是学者治校，而西北联大则有许多国民党的"党混子"，钩心斗角十分严重。例如，著名文学家和教育家、鲁迅的挚友许寿裳在"七七事变"后赴西安，入汉中，对教学工作始终孜孜不倦。正如他的学生所说，在那外侮与内争并列的年代，他"辗转于迁校之途，授业于茅草之室"。但由于他坚持宣传鲁迅思想，积极参加救亡座谈会，因此深受排挤。本来西北联大已任命其兼任法商学院院长，教育部部长陈立夫却密令"法商院长须由超然而接近中央者"担任，遂指定自己的亲信出任这一职务。翻译家曹靖华，曾在西北联大教俄语，但教育部认为他翻译的多是苏联的文学作品，此人不可靠，竟然把他给解雇了。

1938 年下半年开始，西北联大学潮迭起，面对抗日救亡的呼声，国民政府竟以国防委员会的名义，宣布解散西北联合大学。

1938 年 7 月，教育部指令北洋工学院、北平大学工学院、东北大学工学院、私立焦作工学院合组为西北工学院；农学院则被强令迁往陕西武功，与当地原西北农林专科学校合并，改组成立西北农学院。随之，西北联合大学改称国立西北大学，有文理学院、法商学院、师范学院、医学院四个学院。不久，师范学院和医学院又相继独立，称西北师范学院和西北医学院，文理、法商两个学院组成西北大学。

1940 年，西北师范学院决定迁往兰州（搬迁过程长达四年），成为现在西北师范大学的前身。在抗战胜利后的 1946 年，西北大学迁往西安。西北工学院则迁至咸阳，即现在的西北工业大学前身。这样一来，在西北联大的基础上分别成立了五个独立的、由教育部直接领导的国立院校，并由此奠定了西北地区高等教育的基本格局和在全国的重要地位。

新中国成立后，西北师范学院曾一度改名为甘肃师范大学，童年的笔者曾随父母在位于兰州郊区黄河畔的师大校园内度过了近两年的时光。黄河边的水车，校园里成片的枣树林，小伙伴们在阔大静谧校园内的嬉戏，给笔者留下了许多温馨的记忆。

抗战胜利后，原平津地区的部分师生东返，重建了北平师范大学和北洋工学院，但北平大学并未复校。

西北联大的形成和发展虽然短暂，但是它与远在昆明的西南联大遥相呼应，为举步维艰的中国高等教育保存了国家人才的血脉，对西北地区文教事业的开拓和发展，作出了积极的贡献。

卓著的成果

抗战爆发后，日本对中国的高校进行了有计划、长时期、大规模的摧残和破坏。据统计，从 1937 年 7 月到 1938 年 8 月底，我国的 108 所高校，有 91 所遭到破坏，10 所遭完全损毁，25 所因战争而陷于停顿。教职员工减少了 17%，学生减少了 50%，包括校舍、图书、仪器设备等直接财产损失达 3360 余万元。

为了从这场浩劫中抢救和保存我国文化教育的命脉，坚持抗战，我国中东部地区的高校进行了历史上罕见的大迁移。迁移的高校 106 所，搬迁次数共计 300 余次。许多高校一迁再迁，据不完全统计，迁校 3 次以上的有浙江大学等 19 所，迁校 4 次的有私立东吴大学等 8 所。

内迁高校为数颇多，本书中只能列举几所比较典型的，但管中窥豹，可知迁校之艰难。广大爱国师生长途跋涉，颠沛流离，克服重重困难，迁校建校，为保存和恢复我国高等教育事业作出了重大贡献，谱写了一首中华民族文化史上的壮丽诗篇。

抗战初期高校内迁规模、范围之大，实属罕见。据国民政府教育部统计：1937 年度，除组成长沙临时大学和西安临时大学的 6 所院校外，另有高等学校 33 所分迁国内各地。1938 年，有 55 所高等院校迁移、新建和调整，其中迁校 39 所，新建 9 所，调整 7 所。到 1938 年年底，全国高等学校规模已接近战前水平（1936 年高等学校 108 所，学生 41922 人）。

在内迁到大后方如此艰苦的条件下，大学里的许多科研项目还取得了较好的成绩。文科如闻一多的多种文学史专著、王力的语法理论、吴晗的《历史的镜子》等，理科如华罗庚的《堆垒素数论》、王竹溪的《热学问题之研究》等，都在中国教育史与科技史上具有重要的地位。再如在大后方写成《射线曲线概论》一书的苏步青教授，被法国著名数学家布拉须凯称为"东方第一几何学家"，王淦昌教授提出的用 K 电子俘获办法寻找中微子的方法，成为世界物理学的重要成就之一，他的名字因此写进了世界性的原子核理论教科书；贝时璋教授的《半年鱼之细胞学研究》、谈家桢教授的《中国西南果蝇之调查及研究》、卢鹤绂教授的《原子能与原子弹》、罗宗洛教授的《微量元素及生长素对植物生长的影响》等，都引起了国际科学界的重视甚至是震惊，其他许多内迁学校也涌现出教学和科研的优秀成果。

高等学校的内迁，一方面为抗战时期高等教育的恢复和发展奠定了基础，另一方面也对迁入地社会经济和文化教育事业的发展起了促进作用。例如，西南联大化学工程系协助有关部门建成了"昆明中央化工配料厂"、"利滇化工厂"及"恒通酒精厂"等。金陵大学农科研究所育成小麦新品种"金大2905"，在川西南和川北推广万亩以上，增产约20%；园艺系研究部将园艺新品种番茄引入四川，研究总结在四川的栽培方法并大力推广，从此四川开始生产和食用番茄。

在文化教育方面，成效更是显著。内迁高校不仅为当地培养了各方面的高级人才，还带动了中等教育和初级教育的发展。例如，武汉大学在武昌时仅有一名乐山籍学生，而到乐山后第一届招生时就有 5 人，以后逐年增加，1946 年新生中乐山籍的学生达到了 30 余人，同时武大还为乐山办了中小学各一所。西南联大师院为云南中等学校在职教员开办进修班，促进了云南中等教育的发展。仅据 1941 年统计，昆明市区就有 29 所中等学校。西南联大返迁时，还将其师院留在昆明，即后来的昆明师范学院。

在这场浩劫中，中国的高等教育非但没有被摧毁，反而还有所恢复和发展。截至 1944 年，仅在大后方就有高校 145 所，教员 11201 人，学生 78929 人。当然，战争的影响是不可避免的，校舍的严重短缺，设备的残破不全，图书资料无法补充，学术处于与世隔绝的境况中。但困境中的师生和教育主管部门竭尽全力，顽强地抗争和生存，对自己、对国家作出了难以估量的贡献！

9. 大美小地方李庄

幽静的千年古镇

从四川阿坝高原奔流而下的岷江，与从云南石鼓万重大山中转弯北上的金沙江合而为一，形成了世界上的第三大河——长江。在这条孕育了华夏文明的母亲河的一个河湾里，坐落着一座秀美的古镇——李庄。

李庄位于四川省宜宾下游20多公里的长江南岸，隔江与大桂轮山对峙，形成了"江导岷山，流通楚泽，峰排桂岭，秀毓仙源"的自然景观。

李庄有三千年的发展史，一千多年建置史，四百多年的县、郡、府治史。古时属古僰侯国治地，汉代曾在这里设立了驿站。明朝万历年间，朝廷对李庄土著民族进行了围剿，加之自然灾害以及瘟疫的肆虐，使其人口大幅锐减。从明朝末年起，朝廷开始了强制移民，到了清朝，移民数量又空前增长，这便是历史上有名的"湖广填四川"。

由于李庄的大部分居民都是移民，为了加强感情联络和交往，居民们便用余钱兴造各种会馆、庙宇、殿堂等公益性建筑，在这块不到1平方公里的小镇上，就留下了"九宫十八庙"等颇具特色的古庙群和大小街巷18条。明朝的旋螺殿、清朝的九龙碑、光绪年间修建的全木结构的精美建筑奎星阁，还有精雕细刻栩栩如生的白鹤窗、席子街的石板路、独具韵味的腰门、斑驳迷离的砖雕，都印证着千年岁月的古镇记忆。

曾著有《说文解字注》一书的清代大才子段玉裁，在这里当过知县。历史上的李庄，还曾经是宜宾所辖的南溪县治所。李庄因此素有文风鼎盛、贤达荟萃之称，也是川南货物集散的水陆码头。

清末以来，这个幽静的千年小镇的商业逐渐没落，四川以外的人们很少有知道李庄这个地方。但在抗战时期，却有万名学界泰斗和莘莘学子在这里云集，使它极一时之盛。

文化堡垒

1940 年初夏，昆明物价一月数涨，日本飞机又加紧对昆明的狂轰滥炸，当时已迁到昆明的同济大学师生无法开展正常的教学活动，便决定再次内迁四川，欲寻一处敌人不易察觉而交通又比较便利的地方，遂委托其校友、时任宜宾中元造纸厂厂长的钱子宁在川南一带寻觅迁校去处。

因当时宜宾已是人满为患，不少省立中学都已经迁到了这里。钱子宁又去南溪联系，南溪县城虽有众多庙宇和民居四合院可以安置这些流亡的学校，但地方士绅却又担心接纳人口太多会使物价上涨，造成地方压力，因而婉拒迁入。

就在这时，李庄获知了此信息，地方当局立即汇集社会贤达，经多次磋商，同意接纳同济大学迁来李庄，随即向民国政府内政部、教育部、同济大学发去"同大迁川，李庄欢迎，一切需要，地方供应"的十六字电文，这一消息让无处可去的同济学子感到了雪中送炭般的温暖和体贴。

随即，李庄又写了几份函件，从历史、地理、交通、物产、民俗民情等方面逐一介绍。不久，同济大学派理学院院长王葆仁、事务主任周召南前去接头筹备，驻昆明的中央研究院三个所和中央博物馆也派研究员芮逸夫随同入川考察落实。

当时人口只有两三千人的李庄要一下子安置上万的外籍人士颇为不易，但李庄的人们非常热情，例如，在东岳庙，人们把神像移走集中堆置，以便给学校腾出教学的场地。

搬走菩萨在当时的乡村小镇可不是件小事，因为"东岳神"掌管着风调雨顺、五谷丰登。但为了同济大学，老百姓们竟然不顾固有的观念"得罪了"东岳神，这让同济师生非常感动。东岳庙腾空的大殿上，不久后就响起了工学院上课的钟声。

当地士绅罗用光把新建不久的自家宅院，没有丝毫讨价还价地卖给了李庄小学，而李庄小学则把原来所在的祖师殿用作同济医学院解剖实验课的场地。

1940 年 10 月，同济大学迁至李庄。此前迁住的地方时间最长的仅为 8 个月，最短的甚至不足 100 天，而在李庄，同济大学一待就是 5 年。在李庄的 5 年时间里，同济有了很大的发展，除了原来拥有的理工医三所学院外，又增添了法学院，学生总数 1100 余人，毕业人数近 700 人。同济大学先后培养的两院院士中，有 5 人曾在李庄时期就读。抗战胜利后，同济大学为了报答李庄人民的深情厚谊，把许多设备和书籍送给了李庄。

1940 年同济大学迁来李庄后，这个当年在地图上都找不到的小镇，又迎来了中央研究院、中央博物馆、中国营造学社、金陵大学女子文科所、北京大学语言研究所、社会科学研究所、体质人类学研究所、中国大地测量所等 10 余家国立高等学府和科研机构，梁思成、林徽因、傅斯年、李济、董作宾、梁思永、童第周、金岳霖等一大批中国最著名的专家学者和青年学生也齐聚李庄。

李庄，这个原来不足 3000 人的小镇，一时人口骤增，达到了 12000 余人。这对于李庄，不仅仅是简单的人口数量的增加，还是一次全方位的文化品位的提升，是一种质的层次上的飞跃。

民族精神涵养地

6 年间，李庄的乡亲们在禹王庙、祖师殿、张家祠堂、罗家大院里为学者们安置了一张张平静的书桌，给战乱时中国人文科学的生存和发展提供了养分，大量的珍奇国宝和典籍文物在李庄得到妥善保护，大批学子和知名学者，得以在此专心地从事教学和学术研究活动。

1948 年，国民政府选出了首届 81 位院士，其中从李庄走出去的就有 9 位。中央研究院的学术研究论文集《六同别录》、梁思成的《中国建筑史》、董作宾的《图像中国建筑史》和《殷历谱》等学术著作也都诞生在李庄，李庄由此被当今学人称为"中国文化的折射点、民族精神的涵养地"，成为抗日战争中的文化堡垒，与重庆、成都、昆明并称为"抗战时期中国四大文化中心"。

那时甚至是寄自大洋彼岸的书信，只要写上"中国李庄"也会投递无误。

对李庄乡亲，同济师生及迁入的其他高等学府和文化科研机构以各种方式表达了深深的感激之情。1944 年，同济工学院从宜宾架杆牵来电线，让李庄比南溪县城早很多年用上了电灯。川南一带长期流行一种地方病叫作痹病，轻者浑身无力，皮肤发麻。重者上吐下泻，如果病情恶化发展到胸部则无法医治，只能坐以待毙，当地百姓对此一筹莫展。同济医学院迁到李庄后，教授唐哲、杜公振通过动物活体试验，查明病因是当地食盐中含有氧化钡，随之攻克了痹病，从此这种困扰川南百姓千百年的怪病不再猖獗。为此，官绅百姓奔走相告，这项研究也被评为1943 年全国应用科学类发明一等奖。

有意思的是，同济大学的这个功德，竟然和内迁到四川的范旭东的黄海化学工业社在当地为百姓医治痹病，有着异曲同工之妙。

中央研究院还办了一次当时全国最高水准的文物科普展览，展品有古人类骨骼、恐龙化石、古代兵器甲胄、国外的文物和模型等。

同济大学在李庄办了一所中学、一所小学以及幼儿园，让李庄的孩子不出家门，就能接受完整的教育。现已年过古稀的小镇居民吴传荣当年曾经和梁思成的儿女一起上学玩耍过，他感叹道："那可是李庄的黄金岁月啊，从幼儿园到上大学，不用出镇一步，这在全国也是独一无二的。"

梁思成和林徽因的福地

1924 年，中国近代维新变法运动的领袖梁启超的长子、中国现代建筑界的泰斗梁思成在清华学堂毕业后到美国留学，他在宾夕法尼亚大学学习建筑学的过程中沮丧地发现，中国的古建筑史，竟然都是由外国人编写的。

1928 年，梁思成和一道留学归来的新婚妻子林徽因，到东北大学创建了建筑系。1931 年，他们进入了当时代表中国建筑研究最高水准的营造学社。在几年时间里，梁思成、林徽因和学社成员一起调查了十几个省200 多个县的建筑和文物，并且摄影、测量、绘制了大量数据和图纸，为研究中国建筑史做了充分的准备工作。

就在这个时候，"七七事变"发生，梁思成带着全家人匆匆离开了北平，开始了长达 9 年的流亡生活。他们从天津坐船先到了青岛，1938 年离开青岛后，梁思成和中国营造学社的同仁又逃难到了昆明。1940 年冬天，营造学社决定跟随中央研究院搬迁到四川李庄。

当年的李庄被正在路途上备受折磨的梁思成称为"谁都难以到达的可诅咒的小镇",从重庆坐船走,"上水三天,下水两天","没有任何办法可以缩短船行时间或改善运输手段"。林徽因带着母亲和孩子走陆路,她们坐的敞篷卡车因为装载的货物太多,所以只能采取"骑马蹲裆式",从昆明一直"蹲"了两个星期才到达李庄。

但梁思成和林徽因到了李庄后,却立即为其精美的古建筑群所震惊和倾倒,随后,便在贫病交加的困境中满怀激情地坚持着他们的学术研究。

1943年年底,梁思成的《中国建筑史》在李庄完成了。因为这部在中国建筑史上具有划时代意义的作品,他被称为中国建筑史上的一代宗师。由于条件限制,《中国建筑史》在李庄只刻印了几十份。随后,梁思成又用英文编写了一本《图像中国建筑史》。他请美国著名的中国问题专家费正清帮忙把图稿拍成了微缩胶卷,并复制两份,自己留了一份,另一份由费正清带到美国保存。

在李庄,梁思成和林徽因还坚持出版了两期《中国营造学社汇刊》,梁思成在抗战期间的学术研究成果,大部分都刊登在这两期刊物上,病床上的林徽因承担了出版刊物的具体组织工作。营造学社在李庄以简陋的石印方法出版的这两期堪称精美的高质量汇刊,受到国内外同行的普遍赞誉,使营造学社获得了很高的学术地位。

1946年10月,美国耶鲁大学邀请梁思成去讲学,他带着在李庄完成的《图像中国建筑史》书稿和图片,向国际建筑学界第一次系统地展示了中华民族的建筑文化瑰宝,他以丰富的内容和精湛的分析,赢得了国外同行的赞誉。

梁思成、林徽因这对珠联璧合的佳偶的旧居,坐落在离李庄几里路远的上坝村月亮田,那里山丘逶迤,翠竹掩映。

如果你今天去瞻仰这处旧居,可以看到一座旧时大宅的墙上,有一块"中国营造学社旧址梁思成林徽因旧居"的牌子。旧居是典型的南方四合小院,虽然没有北方四合院那般气派,却浸润着南方人家的灵秀。堂屋正中靠墙是一张大方桌和几把已经残损了的太师椅,旁边还有一张平柜和零散放着的竹椅小凳,正面粉墙上悬挂着几块粘贴了很多照片的相框。这些照片几乎都是梁思成和林徽因的留影，许多业已泛黄。正厅左边是梁、林的卧室，地板朽了，走在上面，发出吱嘎吱嘎的似乎从久远的空间传来的声音。

近午的光线漫进牛肋巴窗，照见房中腾起的一柱积久的尘埃，这便是当年林徽因的卧室，仿佛能看见病中的林徽因斜靠在那张旧帆布床上的倩影。

2011 年上半年，央视九频道播出了长篇纪录片《梁思成与林徽因》，里面有大量的当年他们在李庄的影像和图片。看着在如此艰苦环境中梁思成的淡定儒雅和林徽因病中的孜孜不倦，令人不胜感叹歔欷。

日本天皇宣布无条件投降的那天，李庄的知识分子自发地点燃竹纤绳火把，从四面八方向镇上涌去游行欢庆。林徽因当时也曾坐着滑竿到镇上的茶馆里去感受胜利的喜悦，虽已重病在身，但她的心却随着游行的人们在跳跃…………

小镇文化积淀

李庄古镇有由庙宇、祠堂组成的"九宫十八庙"古建筑群，梁思成称赞其有"四绝"。

第一绝是旋螺殿，始建于明代万历二十四年（1596 年），呈八角形，高 25 米，全是木斗拱结构，不用一颗铁钉，被誉为傲于世界的杰作！

第二绝是奎星阁，清代建筑。它屹立于长江边上，上下航行的船只在十里开外就可看见，有如导航的灯塔，是万里长江岸边一个独特的景观。

第三绝是禹王宫，也是清代建筑，宫门气宇轩昂，宫内的九龙石碑工艺精美，可与北京的九龙壁媲美。

第四绝是张家祠堂，堂内有两广总督张之洞题写的"宏我汉京"的匾额，尤其是每扇门窗雕有不同形态的栩栩如生的仙鹤，谓之百鹤祥云。张家祠堂位于羊街，抗日战争时期，中央博物院及其所属的数千箱国家级珍贵文物和守护军队曾从昆明迁来张家祠，时间达五六年之久。在此期间，相继开展了学术研究工作并与中央研究院、中国营造学社、同济大学联合举办过多次文物、科普展览。

此外，东岳庙、天上宫等也都有极高的观赏价值。

李庄是一个地域概念，更是一个人文概念，它是凝聚在抗战文化人心中永志难忘的爱国主义情结。李庄不只是李庄人的李庄，它应该属于全四川，属于全中国和世界。凭着万里长江第一镇旁流淌的桂轮山影，凭着保存完好的穿越时空的古建筑群，凭着20世纪一代大师徜徉过的这片土地………

1946年7月，随着载有最后一批抗战文化人回迁的轮船鸣笛起锚，李庄一下子空寂了，回归的宁静中有着浓浓的惆怅……

从李庄走出去的专家学者，1949年后有的仍在大陆从事教学和科研，有的去了中国台湾，有的去了国外。但时光的流逝并没有使这个曾经辉煌的小镇没落，作为抗战时人文荟萃的李庄，仍寄托着人们的颇多追思，直到21世纪的今天，每天仍有成千上万的人们来这里寻找那些逝去了的岁月。

今天进入李庄，新建的仿古街上的酒肆茶楼，弥漫着悠闲的气氛。老街保存最为完好的是席子巷。这是一条建于清朝初年的老街，长不过60余米，宽不过2.5米。整条街都是一楼一邸的木建筑，二楼清一色的吊脚楼，两旁的檐口窄处仅有40厘米，故而席子巷又被称作一线天。沿街房屋的木板已经枯黄，地上的石板已经被岁月雕刻出深深的痕迹。街巷却整洁干净，不见一处有泥淖和垃圾。随处可见的精美浮雕和牌楼让人目不暇接，不由得使人吟诵起那句古诗："江客出来幽径入，羽流归向小门敲。"

在这条青瓦遮挡阳光雨水的小街上，挑水的，拉车的，踱步的，聊天的，打牌的，做小买卖的，都是那么不急不躁的舒缓，使人们体味和想象到了当年的学者和学子，在如此清幽的世外桃源中治学的专注和悠闲。

10. 备受呵护的"孵化器"

抗战前，全国培养中学师资的高等师范学校仅有北平师范大学一所。

据 1936 年 10 月的统计，全校共有学生 944 人，教师 151 人，职员 82 人。如此规模的一所师范大学，根本不能满足全国中学师资的需求。抗战前各个大学的教授一般都是外国留学归来的学者，或是从各个大学相关专业毕业的留校本科生以及研究生。各个中学的教师虽然多是大学毕业生，但很少有正规的师范生，这和我们今天几乎各省都有师范大学的情况有很大不同。

老师们把师范学院称作教师的孵化器，孵化器一旦被毁，学校教育就会被终止。

抗战前全国的中等师范学校有 814 所，抗战初期，中等师范教育的损失非常严重。沦陷区的许多师范学校被迫停办，教学设备荡然无存；有的学校辗转搬迁，师资和图书设施不断散失。到 1937 年，中等师范学校减为 364 所，学生人数由 1936 年的 87902 人减为 48793 人。

全面抗战开始后，沦陷区的大批青年学生纷纷内迁，急需建立新的师范学校，旧校也急待扩充，因而"师荒"问题非常迫切。在这种情况下，在 1938 年 4 月召开的国民党临时全国代表大会上，通过了《战时各级教育实施方案纲要》。国民政府教育部又于同年 7 月颁布了《师范学院规程》，规定为培养中等学校师资，要特设师范学院。

《规程》颁布后，当年首先在已撤退到后方的国立中央大学、国立西南联大、国立中山大学以及国立浙江大学分别设立了师范学院，又在湖南成立了第一所独立的师范学院——国立师范学院。

接着又在大后方规划师范学校区，规定每区至少设师范学校一所。1938 年时，虽然中等师范学校减为 312 所，但在校学生却增到了 56679 人，以后逐年还有所增加。到 1939 年时，后方已有师范学校、乡村师范学校、简易师范学校、简易乡村师范学校以及特别师范科等师范教育机构，形成了甚至比抗战前还要完善的师范教育网络。

从 1938 年开始，又将国立中学内设立的师范科分出来，单独设立了国立师范学校。

11. "中学校长是司令"

抗战时期，第六战区司令长官兼湖北省主席陈诚自荐兼任了迁往大后方的湖北联合中学的校长，这在中国的教育界可以说是个绝无仅有的例子，足见陈诚对教育的重视。

战前全国共有中等学校 3184 所，到 1938 年 8 月，中等学校教职员因战事而受影响者达 20510 人，占总数的 30% 以上，学生受影响者达 50%。中等学校的财产损失巨大，达到法币 6556.7 余万元。"覆巢之下，焉有完卵。"中等教育在战争的劫难中当然也不能幸免。

为了挽救和维持中等教育，国民政府教育部决定在大后方设置国立中学，以便安置战区、沦陷区内迁或被迫流亡的中学师生。

为了收容华北战区失学失业的师生，教育部于 1937 年 11 月在河南开封、许昌等地设置"冀察绥平津中等学校通讯部"，办理登记手续。12 月，在河南淅川上集镇设置国立临时中学。为了收容南京、江苏、浙江、安徽等战区的师生，又在汉口设置国立四川临时中学。同年冬，又在贵州铜仁设置国立贵州临时中学。以上学校均设初中、高中、师范、简师四部。

1938 年 2 月教育部颁布了《国立中学暂行规程》，将国立临时中学校名中的"临时"二字取消。国立中学的安置对象为战区公私立中学及师范学校男女学生，必要时也收容职业学校学生。国立中学一般分中学、师范、职业三部。1938 年，教育部在四川、陕西、甘肃、湖北、山西、安徽等地先后增设国立中学 8 所，不仅为战区的学生提供了就学的处所，也为抗战时期发展中等教育创造了一种新的办学模式。到 1945 年，教育部已设置了国立中学 34 所，其中学生在 1000 人以上的 12 所，500 人以上的 13 所。

与此同时，教育部还为战区中学提供了一些就学的方便条件。如战区当地教育厅局对已登记的学生可代为介绍转学或借读，经济确有困难者，可依手续向各校请求减费；已登记的学生，还可由家长声明，在家自请教师自修实习，以后参加考试。1938年4月，教育部规定下年度高中新生可录取30%的同等学力学生，初中新生可录取40%的同等学力学生，这些措施为在家自学的学生打开了方便之门。

在维持中等教育方面，湖北省采取的措施更为得力。

1937年，湖北的中等学校（包括中学、师范及职业学校）共有1896所，占全国总数的60%以上，学生有389946人。1938年，虽然学校减为1814所，但学生数却增到了477585人。1938年7月，湖北省召开中等学校战时教育会议，会议决定彻底改革中等教育，集中人力物力设立联合中学；举办教职员讲习会，学习后充任联中教师。

为此，湖北省教育厅于同年8月制定了《湖北省公私立中等以上学校联合设立办法》，决定设立湖北省立联合中等学校（简称湖北联中），由省主席陈诚兼任校长，教育厅厅长陈剑修兼任副校长。

联中校本部开始时设在武昌，后迁往宜昌，再迁到恩施。抗战中全省在鄂西、鄂东、鄂北各县共设联中分校23所。联中学生的学费、膳食费、住宿费等，均由学校供给。联中课程分学科训练、精神训练、体育训练、生产劳动训练以及战时后方服务训练等项，各校普遍施行军事化管理。

在战争中，大人都难以承受的颠沛流离，对孩子来说更是巨大的苦难，而战时敌占区的小学教育几乎遭到了灭顶之灾。

据国民政府教育部统计，1936年全国共有小学32万所，在校学生1836万余人。抗战爆发后，1937年小学下降为22万所，学生下降为1228万人。到1938年8月，沦陷区及战区共有12.97万余所小学因战事不能开学，有25.7万余名教职员失业和648.3万学生因战争失去了求学的机会。

为了维持战区的小学教育，国民政府也采取了一些措施。例如，对战区的小学教员设法救济或安置，工作期间的生活费由教育部拨给，对战区的小学生采取转学、借读或在家补习等方式使其能继续学习。借读生或转学生，如因家庭经济极困难，可向借读学校请求免费或减收各项费用。公私立学校因收受大量借读生而增加的经费负担，由各校报告借读生人数及所需经费数，呈请主管教育行政机关核准补助。

抗战初期的小学体制与战前大体相同，小学学习年限6年，前4年为初级小学，后2年为高级小学，小学儿童入学年龄为6周岁。此外，教育管理机构还要求各地方设立简易小学及短期小学。简易小学招收不能入初级小学的学龄儿童，短期小学有一年制、二年制两种形式。1937年6月，教育部公布的《二年制短期小学暂行规程》规定，二年制短期小学招收8~12周岁的失学儿童，其毕业程度应相当于小学初级第三学年修业期满的程度；此种短期小学，除独立设置外，也应在普通小学及其他学校或公共机关内附设班次。

小学课程一般为公民训练、国语、算术、常识、劳作、美术、体育、音乐等。

12. 万山丛中的文化中心

山谷里的琅琅书声

1938年10月，国民政府中央各部会，已纷纷离汉赴渝，武汉局势岌岌可危，湖北省政府各机构亦相继西迁，恩施从此成为湖北战时的省会。

为了抢救战区青年，保持国家元气，湖北省政府自1938年9月起，就将武汉地区的各中级以上的学校，有计划地全部迁到鄂西。同年在鄂西成立了"湖北省联合中等以上学校"。

省府迁到恩施以后，只能租借民房办公，机关人员和家属住宅都十分困难，更不可能将二十几所学校全部设置在恩施。为了保障学生的战时安全和生活资源的供应，便采取了分散设置的办法，在恩施地区各县分设学校，这些学校分散在鄂西方圆几百里的崇山峻岭中。

当时，农业专科学校设在恩施五峰山；长阳初中分校先设在长阳，后迁至咸丰清水塘；巴东初中分校，先设在巴东，后迁咸丰丁寨；建始初中分校，设在宣恩高罗；恩施初中分校，设在恩施小龙潭；宣恩初中分校，设在宣恩城关；咸丰初中分校，设在咸丰城郊；来凤初中分校，设在来凤城内；利川初中分校，设在利川城内；巴东女子高中分校，设在恩施屯堡；

原均县初级农业职业学校，改为实验中学分校，设在巴东；恩施高级农业职业分校，设在恩施大垭口；巴东女子职业分校，原设在巴东龙船河，后迁至宣恩沙道沟；巴东高级商业分校，原设在巴东楠木园，后迁至利川汪家营，再迁至利川城；巴东高级工业职业分校，原设在巴东野三关，后迁至宣恩小关；建始师范分校，设在建始七里坪；利川师范分校，设在利川岩洞寺；建始女子师范分校，原设在建始松树坪，后迁至宣恩李家河。

1939 年 8 月以后，取消了"湖北省联合中等以上学校"的名义，各校不再称为分校，初级中学则冠以所在的县名，如利川初中、宣恩初中、建始初中等。其他如建始女师改为省立第一女子师范学校，恩施高中改为第七高中，利川师范改为第七师范，巴东女高改为第四女高，恩施女高改为第七女高。这些学校以数字改称，是为了战后按湖北各行政区划都要设置一个高中、一个师范的规定做准备，以便以后回迁到省内的相应地区。只有建始师范改为第九师范，准备战后迁回省会武昌。

1940 年，省政府还准备开办一所"湖北大学"，但根据当时国民政府的规定，综合性大学必须有一个工学院或理学院方准成立，而办这些学院条件不足，设备困难，遂使组建湖北大学的动议流产。但经过努力，终于将农业专科学校改为农学院，同时增设了湖北医学院及湖北教育学院，同时增设第二女子师范于恩施核桃坝，添设高级护士职业学校于恩施窑湾。

原设在省会武昌的省立图书馆的图书，也在武汉沦陷前全部安全转移到了恩施，在恩施舞阳坝新建了一座图书馆。省立实验民众教育馆则迁到恩施城内，辅导各县民众教育的实施。

艰难守望

当年的恩施是鄂西万山丛中的贫困小城，为解决困难只得商请地方热心教育的人士出面协商，以租赁方式，将当地的礼堂、庙宇及富绅大户多余的住房，加以必要的修缮后利用。

一时间，在迁入地凿壁开窗，平牛栏，填猪圈厕所，添置课桌椅和寝室床铺，忙得不亦乐乎。内迁学校能在短时间内初具规模，并很快开学上课实属不易，更可贵的是教师们抓紧分秒时间为学生补习因迁徙而荒废了的课业。

因战局急转直下，学校仓促西迁，较笨重的学校设备均无法运走。例如，省立女子职业学校的大批纺织机器及学生的成品作业，刚刚运到秭归新滩就全部损失了。学校西迁以后，几乎所有的教室、仪器设备、教具都要重新置备，因此名为迁移，实为创业。

战时的学校，为了保障粮食的供应和充分利用民舍，并保证在空袭中的安全，大部分都设在县城的郊区，或山里的荒僻小镇附近，生活十分艰苦。但迁入地恩施民风淳朴，民众爱国心强，对学校师生的关怀无微不至。广大师生住牛栏猪圈也毫无怨言，吃包谷红薯也甘之如饴。因为大批学校的内迁，当地百姓的子弟也能进入学校，为迁入地的文化发展提供了可贵的机遇。

各校的师生，顾念大敌当前，谁都没有半点怨言，有的却是抗战的高昂情绪、严格教学和努力求知的救国热情。加之都是背井离乡，师生的关系更是亲密无间，养成了一种在武汉时期所没有的优良学风。

在学校附近的山头上和树林中，常常能听到琅琅读书声；经常可以看到在学校周围的空地上，老师和学生们一起浇水种菜；患病的学生住在老师的家里，受到精心的照料。

抗战期间，"刻苦自励，尊师重道"在湖北的教育界得到了空前的体现。

另一面的陈诚

第六战区司令长官兼湖北省主席陈诚一生的功过是非，历史自有评说，姑且不论。但他在戎马倥偬中能把湖北学生从战区抢救出来，并且能在万山丛中亲自抓教育，作为拥兵自重的封疆大吏，的确是难能可贵的。

陈诚在国民党中以严谨、刻板、认真著称，平时军容严整，身板笔直，又因为他个子不高，举手投足颇有蒋介石的风范，且对"领袖"恭敬有加，遂有"袖珍委员长"的谑称。陈诚对部下非常严厉，动辄把下级军官骂得狗血淋头，但对学生却总是笑容可掬。

他于1941年提出了"计划教育"方针，第二年编印了《计划教育实施纲要》及《湖北省中等学校升学就业办法》两本小册子。

陈诚

例如，实施公费待遇，陈诚曾调拨了湖北军管区一万多名士兵的粮饷，作为学生的衣食费用，并把结余的粮饷发给学生做零用钱。为了发展国民教育，他还规定恩施地区每个乡都要有一个中心国民学校，每一个保要有一个国民小学，使恩施地区各县普及了全民教育。

当时在湖北，很多教育界人士称陈诚是"严师态度，父母心肠"。他在恩施经常接见学生，学生看见他就欢呼"主席来了"，备感亲切。他痛恨贪官污吏，杀了他的保定军校同学、宜昌县县长武长庚；他不允许对学生福利有丝毫的克扣，为此他撤换了建始高中和巴东初中的校长；因为对学生供应了发霉的包谷，他关押了一名恩施的粮仓主任；利川的一个学生被土匪所杀，他限利川县长于国桢两天之内破了案。他责成当时的省教育厅厅长张伯谨亲往各校视察学生的学习和生活情况，张伯谨遵命到了学校，常常同学生一道进餐，发现有伙食不好的，即令学校改正。

1943年日军大举进攻巴东的野三关，恩施岌岌可危，陈诚下令不准公务人员擅自离开恩施，并及时采取应变措施，责令教育厅指派人员迅速到川、湘、鄂交界的"八面山"为各校再次撤退预先布置校舍。在指挥作战的紧张时刻，他还频频用电话询问各校情况，并命令不准一个学生发生意外。

他平时对学生学习却又有非常严格的要求，他拨款翻印了大批课本，使学生有书可读。严格实施会考制度，每年学期终了，由教育厅分区设置考场，由督学室主持考试，并集中评阅试卷，依据学业成绩考核学校，并作为学生就业和升学依据。陈诚还对学校实行军事管理，高中男学生军事训练达标而且身体强壮的都配发了武器枪支。

第九章 艰难的迁徙

1. 背井离乡

人人都是难民

任何战争对人类都是劫难，抗日战争对中华民族更是一场血与火的洗礼。

在第二次世界大战中，欧洲犹太人为避免遭到纳粹的迫害，有过大流亡和大逃离，在人类史上书写了黑色的一笔。而在东方的中国，抗日战争中也有数以千万计的难民在苦难中挣扎，这一段历史长期被人们所忽略。重新审视这段苦难的历史，是为了解读我们民族的过去，以更加珍惜我们今天安宁富足的生活。

抗战中，日军铁蹄践踏之处，老百姓无不水深火热。沦陷区民众为躲避日军的烧杀淫掳，纷纷携妻挽子离开他们世代居住的家园，辗转迁徙，奔向大后方和相对安全的区域，从而形成了中国近现代史上一股巨大的难民潮，其人数之众多、规模之巨大、时间之弥久，在世界历史上都是空前的。

抗日战争时期究竟有多少难民？据国民政府发布的消息，仅 1937 年 7 月到 1938 年 3 月就已达 2000 万。但鉴于当时情况的混乱，迄今为止都没有统计出准确的难民总数。有的资料估计有 6000 万。即使是这个保守的估计，也占到了当时 4 亿总人口的近 1/7，到 1938 年 7 月受战争直接威胁的民众已经超过 1 亿。日军占领华北后，一些乡镇的逃亡人数已占当地总人口的 50% 左右。

逃亡的难民既有来自北平、天津、上海、南京、青岛、济南、武汉等大城市的，也包括河北、山西、河南、山东、安徽、江苏、浙江、福建和广东等省的中小城市和沿海村镇的居民。从东北到华北、江浙，从安徽、山东到福建、广东乃至湖南、湖北，随着日军对许多城市的狂轰滥炸以及对各地区的占领，产生了一股又一股巨大的难民潮。

　　在一场大规模的战争中，平民百姓谁又不是难民？就算没有逃离原来所居住的城镇和乡村，谁又能够衣食无忧安居乐业？每天见到的都是硝烟、瓦砾、鲜血，每天听到的都是爆炸、呻吟，没有稳定的工作，没有可充饥的食物，没有可以遮风避雨的房屋，没有书读，没有娱乐，没有笑容，没有起码的安全感，人人心里都充满了惊恐和焦虑。

　　由于篇幅所限，在我们这本书中，所说的难民主要是家园被毁、流离失所的民众。

人口大迁徙

　　早在"九一八"事变爆发后，难民潮就开始涌动了。从1931年9月下旬开始，就有大批东北难民如潮水般涌入关内，人数迅速达到数十万之众。他们中有些原来就是从关内流向关外谋生的移民，因为日军侵占东北三省，被迫重返关内的故土。有些是原来东北军的军人、官员和他们的家眷，有些是具有强烈爱国热情的知识分子，例如，东北大学的师生们。

　　那首人人都耳熟能详的歌曲《松花江上》充满了愤懑、哀伤，久久地在中华大地的上空回荡。不仅是东北的流亡学生，几乎所有离乡背井的人们唱起它，都会泪流满面……

　　东北的难民入关后，先是零散分布于平津等各大城市，他们生活没有着落，迫切需要得到社会救济。后来有些人重新回到东北老家，参加义勇军继续抗日，有些人则随着少帅张学良到了西北。全面抗战爆发后，绝大多数人又融入全国性的难民迁徙潮流中。

　　1937年8月初，全面抗战时期最大的难民潮在华北出现了。

　　华北日益紧张的形势促使北平城内的一些达官贵人和富有人家，携带值钱的细软举家南迁。平津相继沦陷后，又有大批市民为躲避战乱，或者藏身于河北大城市附近的乡村，或者迁居天津的租界内，更多的人则扶老携幼朝两个不同的方向逃难。

　　一是陆路迁徙，主要是沿平汉和津浦铁路，以武汉三镇和上海为落脚点；二是走海路，由天津直接乘轮船南下。不久，因为日军迅速扩大了战争，平汉和津浦铁路已经不能通车，难民们大多又由天津乘船到烟台或青岛，再经陆路一路跋涉到达济南。到了 10 月，连济南也不安全了，于是，大批难民又从济南回青岛乘船去上海。另外的人们则挤乘火车、汽车、马车甚至是步行南下，致使津浦铁路和沿线公路拥挤不堪，处于超负荷运转的状态。

　　南方的难民主要形成于淞沪抗战之际，这场战火不仅殃及了住在繁华大上海的市民，也波及了大批暂时流亡到上海的北方和江浙两省的难民。

　　战前的上海，包括租界在内有总数超过 300 万的人口，在亚洲居于首位。"八一三"淞沪抗战后，有二三十万上海难民逃到临近的浙江、江苏一带，战争初期，每天大约有 3 万人离开上海。

　　但即便如此，当时上海的人口非但没有相应地减少，反而又急速增加到 350 多万，这是因为随着上海市郊以及毗邻的浙江、江苏等地的相继陷落，造成更多的人流离失所。位于上海市内的公共租界，就成了上海本地居民和外地难民的天然避难所，仅"八一三"当天就有 6 万人潮水般涌入了租界。租界当局原本打算把这些无家可归的难民拒之门外，但由于难民为数众多，无法阻挡和驱赶，只得勉强将租界里的一些学校和公共场所腾出来，开辟为临时难民收容所。

　　以后，随着战火不断延伸，更多的难民相继蜂拥而至，租界当局自然无力全部接纳，来得比较晚的难民就只好委身于租界的弄堂口、马路旁边的人行道上。由于上海的租界地位较为特殊，对难民的人身安全有相应的保障，所以一直到上海沦陷以后，上海租界里的难民还有 14 万人之多。

　　1938 年 11 月 12 日日军占领上海后，随即在长三角一带进行快速追击作战，很快就把战火烧到了国民政府的首都南京，从而在京沪杭一带又制造出了无数的新难民。

　　常州、无锡、苏州等地难民沿着京沪线逃难，有的迁到偏远的内地，有的逃往南京，希望得到国民政府的庇护，绝大多数暂时迁移至江北避难。江北如靖江、南通三角地带的每一个村庄里，几乎都容纳了不少难民。当时苏州连续遭到日机轰炸，居民不得不到城外避难。然而苏州地区因混乱而盗匪蜂起，人们又不得不逃往更远的地方，留在城内的仅剩下大约 5 万人。而无锡原有居民 30 万，战后留下来的不过 1 万多人。

战前杭州有 60 多万人口，战争爆发后，有 2/3 逃到乡下。日军占领杭州后，又向南向东攻击，沿途烧杀掳掠，使城市受到极大破坏，仅德清境内龙溪两岸就有 110 个村被烧毁，7700 多间房舍被焚，死亡 580 余人，未及逃出的居民只得四处躲藏。据报道，当地两处最大的难民收容所共收容 30000 余人，宿舍、走廊、通道、阳台、楼梯、操场，凡是可以容身的地方都挤满了难民，拥挤到连睡觉都不能翻身的地步。

首都南京原有居民 100 万，沦陷前已有大批难民迁离，逃往安徽和两湖。日军占领南京后，为了泄愤和瓦解中国人的斗志进行了骇人听闻的大屠杀，据保守的统计死亡 30 余万人。

相比华北和东部沿海地区，华南地区的难民出现得稍晚。在东南沿海被日军封锁后，福建、广东等地的居民有的携家带口逃到中国香港、澳门，有的逃往山区和内地，也有的移居南洋投奔亲戚。如广州原有 150 万人口，到 1938 年 6 月初仅剩下 50 余万人。迁离的难民中只有少数被疏散回乡，相当数量的难民继续流亡到其他的内地城市。

1938 年 10 月武汉陷落后，从江浙和华南逃往武汉避难的人们，又接着迁往四川等地。武汉难民西迁大致形成三路：一路进入四川、陕西，一路进入贵州和云南，一路进入广西。四川难民的来源最为集中，除小部分来自北方外，绝大部分为东南各省市迁徙而来的"下江人"。

2. 黑色逃亡路

黄金水路的蜕变

在抗战时期，敌占区的老百姓们主要有这样三条逃难路线。

第一条：长江沿线到四川。下游的各省居民沿江而上，汇集于武汉，再经过沙市、宜昌，至万县到重庆。从这条路线沿着长江可以乘轮船、汽车甚至步行到达四川，这是当时最主要的难民内迁路线。

万里长江一千多年来都被称为黄金水道，是华夏中部的主要交通孔道。它不仅沟通了东西南北的货物往来，更是滋养了两岸富足的鱼米之乡。可当战争的浩劫来临时，数千万的难民却沿着这条昔日带给他们幸福的大江，向他们从来没有去过的后方迁移。

第二条：武昌到贵阳。是从武昌先到衡阳，沿着公路和铁路再到桂林和柳州，再经过黔桂公路和铁路到贵阳。这条路线在长沙失守以前比较安全，交通也相对便利。

第三条：上海到株洲。由上海经过海路到达温州、金华一带，沿着浙赣铁路到达南昌再南下或者向西走。这条路线是当时东南各省难民的主要内迁路线。

亲历过逃难岁月的文化人用他们的笔记录下了路途上的苦难和艰险，著名作家巴金在自传中有这样一段回忆：

> 1940年从上海去越南海防毫无困难，需要的护照，可以托中国旅行社代办，船票也可以找旅行社代买，签证的手续也用不着我自己费神。那次航行因为遇到风浪在福州湾停了一天半，但终于顺利地到达了海防。当时从上海到所谓"大后方"去的人大都经由海防乘火车进云南、去昆明，我经过海防时法国刚刚战败，日本正在对法国殖民当局施加压力，准备侵占越南，形势很紧张，估计这条线路的命运也不会长了。
>
> 我们从海防到河内，再由河内坐火车到老街，走过铁桥进入中国国境。火车白昼行驶，夜晚休息，行李跟随客人上上下下，不仅在越南境内是这样，在云南境内一直到昆明都是这样。同路的人大都是生意人，也有公司职员，还有到昆明寻找丈夫的家庭妇女。和我比较熟悉的是一位轮船公司的职员和一位昆明商行的"副经理"，"副经理"带了云南太太回上海探亲，这次不得不再回云南去避难，他买了好几瓶法国三星牌白兰地酒

贿赂了海关的越南官员。

从河口去昆明仍然是白天行车，晚上宿店，我们还是集体活动，互相照顾，因此很顺利地按时到达了终点站。

巴金走的这条路线应该是经过变通的难民内迁的第三条路线，是通过越南绕道转大后方的。在太平洋战争爆发以前，这条路线还比较安全。

然而，大部分逃难的人就没有巴金那么幸运了。当时的迁移方式主要有两种：一种是步行，另一种就是依靠交通工具向后方和内地迁移。当然，并不是所有的人都幸运地拥有驴马作为交通工具的，更不必说那些更好的交通工具包括汽车和火车还有轮船等了。

大迁移真实地反映了中国社会的城乡差别。对农民来讲，牲畜是他们的生产工具，是用来耕作的，绝不舍得骑着它们代步，最多也就是把笨重的行囊放在驴马的背上。他们牵着自己的牲口，用两条腿向后方一步步地走去，挑着担，推着车，栉风沐雨，凄苦万状。而城市的居民则因为经济上比较宽裕，大多利用了交通工具，当时涌入各个汽车站和火车站的绝大多数难民都是城市居民。

在当时，大多数人的流亡都是无序的，没有明确的目标，这一点在抗战的初期表现得特别明显。人们因为缺乏信息，根本不知道敌人打到了什么地方，什么地方是安全的。他们只能听从每天都不同的各种谣传，尽可能地离战区远一点儿。但当他们刚刚坐下来喘口气的时候，又会有新的更令人不安的消息传来，只得背起行囊再次蹒跚地上路。

国民政府在沿途也尽可能给予了一些方便，赈济委员会在沿途设置的难民总站负有救助的义务。对于那些的确无法步行的难民，经过调查后给予减免车票的优惠。各难民救济机构在有多余运能的前提下，也会积极予以配合，对那些迫切需要交通工具的人予以帮助，这样的帮助是分段的，可能在这一段坐汽车，在另一段坐火车，又在别的地方换乘轮船，但在实在找不到交通工具的地方，那就只好步行了。

双脚量出的苦难

从沿海或抗战初期失守的大城市长途跋涉到内地是相当艰辛的旅程，

遇到的都是一般人难以想象的艰难困苦。

不管他们是一个人、一群人，还是一整村的人，在旅途中几乎不会有人给予他们住宿和必要的饮食，没有人给他们提供帮助，因为在战乱中人人自危。在路上，有的人可能永远到达不了终点，在临死时，他们的心中是对战乱的诅咒和对故乡的无限眷恋。

到现在都没有准确的数字来统计当时一共有多少人死在了路上，甚至连估计的数字都没有。我们只知道，到达后方的家庭有相当多都已经是不完整的了。

1939年以前是抗战内迁移民的高潮。在抗战的前期，因为日军的疯狂进攻，中国军队节节抵抗，但又节节败退，丢失了大片的国土，而这些沦陷的国土又是中国经济最发达的地区，是国民政府的执政基础和财政收入的主要来源地，也是人口最稠密的地域，所以才会有如此之多的难民来到内地。

到了1938年年底以后，日军的大规模进攻因为兵力不敷调配，也因为中国地域广阔、战线拉得太长而有所减弱，但在个别地区，拉锯战还在继续。难民流的余波仍然存在，大批的难民还在路上，尚未找到新的居所，所以直到1939年，难民人数依然居高不下。

太平洋战争爆发时，中国的抗战早已进入了战略相持阶段。在这一阶段，日军因为深陷太平洋战场，无暇在中国战场投入更多的兵力以发动更大规模的战役，所以战局一时得以缓和。这一阶段因战乱逃亡的难民人数大为下降，但因自然灾害而流离失所的难民却大为增加。而到1944年因为豫湘桂会战中中国军队的溃退，再一次产生了大批新的难民。

在流亡的过程中，难民们遇到的头等大事就是饥饿问题。难民们不知道前面的逃亡路到底有多长，三天、五天？还是八天、十天？他们只能尽自己的所有，带上可带的干粮和可以换取食物的少得可怜的钱财。谁都不可能带上足以跋涉到后方目的地的粮食，在街头经常可以见到这样的场景：难民饥饿难耐，遂不顾一切地抢食小饭店和小食摊上的食品，一边被老板痛打，一边狼吞虎咽地把馒头、米饭、大饼塞到嘴里。

在一些地方，老百姓剥掉沿路的榆树皮，把它们碾碎当食物吃；在

战争中苦难迁徙的百姓

一些村子里，难民把村民丢弃的花生壳捣碎了充饥，还经常可以看到难民们用观音土来填他们的肚子。

除了饥饿之外，难民们还会遇到在哪里过夜的问题。如此众多的人口一下涌进沿途的小城镇和村庄，当地根本就不可能为他们提供足以遮风雨的房舍，哪怕只需要一两天，因此人们只得在民居和商铺的屋檐和大树下暂时栖身，或在破庙里以及残垣断壁下蜷缩着过夜。大批难民西迁时，正是秋冬交替之际，天气越来越冷，仅有的那点衣被根本不可能抵挡霜雪和严寒。

行路难更是个大问题，让难民们倍感艰辛的是，中国地势西高东低，自东向西，丘陵和山地渐多，甚至还有崇山峻岭要攀爬。绝大多数难民也许一辈子没有出过远门，更不要说每天要忍饥挨饿、顶风冒雨地走几十里的山路了。

更可怕的是疫病，在逃难的路上根本不可能有医院和其他的医疗机构等着他们，得了病只有硬扛着，难以数计的难民就因为疾病倒在了异乡和逃难的路上。

悲惨莫过女人

在逃难的路上，女人遭受到的苦难远远大于男人，由于大量的男子参军或被日军杀害，难民中的女性比男性多得多。

著名战地记者范长江在《皖中战影》一书中记载：

战区的逃难同胞，妇女尤占多数，看衣服和相貌，逃难者多为衣食无忧的家庭，向日皆在家安闲自在，而今也被迫在道途上迁徙。交通工具是谈不到的，纵有，也不过是独轮小车，上面可以放些行李。有人甚至完全无代劳工具，重重的行李，通通自己背着。小脚老妇，黄发儿童，也只得在地上徒步，红颜少女，多也执绳挽车。当然，她们一天不会走多少路，而且究竟走到哪里去生活，她们通通没有把握。

在河南发生的大旱饥荒让这个省以及周边地区产生了大量的饥民，入冬前的几个月里，在河南各个城市的街头，到处都可以听到"卖娃了"的凄惨叫卖声。其后，随着灾荒愈演愈烈，卖子女的现象在灾区非常普遍，人们将自己十三四岁的女儿甚至是年轻的老婆用驴马驮到豫东、周家口、界首等人口市场叫卖。

有记者报道，在许宛公路上，大批被贩卖的妇女络绎南去，大"人客"（即人贩子）们用架子车载着五六个妇女，小"人客"则带着一两个女孩徒步缓行，有的瘦马或病驴上还驮着一个奄奄一息的少女。也有一些骑脚踏车的商人，在后架上带着十四五岁的瘦骨嶙峋的女孩飞奔而去。尽管这些被卖的女孩不知道自己将面临什么样的未来，但也许她们的心中还存有几分庆幸：毕竟没有被饿死，捡回了一条命。

最可怜的是即将生产的孕妇，逃难的孕妇临盆时不得不把她们的孩子生在路上，没有水，没有食物，也没有休息的地方，只能待在满是灰尘的路边。能活下来的孩子很少，许多产妇在生产后也死了。

3. 殚精竭虑的救助机构

被越来越激烈并不断扩大的战事弄得焦头烂额的国民政府，也不得不面对如此大规模的难民流亡活动，并相应地采取了一些措施。

赈济委员会作为难民救济的最高领导机构由孔祥熙兼任委员长，后特聘许世英为代理委员长，下辖三个处：第一处负责总务；第二处负责难民的救护、运送、收容、给养及紧急赈济的办理等事项；第三处负责灾民、难民的生产事业和补助，以及灾民、难民的小本贷款，儿童的收容救济等，另设卫生所办理灾民、难民的医疗救济。其经济来源主要靠国家拨款，同时也接受国内外的各种捐款。

难民运送总站是根据难民迁徙路线设置的非常设机构，下设分站和难民招待所，其任务主要是运送零散难民，就地安置难民参加生产和工作；帮助解决难民的交通工具，协调和组织难民集体迁徙。

各地赈济会主任委员为各省、市政府的主席，成员分别从省、市政府委员、党部、各民间团体和地方知名人士中选聘。到1941年，豫、闽、湘、甘、青、粤、绥、陕、浙、滇、康、桂、川、黔、赣、苏、鲁、皖、宁、晋、冀22个省均成立了赈济会，所属地方赈济会共1166个，被救济的难民以江苏、安徽、湖北、河北、河南、山东等省人数最多。

按照规定，各个难民运送总站应按照各自的管辖范围，一站接着一站，一直把难民安全送到大后方去。但如此之大的难民潮的涌动，让国民政府的难民救助机构难以应对。自抗战爆发到1938年6月，难民运送总站、分站共设1500个收容所，仅仅收容并向后方遣送难民116万人，但这已经是难民总站尽自己所能给予难民的最大帮助了。

在武汉沦陷的前一天，赈济委员会在武昌和汉口设立了难民区委员会，初期即收容了10余万难民。

武汉难民赈济委员会还制定了相关的规定：

一、疏散武汉难民，除依照本省运送难民办法及各县收容难民注意事项办理外，并依本办法办理。

二、疏散武汉难民暂指定潜江、石首、公安、松滋、枝江、江陵、宜昌、宜都等县设法收容，在车船无法解决之前，先指定汉川、嘉鱼、黄陂、孝感、云梦、应城等县以步行方法疏散之。

三、难民给养大口每人每月三元，八岁以下者两元，由本省难民救济分会每月按照实送人数先期汇送各县支会查收转发。

四、难民伙食除有眷属者可由难民自办外，其他收容之难民伙食可由难民将其领得之口粮推举代表会同收容所办理，但收容所经管人员应自备伙食。

五、武汉两支会对所收难民应即查明，其志愿移居县及对移居县不加选择者，分别册报本省难民救济分会酌量分配，并按册制定难民证发交武汉支会转发携带以资证明。

六、难民在途伙食每人每日规定三角，八岁以下者减半，由武汉两支会及原收容机关负担（运输船支备有伙食者则统交该船代办）。

七、难民经指定遣送地点后，不得提出异议或借故逗留，否则停止收容，必要时并得勒令出境。

八、遣送甲县难民如欲移居乙县，须经甲县县长或支会征得乙县同意始得转送，并立即呈报本省难民救济分会备查。

九、遣送难民所需车船由本省难民救济分会向有关交通机关商洽办理。

十、各县支会为办理难民收容事宜得向湖北省教育人员动员工作服务团各县分团商调团员协助。

1938 年 2 月 7 日

到 1944 年，随着一批批难民不断向大后方迁移，国民政府又逐渐扩大对其生活的救济范围。救济分临时和定期两种，临时救济通常在难民流亡过程中实施，包括提供日常饮食、车船费、孕妇生产补助和丧葬费等。难民伙食费初期每人每日法币 2 分至 2 角不等，以后每人每日 3 角，8 岁以下减半。定期救济主要是针对缺乏劳动能力或生活难以为继的难民，使他们维持最低生活的需要，同时也包括医疗救济，如发放预防一般疾病的药品和进行临时疾病治疗等。

虽然有上述条文的详尽规定，但实际上，因为局势的混乱，这些规定难以兑现，受到救助的难民非常之少，绝大多数难民是靠着自己的能力和运气在战乱中活下来的。

4. "沿海填四川"

究竟有多少人去了四川

抗战时期到底有多少难民内迁进入了西南内地，国民政府在战时和战后从来也没有给出过一个完整的统计数字，对此众说纷纭。

一份外电估计中国东部地区大约有 1600 万人内迁到了西部，这是当时外国记者的一般看法，但这个数字即便在当时也被认为是过低的。另一个数字是社会学家孙文本的估计，他通过调查分析得出结论，认为难民总数有 3000 万人之多，这个数字被认为估计过高，所以也不足采信。国民政府行政院在战时做过一个估计，说有 2000 万人内迁到了大后方。

其实，这些估计或是统计的数字，都没有过硬的依据。战时局面的混乱，尤其是难民不断地从一地流向另一地，使这个数字呈现了大幅的摇摆。但总体来说，如果我们给难民一个广义的内涵，则这个数字应该远远超过 3000 万人。

四川是国民政府的临时首都所在地，所以聚集在这里的外省移民的数量相对较多。一份战后人口统计中曾得出过这样的结论，抗战时期来四川避难的外省人数为 150 万。但因战后统计时，已经有相当多的人回到了光复的故乡，所以说战时流落在四川的难民总数应该远远超过 150 万。至于其他西南省份，例如云南和贵州等地，因为几乎在整个抗战期间都很少受到日军的军事威胁，所以也收容了大批的难民。

由于明末张献忠农民起义军在四川屠杀了数十万人，清朝初年，清政府便从湖北、湖南、江西、安徽等省向四川强行迁入了大量的人口，是为"湖广填四川"。在抗战中，难以数计的外地人口进入四川避难，实际上也形成了沿海和内地其他省的人口再"填四川"的格局。

内迁难民主要居住在后方大城市里，居住在乡村的极少。一方面因为大城市是经济文化和政治的中心，社会资源比较集中，信息比较便利，而且相对比较容易谋生；另一方面则因为难民的主要成分是原来的市民阶级，他们不适应农村不方便的生活。

难民不仅有迁移到大后方的，而且也有很多人继续留在战区，有相当一部分人避难到东部我方控制的那些地区。这些地方要么是在深山老林里，要么是在交通便利特别是前方各个军政当局所在的大城市。例如，安徽黄山脚下的屯溪小城，战时曾是第三战区司令部所在地，当地人口一下子从战前的 5000 人猛增到 20 万之多。

影响的岂止是摩登

内迁入川滇黔的江南人特别多，由于他们来自长江下游，当地人将他们统称为"下江人"。

下江人热情活泼的性格，给思想相对保守封闭的当地人留下了深刻的印象，这些下江人成了向当地人传播"新文化"的"使者"。

有意思的是，这些影响首先来自那些下江人的衣着打扮，尽管下江人是落难之人，但举止言谈、服饰衣着毕竟和偏居一隅的云贵川人有所不同，这些新事物全方位地冲击了西南边陲的传统生活方式。

当时在重庆、昆明等城市马路上来来往往的多是外地人，衣着入时的摩登女郎、西装革履的男人随处可见。在当地的乡民眼中，这是一道时尚的风景。最牵动他们眼球的是男女在公众场合卿卿我我、挽臂而行，这实在是让当地人惊叹。虽然当地人碰到这种状况会公然侧目，但下江人却视而不见，依然故我，渐渐地，当地人也就见怪不怪了。随之，"上海时髦"迅速深入到了一个又一个中国西南内地的大小城镇，成为当地的青年人纷纷艳羡和模仿的对象。

每个难民都有自己不同的人生故事，有自己的悲欢离合。但在那个动乱的年代，他们把个人的命运和国家民族的命运联系在了一起。背井离乡的凄楚和宁肯流亡三千里也不做亡国奴的气概和爱国情怀糅合在了一起，即使遭受到了和平时期难以想象的苦难，他们也没有把内心的凄苦写在脸上，仍然保持着那种矜持和淡定，这使他们成了令人尊敬和钦佩的人。

这些原来聚集在东南沿海的文化精英，给西南带去了现代的文明和各种各样的新奇事物，高等教育、话剧、音乐等给偏僻的西南吹去了一股清新的风。

美国人曾把经历过第二次世界大战的一代人称为"最伟大的一代"，我们也应该把抗战中的中国人称作最伟大的一代人。

5. 顽强地生存

难民内迁到后方，国民政府面临的首要问题就是如何安置，要给他们饭吃，给他们衣穿，使他们安定下来。由于战时迫切需要大量的廉价劳动力，例如交通设施的建设、运输、救护、慰劳等，所以那些生活无着、迫切需要生活和工作的难民就成为了首选的目标。

1938 年，国民党军事委员会政治部、赈济委员会、军事委员会战地党政委员会会同难民组训委员会，开始共同领导难民组织训练工作。

有关难民组织训练的目的和方式在 1939 年 8 月赈济委员会呈报行政院的《难民组训计划大纲》中，规定得很清楚：

（1）使战区及接近战区之难民，人人不离乡土，并能切实做到自卫自养，以增加抗战力量而减少政府对难民之负担。

（2）使移居后方的难民，积极参加生产工作，安定日常生活，充实抗战力量，巩固后方秩序。

（3）使后方回籍难民，有抗战必胜、建国必成之信念，不做顺民，不为敌用，并能发挥各个人或集体之力量，摧毁敌人一切军事、政治、文化、经济的侵略设施。

（4）难民组训之实施，应依其职业、性别、年龄、体力、环境之不同，适应实际需要分别进行。

（5）难民组训工作务须与难民救济设施取得密切联系与配合。

据相关统计，在整个抗战期间各地所成立的难民组训委员会总计有21 个之多，每次组训 4 万人，以 3 个月为一期，受训难民人数仅 1938—1941 年这 4 年就达 147079 人。难民经过训练，在军事、生产等方面的技能得以提高，成了抗战的一支重要力量。

难民中的大多数人是各种各样自食其力的普通劳动者。难民的职业种类有很多，如那些原来在东部大中城市中从事小手工生产的难民，到达后方后，主要也从事原来的职业，而且在获得政府经济上的一定援助后，就可以自己创办小产业独立谋生了。商人、小贩等，其职业本身就具有一定的流动性，比依赖土地为生的农民具有更丰富的社会经验，对政府救济的依赖性较小，因而，在一定程度上，能较快适应迁徙和流亡的生活，是迁移难民中的一个重要群体。

例如，战时的桂林火车站旁边星罗棋布的小商店差不多都是难民开设的。又如，当时浙江大学内迁时，就有不少小贩挑担随校迁移，沿途进货和贩卖，直到贵州遵义，他们依靠为师生们服务而维持生计，由此可见，一部分从事小商业的内迁难民的生活状况应该还是有所保障的。

对于这些小生产者，国民政府设立了"小本借贷处"，专门借贷给贫苦无资的营业者，让他们用贷金作为资本从事小生产，最初的贷款数额规定为 10-500 元不等。赈济委员会先后在重庆、西安、西康等地设立了小本贷款处及分处数千个，借款人来自 15 个省市，经营行业达 30 余种。

最早开始这项业务的重庆小本借贷处自 1939 年 6 月 1 日开业，至 10 月 14 日的短短四个半月时间里，共向 638 户工商业经营者贷款 46721.6 元，平均每人贷款 70 余元。但就全国而言，截至 1944 年 3 月，只为 2414 人办理了贷款，间接受惠者仅有 1 万人左右。由此可见，得到实惠的人还是不多，而且这种借款本身又有很多限制。例如，规定申请贷款的难民需要有 2 户居民或者店铺作为担保，否则就不受理申请。国民政府的官员也承认对于这项业务是咨询的人多，办理的人则少之又少，因此在后方真正能获得贷款谋生的难民人数并不很多。

另外也有很多难民务农，这样既可以解决自身的温饱问题，又可以为抗战生产粮食。抗战时西部地区有很多荒地，把难民迁移到荒地上从事农业生产就成为难民寻求生路的又一个重要途径。为此，四川、贵州、云南、广西、陕西、甘肃等省纷纷成立了垦殖组织。如陕西省黄龙山垦区就是战时最大的难民垦荒区，该垦区成立于 1938 年 3 月，1941 年 9 月时全垦区共收容难民 26537 人。就垦区经营方式来看，有国营、省营、民营三种，实际开垦土地 1444209 亩。

移民垦荒是国民政府"寓救济于生产"的一个重要举措。战争初期的《非常时期经济方案》最先提出了移民垦荒的设想，该方案指出：

"抗战以来，凡战区民众之避难至后方者，政府当妥为抚辑，不令失所，更当使彼等从事于生产工作，以增加抗战力量。彼等对于生产工作可以用力之处甚多，其最要者，厥为垦荒……难民中能从事此种工作者，自应协助迁徙。"

1939 年 5 月，国民政府又公布了《非常时期难民移垦条例》，督促各省政府于一定期限内，设立垦务委员会，办理难民移垦事宜。

当然，到了新垦荒地生活的难民绝非到了人间天堂，他们不仅会遇到诸如气候、温度、环境等不适应的问题，还会遇到很多人为障碍。因为政府把所有垦荒农民的大部分粮食收获作为公粮存入公仓，垦荒居民在生产中几乎得不到多少经营自主权。例如，强令规定农具必须由政府供给，而且种植什么作物也必须由政府决定。在这样的限制下，那些农民的生产积极性自然也不很高，垦荒的实际成效也就可想而知了。

此外，政府还仿照 30 年代初经济大萧条时期的美国，组织难民参加兴修水利和铺路建桥等公益活动，作为救济的基本方式。行政院善后救济总署在战时组织实施了百余项水利工程救济项目，仅次于水利工程的交通工程，也占到了整个工程总量的 1/5，此外还有房屋工程、市政工程等。据统计，工程总用工人数达到 1.8 亿人次，解决了近 1000 万难民的生计问题，其中仅水利工程用工即有 5900 余万人次。作为酬劳，政府主持的工程总共供给粮食 30 万吨，此举解决了许多难民的基本生活问题，其成绩也是不容忽视的。

抗战初期，在短时间内造成了大量的工厂倒闭，相应也就产生了许多失业人口。据统计，全国至少有 350 万失业工人。抗战开始后，民营工厂或因缩小业务范围而裁减工人，或因打算迁移而解散工人，又致使 160 万至 200 万人失业。

为了解决这些难民的就业问题，国民政府社会部在重庆、内江、遵义、贵阳、桂林、兰州等市设置职业介绍组，开展求业、求才登记及职业介绍等业务。赈济委员会 1941 年在各地又分别设立了难民职业介绍所 91 个，1942 年发展到 168 个。各职业介绍所介绍的从业难民人数，1941 年为 101444 人，1942 年为 645403 人。

根据《非常时期难民服役计划大纲》，国民政府在抗战开始后，又吸收了一部分难民入伍当兵。许多内迁的难民因为无以为生，当兵吃粮就成了一条不得已而为之的出路。

6. 救救孩子

战时儿童保育会

在战争中，首当其冲受苦受难的就是孩子，日寇的炸弹使无数家庭毁于战火，成千上万的儿童成了孤儿。在沦陷的城市和大后方城镇的街头随处可见失去父母、流浪的难童，他们饥寒交迫，无家可归，沿街乞讨，有的甚至倒毙在街头，其状惨不忍睹，他们成了最直接、最悲惨的战争受害者。

战争中失去家人的孤儿

救助难童最主要的机构是中国战时儿童保育会，由邓颖超亲自推动，并与冯玉祥将军的夫人李德全、田汉的夫人安娥等人四处联络有识之士，发出了"救救孩子"的倡议，之后由沈钧儒、郭沫若、刘清扬、沈兹九等近 30 人发起，后来又有 200 余名各界著名人士联名响应。

1938 年，各界民主人士和一批著名的妇女界人士在汉口集会，发起创建了"中国战时儿童保育会"。鉴于当时的实际情况，决定请蒋夫人宋美龄出面主持保育会的工作。

宋美龄慷慨应允，担任了保育会的理事长。

宋美龄女士在武汉儿童保育院

在宋美龄的影响下，蒋介石也在 1938 年 3 月 26 日的《大公报》上公布命令："确切调查难民中之孤儿，设法移送后方安顿。"

3 月 10 日，在武汉的圣罗以女子中学举行了"战时儿童保育会成立典礼"。

当天的《新华日报》曾经有过一个报道：

> 蒋夫人、冯夫人等鉴于抗战时期儿童所受损害甚重，特发起组织战时儿童保育会，经二月余之努力，刻已筹备就绪。兹定于今日（十日）下午三时在汉口圣罗以女子中学召开成立大会，届时除蒋夫人亲自莅会指导外，并请各机关团体学校及新闻界莅会指导，届时当有一番盛况。

设在汉口的中国战时儿童保育会总会最初下设 24 个保育分会、61 所保育院，它们分布在全国凡有难童的省市与地区。在陕甘宁边区，也有"延安保育分会"与"保育院"，是较早成立的一批，之后甚至海外也积极响应，例如，在印度尼西亚就成立了一个"保育分会"。

武汉会战时，形势非常严峻，在各个交通枢纽都有大批难民等着转运，这时保育总会喊出了一个响亮的口号："为在本地抢救 1000 名儿童而奋斗。"为此，大批妇女受命在武汉三镇挨家挨户动员老百姓将那些无人照顾的儿童转交给保育院保护，给那些身处险境中的孩子谋一条生路。在这些妇女中除了前文提到的妇女界名人以外，还有著名社会活动家郭秀仪、北伐战将黄琪翔的夫人等女界要人，只用了十来天工夫，她们竟救出了 1300 多名难童。

1938 年 5 月 1 日，第一临时保育院在武汉设立，首批收容了 550 多个来自北方沦陷地区的儿童。他们经过长途跋涉来到保育院，穿着破旧不堪的衣服，疲惫不堪，饥肠辘辘，也没有受过任何正规学校的教育。来到保育院后，他们受到了精心的照顾。

几个月后，他们的面貌就发生了很大的变化，有了统一的服装，集中在一起学习科学文化知识，保育院为他们组织了丰富的课余文体活动。除此之外，还教他们如何饲养家禽和做各种手工劳动。保育院里成立了演唱队、讲演队，开展了多种多样的竞赛活动。

在收容过程中，战时儿童保育会还派专人把沦陷区的儿童安全地送往大后方，通过募捐、筹款等形式救济和抚养难童，并调动了众多妇女参加到这项工作中来，使难童有了新家，使那些正在前方杀敌的将士心有所安。

这一工作由保育会下属的输送委员会负责。在敌人的炮火下安全地输送儿童是件很危险的事情，当年参与这项工作的人曾有过这样一段描述：

在那些路边小道上，全是来自下江、外省的逃难人！他们一个个衣衫褴褛，蓬头垢面，衰竭不堪。最引人注目的是难民队伍中那些女性和她们身边的孩子，这是"中国战时儿童保育会"的临时"母亲"和她们的孩子们，这些年轻的母亲也是刚逃生出来的。她们自己惊魂未定、衣食无着，却又自愿地担负起了救助战时难童的责任，领他们一道踏上新

第九章 艰难的迁徙

生之路。这些自己刚刚离开妈妈的怀抱并在撒娇的女孩，须臾之间，竟成了这些孩子们的"母亲"，可见女性的伟大。

保育会设立的 53 所儿童保育院中，有 21 所设在四川，保育院收容 12 岁以下的儿童，按年龄分为幼儿部和小学部。

在宜昌的大撤退中这样的难童非常多，河南、河北、南京以及其他几个沿海省份来的孩子全部集中在宜昌。当时的宜昌需要转往大后方的人有近十万，每天都需要送走好几千人。负责运送难民的民生公司把第一批免费票全送给了孩子们，上船前，宜昌的保育院给难童们吃饭、洗澡，换上干净的衣服，把这些骨瘦如柴、孤苦伶仃、无家可归的孩子全部安全地送进四川。

作家老舍在回忆录中曾写道："难童数量很大，周围都是孩子们，连轮船烟筒的底座上都站着孩子。"随行的保育员在船上教他们唱抗日救亡的歌曲，让这些孩子从小懂得抗战救亡的道理。

1938 年，在重庆又设立了儿童教养院。到了 1941 年年底，赈济委员会直属的各个教养系统共收容了近 4000 名难童；到了 1944 年，直辖的教养院里收容难童的人数达到 12871 人，是战时的最高纪录。

儿童保育会历时八年挽救和保育难童的历程，也是当时国共合作统一战线的重要成果，它使得 3 万名难童免遭战火的摧残。

宋美龄为孩子当交警

蒋夫人宋美龄在难童救济中发挥了很大的作用，像她在淞沪会战和南京保卫战中冒着炮火赴前线慰问部队、慰问医院的伤兵一样，此举受到了很多人的赞誉。

保育会干部、爱国将领张治中的女儿张素曾对宋美龄在保育会中发挥的作用和功绩大加赞扬。

1938 年圣诞夜，宋美龄来到当时寄养难童的重庆万寿宫，带去了好几大篓橘子赠送给全院师生。她和随员们走进庙里，翻开难童睡觉的地铺，察看垫在地上的稻草的厚薄，对院长和老师们一再嘱托要照顾好这些孩子。

1939 年 5 月 5 日这天，日本飞机对重庆狂轰滥炸，有一批 600 多名儿童需要紧急疏散，这件事正好让宋美龄碰上了。于是她便将自己的座车让出来，又像个交通警察似的，亲自站在马路当中，手中挥舞着交通旗子，要求过往的车辆停下来让开马路，转运这些儿童，费尽周折之后，终于将孩子们平安地转移到了歌乐山的战时保育院。

宋美龄

战时儿童保育会的经费除了由国民政府拨给一部分外，主要依靠向社会各界募捐。在它的成立大会上，就有许多社会名人认捐了钱财。而且，在成立后的 40 多天里，仅宋美龄一人就捐了 26000 余元。从 1938 年成立到 1943 年，儿童保育会所筹集到的 6100 余万元捐款里，由国民政府和各个地方政府提供的补助经费一共只有 1370 余万元，其他款项都是从社会各界募捐来的，其中海外募捐又占了很大的比例。

除了战时儿童保育会外，当时在全国还有另外两个较著名的儿童救济团体，就是抗战前设立的中华慈幼协会和中国战时儿童救济协会。这三个团体都是在赈济委员会资助下设立的，有各自不同的分工，规定沦陷区的儿童救济由中华慈幼协会负责，战区的儿童救济由这三个机构分别管理。

除了这几个全国性的团体外，在各地还有些区域性的团体，其中有旧式的慈善机构，也有宗教团体，还有以地缘关系建立的民间救济性团体，或爱国人士自发成立的专门机构。当然，这些机构和全国性团体比较起来，在资金和财力上都有很大的差距，但却反映了大敌当前，全民携手的民族精神。

7. 穷的是学生

本书中所说的难民应该是广义的难民，这个群体不仅包括流离失所的农民、城市市民，也应该包括流亡到后方的学生。

由东南沿海和其他沦陷区内迁到西南大后方的大学生，多数和家里失去了联系，断绝了经济来源，除了能得到政府的一些极为有限的救助金以外，没有其他收入。他们的伙食很差，粮食不足，很少能吃到肉，连油水都很难见到，许多学生只有一两套衣服，因此不得不在课余去找门路解决生活问题。

在大后方，经济衰退，物资匮乏，加之人口激增，日用消费品奇缺，致使物价飞涨，粮食成了大后方第一稀缺的物资。重庆刚成为陪都时，物价还算低廉，那时，小摊上吃碗面只要 800 文钱，白米只要 2 元多一斗。而到 1940 年以后，一碗面的价钱涨到 7 角钱，大米价格涨了 30 倍，每斗要 60 元。

经济学家杨西孟曾写过一篇题为《几年来昆明大学教授的薪津及薪津实值》的文章，他以 1937 年生活费指数为 100 元计算，1939 年上半年生活费指数上升到 273 元。也就是说此时领 300 元的薪津，仅值抗战前的 109.70 元。到了 1939 年下半年，生活费指数已上升为 472 元，如薪津仍为 300 元，只值抗战前的 63.80 元。到 1943 年下半年，生活费指数更是达到了惊人的 3614.21 元，如薪津仍为 300 元，此时仅值 8.30 元。这年 9 月，四川米价最高达每石 4800 元。

整个社会群体的经济都窘困到如此地步，作为学生，就更是苦不堪言了。

有的学生去当家庭教师，有的到邮政局当邮差，有的到盐务局卖盐，有的在公共汽车上卖票，还有当机关译员的，给报馆跑外勤的，给金店当师爷的，给电台当播音员的，给汽车油漆牌照的，更有擅长写作的学生，向校外各种报纸刊物投稿赚稿费的。

生活虽然充满艰辛，学生们却没有消极颓丧的心态，他们对抗战胜利始终有信心。读书学习之外，他们也有许多课外活动。尽管是苦中作乐，但他们也懂得在学校生活中充实自己。学校里各系有系会，各省区有同乡会，还有话剧社、桥牌社、新诗社、灯谜社等社团，并时常公演，或竞赛，学校也举办不同的论文或写作、讲演比赛。

在那些稻草盖顶的简陋大礼堂里，每逢话剧公演便热闹非凡。只可容纳七八百人的礼堂，往往要挤进上千人。平常一条长凳上最多可以坐四个人，到了演戏的时候，可坐上六七人，还有许多附近居民站在四周围观。

尽管吃不饱，学校也举办运动会，男生女生无不全力以赴。不上场比赛的同学，就在旁边当啦啦队。各学校还组织集体登山、远足旅行等活动。学生们对时政更是关切，社团常常举办时局讨论会或请教授们做讲座，在清油灯的微弱灯光下，大家畅谈对时局的看法，或倾听教授们深刻的见解。

当时的大学里最缺的就是书籍，以至于凡是能得到的书都被当作宝贝。那些经常要用的基本参考书，一般都被放置在阅览室的醒目书架上，以供同学轮流借阅，由于阅览室座位有限，如西南联大的图书馆只有100多只长条凳，除午、晚闭馆一个小时就餐外，从早晨8时到晚上10时都挤满了学生。特别是到了晚上，一是为了到图书馆看参考书，二是馆里的油灯是粗灯芯，比宿舍里自用的灯盏芯要明亮很多，所以每到晚饭后，阅览室门口都要排长队。

1941年12月7日日本突袭珍珠港，中国与美英等国对日、德、意轴心国正式宣战，大后方的青年们兴奋异常。随后，美国空军来华参战，需要大量的翻译人员，后方各大学外文系的男生纷纷报名参加译员训练班，有的学校的外文系甚至只剩下女生留守了。

1944年秋天，在蒋介石号召下掀起"一寸山河一寸血，十万青年十万军"的参军运动，报名从军的知识分子达12万人。在这些学生当中，大学生不在少数，政府许诺大学生服役两年后，不再补课，直接发给毕业文凭。一时间，各大学和中学几乎天天开大会欢送同学入伍。

8. 窘困的教授作家

艰难时日

其实，在战时受苦的远不止普通民众和学生，即便是那些赫赫有名的教授、学者和作家的生活也十分窘困。

抗战初期，重庆的大米价每担2元，教授当时的月薪200余元，名教授最高的为 360 元。助教为 70 元，维持一家的小康生活尚可，而教授们可以过上比较富裕的日子。后来，物价暴涨，货币贬值，配给的平价米 60 元一担，而且根本买不着，黑市米价高达 300 元一担。有些子女较多的家庭，起初还能勉强以积蓄贴补，继而以典当接济，而物价却有涨无降，以至于大学教师们的生活标准跌落到贫困线以下。《中央大学校刊》上经常有消息披露："本校某院长购得玉米一石，磨粉充饥。""某教授因支出日增，停止子女上学读书，并典当太太首饰。""某职员近因面粉价廉于米价，已两月不知米饭味。"

作为国民政府直接管理的中央大学尚且如此，可见抗战中内迁的其他高校生活之困苦。

吃饭问题也是当时西南联大的一大难题，自 1941 年以后，特别是到了抗战的最后两年，昆明物价之高，在大后方的主要城市中，仅次于居首位的贵阳。在昆明市有所谓有价无米之说，仅仅在 1942—1943 年，昆明物价就涨了 300 倍，而与此同时联大教职员薪金只增加了 5 倍，恶性通货膨胀使教授们每月工资的购买力下降到原来的 1/60。

以联大校长梅贻琦为例，他的薪俸是月 500 元，实际只得 356.54 元，再扣除所得税 8.40 元，余下的钱还得买救国公债，还得交飞机捐、前方将士寒衣捐等，就没剩下多少了。学者陈寅恪在论及当时昆明及后方通货膨胀、货币贬值的严重程度时，曾赋有两首诗："淮南米价惊心问，中统钱钞入手空"；"旧食万钱难下箸，月支双俸比优贫。"陈寅恪是少数教育部专聘教授之一，又有中央研究院的兼职，生活待遇比一般学者大为优越，但是连他也对飞涨的物价表示忧虑，那么一般教授、普通师生的生活也就可想而知了。

教授朱自清在冬季买不起棉衣，便买了一袭云南赶马人用的披毡，披在身上到校上课。为了补贴家用，有的教师只好把从平津仓促出逃时带出的书籍、衣物廉价出售，如历史学家吴晗就被迫把自己有关明史的藏书折价出让给云南大学图书馆。法律系教授费青患病，经济极为困难，只好请求学校收购他多年来收藏的德、英、汉三种文字的全部藏书。1941 年 9 月，北大法律研究部支付法币 300 元，购买了费先生的藏书。不久以后，教师们已无任何东西可卖，正像生物系教授沈嘉瑞所说的：

"现在可卖的只剩下几个空箱子了。"

教师生活的窘困，还可以从闻一多1944年写给友人的信中略窥一二：

> 弟之经济状况，更不堪问。两年前，时在断炊之威胁中度
> 日，乃开始在中学兼课，犹复不敷。经友人怂恿，乃挂牌刻图
> 章以资弥补，最近2/3收入端赖此道。

1940年，闻一多每月薪金仅够十天半月的开支，月月靠向学校透支借贷。为了糊口，家中除必不可少的衣被外，几乎全被分批寄卖一空。闻一多每天上午在联大授课，下午到中学兼课，晚上批改了学生作业后，还得为别人刻图章卖钱。以闻一多在学术界的名气，加上他治的印有梅贻琦、蒋梦麟等十几位著名教授联名推荐，还能以此"绝艺"换取润金稍解燃眉之急，更多的无一技之长的普通教员只能到其他高校或附近中学去兼职代课，或去做有钱人家的家庭教师等。

当时在昆明有一个著名的包子铺，专卖天津的包子。虽然相当贵，然而门庭若市。每天落日之后，就能看到这家包子铺热气蒸腾的情景，据说这就是联大某教授的副业。当时在昆明，教授们合股做买卖也是很平常的事，市中心正义路一带的好几个食品店和书店就是这样经营起来的。尤其是在1940年，日军完全封锁了大后方通往境外的陆海交通之后，物质生活更加贫乏，师生们的生活水平每况愈下。教授们都不得不兼课、写稿卖文，甚至摆摊卖旧货，一位联大学生有过这样的回忆：

> 有一天晚上去当时昆明最繁华的商业大街正义路一家拍卖
> 行闲逛时，居然见到了我的法文老师、联大法文专业一位首席
> 教授拿了师母的游泳衣去卖。这一"惨不忍睹"的情景使我震
> 惊骇怪，把我吓得丧魂失魄，赶快逃走了。

两袖清风的作家们

张恨水是鸳鸯蝴蝶派的领袖，从1929年起接连发表了《啼笑因缘》、《金粉世家》等长篇作品，使他一举成为名噪一时的通俗小说家。抗战爆发后，张恨水辗转苏、皖、鄂等地，做抗日救亡的宣传工作。1938年，他到重庆参加由陈铭德主持的《新民报》的编辑工作，和张友鸾、张慧

剑、赵超构并称为当时的"三张一赵",是《新民报》的台柱。

尽管是大作家,他的生活也十分清贫,在家里穿着打补丁的衣服,只有出门时才套上马褂,因此和潘梓年一起被称为陪都新闻记者中的"二马褂"。张恨水没钱建房,只好租下三间草房,在四周的竹片墙壁上草草地涂上黄泥巴,用几根木棒作为柱子支撑。陋室一遇到刮风下雨,就得赶紧用脸盆、木桶接水,并用油布把书桌盖起来,由此张恨水给自己的家起了个雅号叫"待漏斋",门两旁的对联是"闭户自停千里足,隔山人起半闲堂"。

张恨水的烟瘾本来很大,但经济上的拮据让他不得不降格以求,只能抽廉价的"神童"。这种烟又辣又冲,张恨水称它为"狗屁"。再后来,连"狗屁"也抽不起了,就抽更廉价的"黄河",他说:"不到黄河不死心,现在既然已经到了黄河了,就死心戒了吧。"果然从此戒了烟。

剧作家田汉,当时是一份抗战报纸的编辑,他组织和训练了不少的剧团,也培养了很多歌手和艺术家到前线去。在昆明时,他经常在床下面放一个陶罐,里面藏着足够吃 5 天的口粮,生怕因为一时的躲空袭或撤退离开家找不到吃的。

因为田汉的名气,经常有头面人物请他吃饭,而他总是把平时吃不上什么好东西的朋友们带去饱口福。一次,军委政治部副主任黄琪翔请他吃饭,他竟然把三厅的近 30 个人都带去了。黄琪翔一见大笑道:"我就知道你会带朋友来,恰好我准备了三桌。"

作家老舍在后来的一篇文章中也对当时的窘迫有过描述,那时的大后方物价疯涨,老舍和他的朋友们无法像过去那样时常聚在一起喝酒吃饭,因为大家的口袋都是空的。老舍所在的文协有很多人跑去香港谋生,可是老舍和他的同事们却忍着委屈坚持留在重庆。

他的身体也越来越坏,本来就有贫血,又加上时常"打摆子",但他仍然坚持写作,只要能挣扎着起床,他便拿起笔,直到头晕得不能坐着,才把笔放下。在抗战的八年里,老舍有许多教书的机会,但是他都没有去。一是他原来存在济南的教学书籍全都没有了;二是如果去教书,必然耽误了写作,而他是不会为了一点固定的收入而搁笔的,他是把笔当作自己的武器和生命的。

1938 年撤退到重庆的著名作家老舍及家人

老舍也有个戒烟的故事，他抽的香烟从"使馆"降到"小大英"，再降为"刀牌"，最后只得抽四川的土烟。他说：

"头一口就惊人，冒的是黄烟，我以为把炮仗买来了！过了一会儿还好，没炸，就放胆继续抽。可是过了一会儿，竟然看见蚊子往外飞。心想这真的是不错，既抽烟又驱蚊。又过了一会儿，发现臭虫也在搬家。"

老舍在报上苦中作乐地连续发表了《戒烟》《戒酒》《戒茶》等数篇文章，他自我解嘲地写道：

烟酒已戒，再戒什么呢？戒荤吗？根本用不着，与鱼已经两个月不见面了。猪羊肉近来也颇疏远，还敢说戒？……在戒茶之后，我大概就有资格去西方极乐世界了。要去就赶早儿，别把罪受够了再去。

他还有个"借衣"的故事，说的是 1942 年重庆中华剧艺社上演《面子问题》，由著名演员项堃（新中国成立后在《南征北战》中扮演张军长，在《烈火中永生》中扮演徐鹏飞）饰演剧中人佟秘书，需要一套长袍马褂，但遍寻不得。恰巧一天老舍来剧社，穿了他唯一一件会客和外出时才穿的长袍，被剧社一眼相中，但又不好意思开口。老舍何等聪明，看出了他们的艰难，便说："这又何妨？拿去穿吧。我每天到后台来就是了。"于是，一连五天演出时，老舍都在后台"候场"，等演完了，再换上自己的长袍回家。

20世纪八九十年代，笔者有幸和著名作家碧野成了邻居，并经常向其讨教，听他说起过1942年的一件往事。那年除夕，他总算是"捉到"了总在躲他的出版社经理，讨要回了一点稿费，就赶快去买了一只瘦小的公鸡（母鸡买不起）和十几斤掺着砂子的大米。他母亲见了，伤心地说："真难为你了，吃了一年的稀饭，过年总算能吃上一顿像样的饭了。"

漫画家丰子恺初到桂林时，桂林的物价还低廉，买了一屋子家具只需要30元法币，而这笔钱在上海只能买一只沙发。这些家具都是竹制品，因此他自嘲进入了"竹器时代"，到后来这些钱在桂林还不够买一只小板凳。

耳熟能详的顺口溜"教授教授，越教越瘦"这句话也缘起于抗战时的大后方，著名数学家华罗庚有一次在昆明的市场上买东西，被小偷盯上。他发现后，大喝一声："我是教授!"小偷闻言，狠狠瞪了他一眼，扭头走了。还有一次，西南联大的一位教授被一个乞丐跟着，他长叹一声道："你跟着我干什么？我是个教授啊!"

潘光旦的太太做米糕，冯友兰的太太炸麻花，一时在大后方都成了人们的谈资。闻一多带孩子们捉青蛙和蚂蚱，把蚂蚱叫大虾，青蛙汤叫鸡汤。

在大后方，教授们艰难度日的故事不胜枚举。

9. 香江秘密大营救

1941年年底，日本侵占港九地区，大肆搜捕抗日爱国文化界人士和民主人士。正当日军在各家报纸和电影院的红灯字幕上连续刊登启事，点名要邹韬奋、茅盾、梅兰芳和蔡楚生等人前去日军军部报到时，他们已经在严密的封锁下神秘地"失踪"了，并在数月之后安然出现在抗日大后方和根据地。

当时，这样一大批手无寸铁的文化人和民主人士，要从日军刺刀下的孤岛香港，回到千里之遥的大后方，不仅山险水恶、路途艰辛，更有日军、伪军、土匪设置的重重关卡，他们是怎样脱离险境、远走高飞的呢？

1941 年 12 月 8 日凌晨，几乎和进攻珍珠港的同时，日军向睡梦中的香港进行了猛烈的炮击和轰炸。孤岛香港无险可守，日军取之如探囊取物。12 日，便占领九龙半岛；18 日，日军强攻香港；25 日，港督杨慕琦举起了白旗。

日军占领香港后不久，八路军驻香港办事处主任廖承志就接到南方局负责人周恩来的电示："许多重要民主人士、文化界人士被困留香港，他们是我国文化界的精华，要想尽一切办法把他们抢救出来。"

当时的香港报纸大多暂时休刊，文化界人士和民主人士为了躲避特务的盯梢和日军的搜捕，已经紧急疏散，各自隐匿了起来，许多人还被迫多次搬家。当时具体负责联络、收拢工作的中共地下党员潘柱曾回忆说："最大的困难就是见过面的文化人很少，许多文化人都不认识，而且不知道他们的地址。"

在营救文化名人中接待过邹韬奋、茅盾等人的杨奇说，要把几百名文化精英从日寇眼皮底下安全营救出去，比打一场战役还要困难得多。但是，为了保护国家英才，地下党组织全力以赴。

怎样才能将他们一一找到？潘柱苦思冥想，最后决定以自己认识的张友渔、徐伯昕为线索开始寻找工作。他想，只要找到在《华商报》工作的张友渔和在生活书店工作的徐伯昕，就可以找到与他们常有联系的其他文化人了。这样一个联系两个，两个联系四个，一定会把他们全部找到。

然而，潘柱熟悉的张友渔已经不在他所知道的地方住了。到《华商报》工作人员住的地方去找，文委机关的人也搬走了。后来从清洁工那得知有一个叫铜锣湾的地方，到了那儿却只见到一个被炸了的院子，他在附近转悠了两天，终于在一家商店的楼下遇到了刚从日军手里挣脱的张友渔。

潘柱安顿好张友渔后，问他是否知道其他从大陆来的文化界朋友和民主人士的住址，张友渔当即表示：有的地名小得很，你一时半会也找不到；有的人住址我也没记住，但我知道是哪个地方；有的人搬迁了好几次，我也不知道他现在住在哪里，但说不定走在外面就碰上了，你不认识，我认识。所以我还是留下来跟你一起去找，或者我自己去找，找到了记下地址告诉你。

听张友渔如此说，潘柱不禁大喜过望，便和他一起开始了寻找工作。

很快，张友渔就找到了胡绳，他们一起又找到了戈宝权，根据戈宝权提供的地址，他们又一起来到了茅盾夫妇和叶以群的住所……就这样，联系的线索逐步扩大，邹韬奋、柳亚子、何香凝、廖沫沙、夏衍、萨空了、丁聪等著名文化人和民主人士相继被找到，并被安排在临时的集中点。

在寻找撤离对象的同时，其他准备工作也在紧张有序地进行着，一场前所未有的秘密大营救即将拉开大幕。

日本占领香港后，社会秩序一片混乱，日军急于消除"不安定因素"，想把香港变成"模范"殖民地，便大批疏散人口，每天都有成千上万的难民扶老携幼步行归乡。

时任中共中央通信处香港办事处处长的刘少文和中共粤南省委书记梁广决定利用这种时机，首先将营救对象从香港偷渡到九龙，再组织人员护送，通过不同线路离开香港。

当时在东江抗日游击区与港九地区之间开辟了海陆两条主要线路：

西线是陆上交通线，是从九龙到荃湾，越过中国香港的最高山大帽山到达元朗，然后渡过深圳河，进入宝安抗日根据地。绝大多数的文化界人士都是通过这条线路安全脱险的。

东线，即水上交通线，是从九龙往越南西贡然后乘船进入内地，转入惠阳抗日根据地。

为确保途中安全，广东人民抗日游击总队在两条交通线上分别设立了多处秘密交通站，派了精干的交通员做向导，由便衣交通队分批分段护送。

交通员们为保证万无一失，都采用暗号互相联络。1942年1月9日晚上，交通员李锦荣带领包括茅盾夫妇、张铁生、戈宝权在内的第一批文化界人士到达铜锣湾地区。

李锦荣问岸边的一艘小艇："有黄花鱼卖吗？"答："有。"又问："论斤还是论条？"答："你到舱下看看吧。"暗号对上了，随即上船开赴停泊在避风塘的一条大驳船上，与邹韬奋、胡绳、廖沫沙等人会合，并于拂晓前乘日军哨兵换岗之机冲出敌人封锁线，在九龙悄然上岸。

仍然由接应的交通员带领，他们通过九龙城，走上直通元朗的青山道，又经一条狭窄的山路登上海拔900多米的大帽山，然后穿过较隐秘的山谷。他们在各联络站打地铺过夜，次日接着行军，徒步涉过深圳河，穿过宝深公路……

在路上，他们先后几次遇到绿林强人的拦截，索取买路钱，幸而当地交通员说这是曾大哥（即东江纵队司令员曾生）的客人，对方便很客气地拱手让路放行。曾生虽然是中共军队的负责人，但在社会上声誉极佳，黑白两道都很服他的气。元朗镇有个叫"王大哥"的地头蛇，听说他们一行人是"曾大哥"的人，更是杀猪宰羊款待，过夜后还派了他的"参谋长"护送。

1月中旬，这支自诩为"文化游击队"的队伍最终翻越梅岭大山，胜利地到达了预定的目的地——广东人民抗日游击队总部所在地宝安白石龙村。

另一批在香港时间长、在国内外都有影响的文化人顾虑到陆路的关卡多，容易被敌人认出，危险性太大，再加上个别年老体弱的重点对象经不起陆路的艰苦跋涉，中共地下党便决定安排他们从香港经长洲岛，再转乘船到澳门、中山、台山、湛江等地，继而辗转到内地。

经过这条交通线脱险的有夏衍、范长江、金仲华、司徒慧敏、蔡楚生等几十人，其中最著名的是老同盟会会员、国民党民主派的代表、地位高影响大的何香凝女士和柳亚子先生。尤其是何香凝女士是国民党元老廖仲恺的夫人，其本人又是著名的民主斗士，路上更是容不得有半点闪失。

中共香港地下党组织便派了专船专人护送，到了长洲岛后，本打算用机帆船直接开往海丰县，可日军却要没收所有的机动船只，船主只好拆下机器，把机帆船改成了布帆船，借助风力行驶。

这条帆船 1942 年 1 月 10 日启程，开航不久就在大鹏湾海面遇到海盗抢劫，负责护送任务的谢一超孤胆周旋，晓以大义，得免于难。可是当时天气清朗，无风可乘，本来只要两三天就能到达的航程，竟在海面上漂泊了 7 天 7 夜。

幸而途中碰上了东江游击队护航队的巡逻艇，在船上食物和淡水都即将吃光大家无计可施之时，游击队送来了烧鸡、鸡蛋、奶粉和几箩筐重达百斤的番薯，并为船上装足了淡水，他们才得以熬过这漫长的 7 天 7 夜。

当可以从海上看到海丰马宫港时，何香凝感怀之余，挥笔疾书，在游击队送来的奶粉袋子上赋诗一首："水尽粮空渡海丰，敢将勇气抗时穷，时穷见节吾侪责，即死还留后世风。"

其他护送队伍虽然没有如此"海盗抢劫"、"水尽粮空"的遭遇，但撞上日寇的巡逻汽艇，危险性和紧张程度有过之而无不及。

夏衍、金仲华、范长江一行 21 人就在途中经历了日寇的盘查问询，主演《赛金花》红遍全国的美女明星王莹因化装不彻底引起了日本兵的注意，对她严加盘问。身为共产党员的夏衍在剑拔弩张之时挺身而出，用日语谎称是商人和家属，要疏散到长洲去，还解释说是因为害怕才把脸抹黑的。

没想到，几句日语竟然勾起了这些日本兵的怀乡情结，和夏衍闲聊了几句，连行李也不查了，挥手说："把脸洗干净，开船吧！"大家好似绝处逢生，都发出庆幸的感叹。抵达澳门之后，他们又从水路去了台山县，终于在 1942 年 2 月初安全到达桂林。

这场大营救历时近 200 天，行程万里，遍及十余省市，共营救出抗日爱国民主人士、文化界人士及其家属 800 余人，无一失误。

廖沫沙在《东江历险长留念》一文中如此形容香港大营救："把他们从敌人的虎口中安全地抢救出来，这不但是我们党的一项伟大的功绩，而且在历史上也是空前未有的一次严峻、艰巨的大撤退。"而茅盾更是称其为"抗战以来，简直可说是有史以来最伟大的'抢救'工作"。

抢救工作之所以能取得如此异乎寻常的成功，取决于中共中央对抢救文化精英的高度重视，中共一直都非常重视知识精英的引领作用，比如当乔冠华后来通过廖承志等向党组织正式提出入党申请时，周恩来指出："批准一个乔冠华入党，可以团结一大批知识分子。"

香港党组织执行中央抢救文人的指示坚定不移和沿途的周密安排是行动成功的另一个重要因素，在营救和护送过程中，各个交通站衔接紧密，周到细致，令文化名人们钦佩之极。实际上，这也为十年后绝大多数文化界的名人没有跟随蒋介石去台湾，而是会聚到北京参加新中国的建设，埋下了伏笔。

10. 文夕之灾

长沙大火又称文夕大火，由于失火当日 12 日的电报代码是"文"，大火又发生在夜里（即夕），故名。

这是长沙历史上毁坏规模最大的一次全城性的人为灾难，也让长沙与斯大林格勒、德国的德累斯顿、英国的考文垂、日本的广岛和长崎一起成为第二次世界大战中毁坏最严重的城市。

1938 年 10 月 25 日，武汉会战失利后，武汉的机关、工厂，以及大批难民和伤兵涌入长沙，使当时 30 多万人口的长沙人口骤增到 50 多万人。加上以前作为上海、南京等会战的后方，长沙已经储存了大量的战略物资，商业也很繁荣。但长沙有限的铁路、公路和水路交通根本难以承载如此大量的中转，这些都给日后的巨大灾难埋下了隐患。

11 月 9 日日军攻陷岳阳，继而向南推进至新墙河北岸，湘北门户洞开，湖南由大后方变为抗日的前线。省会长沙一时风声鹤唳，草木皆兵，谣传敌人即将进攻长沙，聚集在长沙的各军政机关纷纷撤退，人心惶惶，一夕数惊。

在此严峻形势下，蒋介石在长沙召开了军政人员会议，讨论战局问题。基于对"已经沦陷的重要城市未加破坏，资为敌用，实为失策"的认识和对确保长沙信心的缺乏，会议期间，蒋介石曾指示张治中等人，如果长沙不保，即实行火烧。11月12日上午9时许，蒋介石侍从室正式指示张治中对长沙采取焦土政策。稍后，张治中又接到蒋介石"限一小时到"的紧急电报："长沙如失陷，务将全城焚毁，望事前妥密准备。"

对于焚城阻敌的办法，张治中虽曾提出过异议，但以蒋介石的专横，张治中是不敢不执行的。张治中连续接到蒋介石焚城的命令后，立即采取应变措施，指定省会警备司令部司令酆悌负责筹备，省保安处予以协助，警备第二团团长徐昆担任放火总指挥，负责组织放火的队伍，准备放火工具。

根据当时拟定的焚城计划，放火前，应先发布日军轰炸城市的消息，以便疏散市民，并施放空袭警报，由警备队督促市民出城；放火时，以城南天心阁处举火为号，全城同时行动。放火时间视日军进攻长沙的情况而定，由酆悌亲自掌握。

按此计划，徐昆迅速将警备第二团以3人为一组，编成100个放火小组，分发放火器材，调集大量消防车，灌入汽油，作为放火车，并在主要街道预备大桶的汽油和煤油等易燃物，有些墙壁上用石灰写着"焦"字，或画了其他纵火暗号，或用日文写着对敌宣传标语。

11月12日，即岳阳弃守的第三天，日寇先头部队已进抵汨罗江北。谣言不胫而走，或说敌人已到距长沙仅10多里的新河，或说敌人的汽艇已距省河不远等。逃难的人流有如成群结队的蚂蚁，把城郊数十里内的稻田踩成无数的小道；被阻于水的，更是狼狈不堪，或忍痛抛箱弃物，或失足落水，葬身鱼腹。

入夜，城里到处关门闭户，街上漆黑一团，只是偶然从个别的住户门缝里透出一点点灯光，或在小巷深处传来几声小贩的叫卖，其状凄凉万状。

深夜，全城戒严，行人绝迹，只有三五成群的全副武装的士兵或提着油桶，或提着小火炉，或拿着其他放火器材，紧张地分散到全市的街头巷尾，准备执行放火任务。

正在这个"风声鹤唳，草木皆兵"的紧急时刻，南门外伤兵医院不慎失火，紧接着天心阁和一些地方也起火了。预先守候在各处的放火队员一见天心阁的火光，纷纷将点燃的火把投向居民的房屋，全城顿时浓烟滚滚，火光冲天，热浪灼人，爆声阵阵，美丽的长沙古城顿成一片火海。

焚城的计划是严格保密的，焚城的行动又是在没有得到命令的情况下发生的。所以当火起时，留在城里的老百姓尚在睡梦中。乃至从梦中惊醒，还以为是日军打进城来了，都准备夺路逃命，但烈火已经临门，大多数的街巷已被烟火封住。熊熊大火中逃命的人们，在拥挤和混乱不堪中，有的被人群踩死，有的被汽车压死，有的被大火活活烧死。

一位60多岁的老太太被大火逼进水缸后惨死；一位带着孩子的母亲躲进水缸避火，双双被活活煮死；30多名余太华金号的员工躲进防空洞，全被烤焦致死。凄厉的哭喊声、恐怖的嘶叫声，连同建筑物燃烧时的爆炸声，交织成了一个悲惨世界。

这场恐怖而又无情的大火一直燃烧了两天两夜，造成了空前的浩劫，全城80%以上的房屋被烧毁，原来繁华的街道变成断壁残垣，学校、银行、工厂、商店毁于一旦。据国民党湖南省政府统计室编印的《湖南省抗战损失统计》估计，大火造成的经济损失有10多亿元，相当于抗战胜利后的1.7万亿元。据国民党当局公布的数字，直接死于火灾的有3000余人。

政府机关被烧毁的有省政府、民政厅、建设厅、警察局、警备司令部、省市党部、保安处、地方法院、高等法院，还有电报局、电话局、邮政局、市商会、中央通讯社、迁到长沙的中央广播电台和在长沙的各家报馆。

被烧毁或被大部烧毁的学校有湖南大学、明德中学、岳云农工、楚怡工业学校、兑泽中学、湖南第一师范、南华女中、明宪女校、妙高峰中学、省立长沙高中、民众教育馆等31所。

被毁的银行有湖南省银行、江西裕民银行、上海银行、交通银行和中国银行等10余家。

被烧毁的工厂有40多家，其中损失最大的有湖南第一纺织厂，其厂房损失达27万余元，原料损失达96万余元，机器设备损失达60多万元。长沙作为全国四大米市之一，190多家碾米厂和粮栈仅幸存12家半。绸布业损失200余万元，约占全行业资产的80%。湘绣业40家全部被毁灭，除湘雅医院外的所有医院也都被烧毁。

文夕大火还毁灭了长沙城自春秋战国以来的文化积累，地面文物几乎全部毁灭。长沙作为中国唯一一个两千多年城址不变的古城，文化传承也在此中断，在历史研究上造成不可估量的损失。当时《中央日报》的社论说："长沙近30年来，物质、人力欣欣向荣。全国都市中，充实富庶，长沙当居首要。百年缔造，可怜一炬。"

长沙大火前，从武汉撤退的周恩来、叶剑英等人正在长沙。大火当夜，他们率领八路军驻湘通讯处工作人员冲出火海，撤往湘潭。郭沫若当时也在长沙亲历了大火，《郭沫若传》中对大火的情景进行了描述：

"只见城中烈焰升腾而起，映红了整个夜空，来不及撤退的长沙百姓，披头散发寻找亲人的，顿足捶胸的，望着大火发呆的，扑向火丛抢救财产的……歇斯底里失望地绝叫，伴随着房倒屋塌的轰隆声。……车至城郊关帝庙前，极目远望，根本不见长沙踪影，唯有冲天的火光和翻滚的浓烟，显然火势还在蔓延。"

14日，周恩来等人赶赴南岳，就大火的善后问题与蒋介石交涉。

面对各方的责难，蒋介石连夜从南岳赶至长沙处理善后，迫于长沙和全国人民的舆论压力，蒋介石接受了周恩来提出的3点善后办法：（1）拨款50万元救济灾民；（2）调集5000民工清理街道，掩埋尸体，搭盖窝棚，安置灾民；（3）严惩放火首犯。

几天后，蒋介石下令判处酆悌、徐昆、文重孚（省会警察局局长）3人死刑，给张治中以"革职留任"的处分，仍继续负责火灾的善后。

17日，周恩来最先赶回长沙，领导善后工作。22日，省府也成立了长沙市临时救济委员会。郭沫若等在回到长沙后，同八路军驻湘通信处的工作人员一道组成了"善后工作突击队"，开展善后救灾工作，整个善后工作到11月底才完成。

长沙大火后，人民流离失所，商业贸易、政府机关、学术机构等几乎完全瘫痪，但这还只是大灾难的开始。从1939年9月至1944年8月，日寇发动了四次长沙会战，轰炸长沙100多次，在文夕大火中损毁严重的长沙进而更是成为了一片废墟。

这场中国历史上罕见、世界历史上少有的惨绝人寰的大火，早已成为了历史，但它留给人们的教训是深刻的。日本侵略者制造的南京大屠杀震惊世界，但人们却没有料到还有这么多的同胞，会无辜屈死在一群渎职殃民的官僚们所制造的一场大火中！

2005 年 7 月，长沙市纪念"文夕大火"的建筑——电灯公司遗址纪念墙建成。纪念墙位于湘江风光带与劳动路交会处。同年建成的还有长沙大火警示钟大型雕塑，它们在警示着人们不要忘记 60 多年前的那场民族浩劫。

第十章　大后方的生命线

1. 手指抠出的通道

滇缅公路是一条在抗日战争中诞生的国际通道，这是一条滇西各族人民用血肉筑成的国际生命线。在中国，在世界，没有哪条公路像滇缅公路这样与一个国家、一个民族的命运联系得如此紧密，没有哪条公路能像滇缅公路这样久久地留在人们的记忆里。

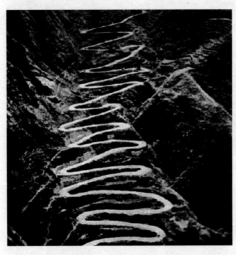

滇缅公路，后改称史迪威公路

艰苦卓绝的抗日战争深深铭刻在全体中国人的心里，但并不是所有人都知道，正是由滇缅公路、驼峰航线以及中印公路组成的运输大通道，支撑着中国抗日战场全部战备物资以及大后方的经济供给。这条穿越了中国地质构造最坚硬的山区，跨越了中国最湍急的河流，蜿蜒上千公里的运输干道，对于中华民族在危亡时刻的生存是一条不折不扣的生命线。

日本根本就不相信中国的抗战能坚持到滇缅公路修通的那一天，日本人更不会相信，严重缺乏施工机械的 20 万中国劳工，其中绝大部分是老人、妇女和孩子，能用双手在崇山峻岭间开凿出这条击碎日本占领中国的梦想的生命线。

"七七"事变以后，日军迅速占领了中国北方的平津地区，南方的广东、汉口、上海、南京等华中、华东和华南地区，包括了中国主要的大城市、95%的工业、50%的人口，更为重要的是，中国沿海几乎所有的港口都落入了日本人的手中。武汉会战以后，战争变成了消耗战，对于中国来说，物资供应问题此时显得异常严峻。

旅居海外的华侨得知祖国遭到日本侵略后，纷纷捐款捐物，筹集了大批国内急需的药品、棉纱、汽车等物资。迫于抗日的严峻形势，国民政府还拿出极为珍贵的外汇从西方购买了大量的汽车、石油、军火等，这些物资也需要紧急运回国内，中国急需一条安全的国际运输通道。

早在1935年，蒋介石就预见到，一旦战争爆发，中国军队将不可能守住东部沿海地区和内地平原地区的城市，最终国民政府必将退守西部。

中国政府正是考虑到有可能出现的危机，于1938年就开始修建滇缅公路。公路与缅甸的中央铁路连接，直接通到缅甸首都仰光港。滇缅公路原本是为了抢运中国政府在国外购买的和国际援助的战略物资而紧急修建的，随着日军进占越南，滇越铁路中断，滇缅公路就成为了中国与外部世界联系的唯一的运输通道。

滇缅公路的修建，难在公路经过的80%的路段都是崇山峻岭。

公路的修建还有一个难题是缺乏机械设备，这使工程更加依赖于数以万计的劳工的手工操作。因为时间紧迫和战局恶化，最初的建设工程不得不用最原始的方法，在几乎所有的路段上，劳工们都是用自己家里带来的背篓来搬运泥土和石块的。

1937年底，滇缅公路沿线近30个县的劳工约20万人，被征集到长达959.4公里的路段上。这些人中，多数是老人、妇女和十来岁的孩子，因青壮年大部分都应征入伍了，这可能是世界上最奇特的一支筑路大军。

修路用的压路机是一种巨大的石碾，石碾子大约1.8米高，重量一般在3~5吨。如果采石场就在附近，人们可以就地取材，但更多的是要到较远的地方去寻找石料制作。许多石碾子都是靠劳工们手推肩扛才从丛林和山里弄出来的，上坡时没有多少麻烦，只需要数十人一起用力就行。

但是下坡时由于沉重的石碾子的巨大惯性，经常发生惨烈的事故。在石碾子失控顺坡滚下来的时候，那些来不及躲避的劳工们常常被压死。

修筑滇缅公路

由于施工任务紧急，国民政府提出滇缅公路"先求通、后求好"的方针，严令公路沿线各县必须在 1937 年年底以前开工建设，限期三个月之内先建成一条可以勉强通车的简易公路。但由于条件过于艰苦，工程的进展很不顺利。

1938 年 8 月底，经过 20 万人的艰苦努力，全中国甚至全世界瞩目的滇缅公路终于通车了。9 月 2 日，《云南日报》发表社论，文章在头版的醒目标题是《滇缅公路修完了》。当时，国统区内几乎所有报纸都报道了这个极其鼓舞人心的消息，它也震惊了全世界。美国驻华大使在途经滇缅公路赴重庆后曾说："此次中国政府能于短期内完成如此艰巨的工程，此种果敢毅力与精神，实在令人钦佩。且修筑滇缅路，物资条件异常缺乏，纯属人力开辟，全靠沿途人民的艰苦耐劳精神，这种精神是全世界任何民族所不及的。"

从 1939 年到 1942 年的三年间，滇缅公路一共抢运回国 13000 多辆汽车。有了汽车之后，司机严重缺乏的问题又凸显出来。这时，旅居东南亚的华侨向祖国伸出了救援之手，当时的华侨领袖是陈嘉庚先生，陈嘉庚是 20 世纪最受国人敬仰的华侨，很大程度上是因为他在抗战期间为祖国所作出的非凡贡献。抗战爆发后，陈嘉庚多次捐出巨资为抗战购买物资。他还利用自己在东南亚华界的影响力，为抗战募得大量钱款和物资，并组织大批华侨青年回祖国参战。

在得知滇缅公路急需大量汽车司机和修理工之后，陈嘉庚随即于 1939 年 2 月 8 日发表了《南侨总会第六号通告》，号召华侨中的年轻司机和技工回国服务，这个通告很快就传遍了东南亚各地。

当时，志愿回国服务的东南亚华侨司机和修理工总共有 3192 人，他们被称为"南侨机工归国服务团"。从 1939 年 2 月到 1939 年 8 月，南侨机工先后分九批前往祖国，所有回国服务的南侨机工都在昆明的潘家湾汽车训练学校进行两个月的军事和政治培训，学习地理、政治、军事、防空等课程。

云南路难行，以前在南洋各地就很有名。过去这些司机大都是在城市里开车，来到云南以后，特别是在滇缅公路上，华侨司机几乎都要从头开始学习如何在崎岖的山区公路上开车。

当时，西南运输处有团一级的运输大队 10 多个，拥有汽车将近 1 万辆。他们主要运输军用物资，如武器弹药、车辆机械、汽油和军用被服等，他们是滇缅公路上主要的运输力量。在这条抗战生命线上日夜奔忙的还有政府单位的数千辆卡车，以及大量的私营运输公司的车辆。

随着大批内地的政府机构、工商企业、大专院校和无数的难民撤退到大后方，昆明迅速地发展起来，各国政府也纷纷在昆明开设领事馆，昆明这个古老而平静的城市一下子变成国统区内最繁忙、最国际化的大都市。

昆明和滇缅公路沿线几乎一夜间冒出了无数家运输公司，这些公司大量购置汽车投入到繁忙的运输业务中。他们从缅甸大量进口棉纱、布匹、

滇缅公路上行驶的汽车

汽车零配件，把所有能买得到的消费品运回国内，利润相当丰厚，抗战的几年的确是商人经商的黄金时代。

那时滇缅公路上汽车川流不息，昼夜不停地抢运物资，形成了分秒必争的极为少有的紧张运输局面。当年在滇缅公路上行驶的车辆种类繁多，几乎所有人都经常听到这样的术语："3吨的雪佛兰"、"3吨的福特"、"3.5吨的道奇"、"4.5吨的大国际"等，这些都是当年美国生产的货车。

滇缅公路的黄金时代并没有延续很长时间，从一开始，日本人就处心积虑地要把滇缅公路切断。切断了这条国际交通线，就可以断绝中国的物资供应，逼使国民政府投降。

1940年，日军便以越南为基地，持续轰炸滇缅公路全线，为此，日军还专门成立了"滇缅路封锁委员会"。从1940年10月起，在不到六个月的时间里，日军共出动飞机400多架次，专门轰炸沿线的桥梁。每次轰炸之后，驻守在桥边的工程抢修队就及时对大桥进行抢修。这些负责抢修桥梁的滇缅公路的工程技术人员，往往是在炸弹仍然在爆炸、空袭还没有结束的时候，就开始抢修工作的。

1941年1月23日，日军飞机第14次轰炸昌淦桥，并把大桥彻底炸断。为此，东京的广播电台洋洋得意地宣称："滇缅公路已断，三个月内无通车希望"。大后方的很多人，从日本的广播中得知此事，一下子紧张起来，国民政府交通部急电滇缅公路的工程技术人员昼夜抢修，务必尽快通车。

但出乎大多数人意料的戏剧性一幕出现了，交通部在发出急电后不久，就收到了来自大桥抢修队的电报，说滇缅公路上的车队已经再一次地越过了波涛汹涌的澜沧江，公路全线保持畅通！

原来早在两个月以前，当地的工程技术人员就预计到大桥有可能被日军的空袭彻底炸断。他们找到了一些空汽油桶，把每70个空汽油桶连在一起，上面铺上木板，就做成了一只只简易的渡船，汽车开上去之后，再用绞车牵引钢缆将渡船在两岸之间往复牵拉，虽然慢一些，但仍可以将汽车一辆辆运过江去。几个月后大桥修复了。

抗战结束后，国民政府为表彰盟军中国战区参谋长史迪威将军对我国抗日战争的贡献，将滇缅公路更名为"史迪威"公路。滇缅公路还有昆瑞公路（昆明至瑞丽）、昆畹公路（昆明至畹町）、中美合作公路、抗日公路等别称。

这条凝结着中国人民血泪的、维系抗战胜利的滇缅大道，应该深深地铭刻在每个中国人的心中。

2. "铝谷" 上方的驼峰

1941年12月，太平洋战争爆发后，美国对日本宣战。1942年，日军不时空袭滇缅公路，使这条战时中国最后一条陆上交通线的运输效率大受影响。中美两国被迫在印度东北部的阿萨姆邦和中国云南昆明之间开辟了一条转运战略物资的空中通道，这就是抗战时中国的另一条生命线驼峰航线。

驼峰航线

为了保持国民党政府所要求的战略物资的不间断供应，美国和其他盟国领导人同意进行一个持续的空中补给工作，由美国陆军航空队负责。为此，在1942年7月，成立了一个新的航空运输司令部，由William H. Tunner上校指挥，组织空运和提供后勤支持。运输司令部的大多数人员和设备来自美国陆军航空队，也有英国和印度的英联邦部队及缅甸的劳工团队，以及中国国民航空公司。

通过这条空中运输线，中国向印度运送派往境外对日作战的远征军士兵，再从印度运回汽油、武器装备等战争物资。"驼峰航线"西起印度阿萨姆邦，向东横跨喜马拉雅山脉、高黎贡山、横断山、萨尔温江、怒江、澜沧江、金沙江，进入中国的云南高原和四川省。

航线飞越被视为空中禁区的喜马拉雅山脉，全长500英里。沿途山峰高耸连绵，海拔均在 4500—5500 米上下，最高海拔达 7000 米。由于它的海拔高度高于当时美国的主要装备机型 DC-3、DC-46、DC-47 的最大爬升高度，所以必须在山谷中迂回曲折飞行，航线的曲线犹如骆驼的峰背，故而得名"驼峰航线"，英文为"The Hump"。

该航线开通后，即成为中国战场接受国际援助的"生命之路"。为了保证中国远征军野战师的运送和拥有 500 架作战飞机的空军正常运作所需的油料和弹药，每月至少需要 7500 吨的物质，但在驼峰航线开通的最初几个月中，这个想法难以实现。

当时最关键的问题，是寻找合适的货物运输飞机。最初的驼峰空运是由道格拉斯 DC-2、C-47、DC-3、C-53 运输机完成的，然而，这些飞机的有效载荷不适合高负载的高空作业，也不能达到一定的飞行高度，这就使得这些飞机不得不通过非常危险的、迷宫般的喜马拉雅山口飞行。

1942 年 12 月，C-87 和 C-109 燃油专用运输机抵达中国，提高了运输吨位，其较强的高空飞行能力，使其能够直接飞越比较低的山峰（约 5000 米到 5800 米），无须穿行危险的山隘。但此种飞机的事故率较高，且不适于当时所用的机场。尽管 C-87 有 4 个引擎，但载重大时爬升性能差，经常在起飞时因引擎熄火而坠毁，同时，在山峰上空即便遭遇较轻的结冰也容易失去控制。

C-109 是从美国现存的 B-24 轰炸机改装而来的燃油专用运输机，飞机上所有的机载武器均被拆卸，机身内安装有 8 个油罐，能够装载 2900 加仑高辛烷值航空汽油。当时美国生产的 218 架 C-109 中有很多被送往中缅印战区，但由于其满载时在超过海拔 6000 英尺的机场降落就已经十分困难了，若强行着陆，多数情况下不可避免会发生爆炸，使机组人员丧生，

在驼峰航线飞行的飞机

因此 C-109 也和 C-87 一样不受飞行员喜爱。

美国后来研制的"寇蒂斯"C-46 Commando 于 1943 年 4 月起开始执行驼峰航线飞行。C-46 是一种比以往任何一种双发运输机飞得都快、都高的涡轮增压双引擎飞机，且载荷比 C-47 及 C-87 高。装备 C-46 之后，航线的空运吨位明显提高，于 1943 年 12 月达到 12594 吨。运量在 1944 年到 1945 年间继续攀升，于 1945 年 7 月达到历史最高值。

尽管如此，飞越驼峰对于盟军飞行人员而言仍是惊险异常的航程。航线跨越喜马拉雅山脉，穿行于缅甸北部与中国西部的崇山峻岭之间，频繁遭遇强紊流、强风、结冰，以及飞机的设备老化等问题，从一开始任务就受困于缺乏有经验的人员。

在行动最初的几个月里，没有经验的补给军官会下令将飞机装满而不顾载重上限。合适的导航设备与无线电信标以及受过训练人员的匮乏（一直没有足够的导航员配置到每个机组），也持续影响了空运行动。虽然空运指挥部内有一些有经验的民航以及军用运输机飞行员，但多数飞行员都是刚受过飞行训练、飞行时间很短、对在恶劣条件下驾驶多引擎运输机几乎没有经验的新手。

运输机时刻不停地从印度北部的 13 个机场起飞，在约 800 公里外的 6 个中国机场之一降落，有些机组成员一天甚至要飞行三次往返，致使他们疲劳不堪。

机械师与备用零件也始终不足，发动机维修经常被拖延，很多超载的飞机在起飞时由于引擎问题或遇到其他机械故障而坠毁。ATC 飞行员与作家 Ernest K. Gann 回忆，他曾在印度的 Chabua 机场，一天内目睹四次坠机事故——两架 C-47，两架 C-87，三名飞行人员遇难。

由于地区偏远以及中缅印战区较低的优先级，飞行必需的零件和补给供应也十分紧张，后勤人员经常被派往喜马拉雅山麓捡回飞机残骸上的零件，以维修编队内剩余的飞机。这些悲剧性的坠机的一个副产品，就是当地村镇里出现了大量的由飞机残骸铝片做成的生活器具。

除了糟糕的天气和机械故障外，未装备武器的运输机还在驼峰偶尔遭到日军战斗机的袭击。在一次驾驶 C-46 执行任务时，盖达尔上尉遭遇到了日军战斗机，机组人员在绝望中用卡宾枪向日军战斗机的舷窗射击，没想到竟然击毙了日本飞行员，当然这是一个巧合和例外。

1944 年 5 月，战局的一个重要发展是盟军占领了缅北的密支那机场，即著名的密支那大捷。这一任务由中国远征军和麦瑞尔突击队完成，使日本丧失了他们对盟军驼峰航线运输机进行攻击的主要平台，机场也成为盟军一个重要的备降机场。

中国飞行员尽管操纵过若干种类的飞机，但并不擅长仪表飞行（即在没有视线的情况下仅靠仪表盲飞），对空运使用的大型美制运输机也不熟悉。但中国和美国飞行员还是坚持驾驶重载的飞机在成都、昆明和其他城市的往返航线上日夜飞行，为抗战作出了重要贡献。

为抗战作出重大贡献的援华飞行员跑向飞机

1942—1945 年，中国接收的美国运输机恰好是 100 架：77 架 C-47 运输机和 23 架 C-46 运输机。从 1942 年 5 月至 1945 年 9 月，共有 850000 吨军用物资通过驼峰航线运往国内，其中中方飞行员占了 9500 吨，约 12%，还有 33477 名乘客通过驼峰航线往返。

1944 年，航空运输司令部的任务是支持新型的 B-29 轰炸机，即 "超级空中堡垒" 从中国起飞轰炸日本。从 2 月至 10 月，B-29 通过驼峰航线转移到中国，并使用中缅印战区的战斗机中队护航。

驼峰航线是世界上规模最大、时间最长的空中战略桥梁，只有 1949 年德国柏林受到经济封锁时的空运行动在空运货物量上超过了它。

驼峰航线是世界战争空运史上持续时间最长、条件最艰苦、付出代价最大的悲壮惨烈的空运行动。驼峰航线飞越了高山雪峰、峡谷冰川和热带丛林、寒带原始森林以及日军占领区，加之这一地区常见的强气流、低气压和冰雹、霜冻，使飞机在飞行中随时面临坠毁和撞山的危险。

在长达3年的艰苦飞行中，中国航空公司共飞行了8万架次，美军先后投入飞机2100架，双方总共参加人数有84000多人。三年中，运输机损失惨重，仅美军拥有629架运输机的第10航空联队，就损失了飞机563架。

而在这条航线上，美军总共损失飞机达1500架以上，牺牲优秀飞行员近3000人，损失率超过80%，前后总共拥有100架运输机的中国航空公司，也先后损失了飞机48架，牺牲飞行员168人，损失率超过50%！

1945年第二次世界大战结束后，美国《时代周刊》这样描述驼峰航线：

"在长达800余公里的深山峡谷、雪峰冰川间，一路上都散落着这些坠毁的飞机的碎片。在天气晴好的日子里，这些铝片会在阳光照射下烁烁发光，这就是著名的'铝谷'——驼峰航线。"

3. 农民血汗铺就的跑道

天府之国的33座机场

1941年12月珍珠港事件后，盟军开辟了亚洲战场。1942年，盟军中国战区参谋长史迪威中将和飞虎队的陈纳德准将就敦促美国总统罗斯福尽快在中国修建机场，以便部署重型轰炸机直接轰炸日本本土。

1943年5月，美、英等国代表在华盛顿召开会议，讨论反攻缅甸的战略部署。同年8月，在加拿大魁北克召开的美英军事首脑会议上提出了代号为"火攻闪击战"的计划，即决定由美国陆军第20航空队的B-29轰炸机群从中国出发对日本本土进行战略轰炸。

11月12日，时任美国总统罗斯福致电蒋介石，请其5个月内在成都周边建成4个轰炸机机场，在成都、德阳、温江修建战斗机基地。另外，由英国负责在印度加尔各答修建4个机场作为后方基地，以为美军飞机对日本本土远程轰炸提供后勤保障，该工程被命名为"马特霍恩工程"。这是以阿尔斯卑山脉海拔在4400米以上的马特霍恩雪山命名的，而中国负责的工程则被称作"特种工程"。

未扩建前的新津机场位于成都市新津县，始建于1928年。当时的国民党第24军军长刘文辉为组建空军，在原新津县旧县下街背后的1000亩农田上修建了机场。

新津机场

1939年年初，国民政府令四川省政府第一次扩建新津机场，征集新津、灌县、温江、郫县、新繁、邛崃、蒲江、双流等16个县的民工10多万人，征民田3292亩，修跑道，建机棚。由于工程巨大，机场跑道需要铺鹅卵石，岷江西岸百里以内挖运完后仍不敷用，又到对岸挖，全用人工肩挑车推。距离最远之处，民工头一天早上出发，次日才能挑回一担。大量石头还需要捶碎，民工日夜赶工，艰辛备尝。这个机场1939年5月动工，次年2月竣工。

1943年年初，为执行"马特霍恩工程"计划，四川省政府奉国民党最高当局密令，征集了新津、成都、灌县、华阳、温江、广汉、郫县、彭山等22县的22万民工，第二次扩建新津机场。

要求扩建的新津机场占地9035亩，正跑道长2600米、宽60米，钢筋水泥浇筑的地基厚1米。要扩建一条主跑道、两条副跑道、三个大油库、两处电台、六个弹药库、一个容纳35架B-29的大机库、十余处隐形机库、一个机械厂、两个发电厂、六处招待所。至此，新津机场的面积达到了10000亩，所需经费大部分由美国援华款拨给。在湖南的芷江机场建成和昆明机场扩建完成前，新津机场是当时仅次于浙江金华机场的中国第二大机场，也是亚洲地区最大的机场。

成百上千的中国民工凭人力拉碾子修机场

1943 年下半年，新津机场扩建完成，美国空军第 14 航空队同时进驻机场。1944 年，配有先进雷达设备的 P-38、P-61 型驱逐机（俗称黑寡妇）也调来新津机场。美空军驻防新津机场前，日机在四川肆意轰炸，性能远远优于日军"零式"战斗机的"黑寡妇"来新津后，日机闻风而逃。从此，美机从新津机场频频起飞，轰炸日军设在洛阳、长沙及其他占领区里的日军机场、炮兵基地、军火仓库和相关设施。

进驻新津机场的美国航空队

抗战时期，四川修建的 33 个机场中，规模最大的是 1943 年 12 月至 1944 年 5 月修建的 4 个轰炸机机场，分布在新津、邛崃、彭山、广汉（前两个为扩修，后两个为新建）。另外还扩建与新建了 5 个驱逐机机场，分布在成都、温江、德阳等地。

由于工程浩大，时间紧迫，国民政府要求四川"各处工程统限于三十三年（1944 年）1 月中旬开工，新津、邛崃同年 3 月底以前完成，其余同年 4 月底以前完成"。

据史料记载，此次实际征调了 29 个县的民工共 30 余万名。此 29 县，包括第一区的成都、华阳、温江、灌县、郫县、崇庆、新津、双流、新都等县，第二区的仁寿、简阳等县，第四区的眉山、彭山、丹棱、夹江、邛崃、蒲江、大邑、名山等县，十三区的绵阳、广汉、德阳、什邡、金堂等县。在工程进展中，民工不免有因伤病遣散的，又得陆续增补，所以前后统计，共征集民工达50万人。

数十万的川籍民工，为修筑机场，仅靠原始工具，肩扛手拉，流血流汗，那是一种怎样艰辛壮阔的场景！

翻开史志文献，我们不难发现，其中有许多可歌可泣的民工的悲壮故事。

据《灌县县志》记载："民国三十二年1月27日，全灌县派出民夫15000余人到新津、彭山修筑飞机场。"

《青城山志·抗日战争时期的太平乡》一节记述："太平乡出动民工400余人修建新津、彭山机场，因工病死者50人。"

《中兴乡志》记载："我乡奉县政府令，派修新津和彭山机场任务。由乡保长负责组成特种工程中兴中队，下辖四个分队，计民工500人，由乡队副罗绍基带领赴新津、彭山机场工地，历时十个月之久，因掉换劳动制，计先后派出民工2500人次。"

《大观乡志》记载："民国三十二年，大观乡出民工约800人去新津、彭山修飞机场，分二轮赴役。第一轮新津机场扩建。道观、两河合共承担一个机场圈工程。第一天，挖草皮便挖死一人，后来和别乡争用铁滚，赶夜工抢压地坪，压死3人。民工生活极苦，吃不饱，穿不暖，住草棚，生病无药治，人死自行处理安葬……"

在多本史志的"口碑录"中，还有许多当年参加过修筑机场的民工的亲口讲述。

赵子成，1905年出生在青城山镇青景村7组，是至今健在的修过新津、彭山机场的年龄最大的人，老人已106岁高龄。当时一家人靠租田耕种为生，赵家共有五姊妹，生活困难。1942年，已成家的37岁的赵子成被保长安排去修新津机场。

提起那段岁月，老人流着泪不停地摇头。据老人回忆，去修机场的时候，他们那一排五六人全靠步行，从家里出发，走了一天一夜才走到新津。在修机场的日子里，几万民工穿草鞋、戴斗笠、睡大铺，全是尽义务，抢时间赶进度，为的是早日建成机场，让盟军的飞机去轰炸日本鬼子。大部分民工住在工棚里，有的住在附近农户家中。劳动强度大，生活条件艰苦，伙食极差，十几人挤在一间阴暗潮湿的屋子里，吃的是碎米子，饭里常伴有稗子、石子，十天半月看不到一点油腥。白天还要顶着烈日，挥汗如雨完成规定的挖基、运石、运沙、

艰难修筑

锤石、铺路、浇灌、碾压任务，民工们身上普遍长满了虱子。

赵子成出了两个多月的工才回到家中。老人一生勤俭，身体健康，性格开朗。如今儿孙五世同堂，家里几年前又买了社保，晚年生活衣食无忧，是青城山下有名的百岁老寿星。

周云清，1921 年生于青城山镇石桥村 4 组，20 岁时去修新津机场，他还去过彭山修机场。他说：

"当时太平场去了 100 多人。家里父亲死得早，母亲帮人，那时节，没有吃的，听大人们说去了可以吃饱饭，不饿肚皮，于是就跟着大人去了，总共修了一个月零几天。临回家时，因大观乡任务未完，我们还帮助大观乡修了几天。

"那真正是一个大得不得了的工地啊，这边望不到那边，人山人海，热火朝天，白天黑夜地修。那时候，全靠人力，哪里有现在省钱又省力的大型机器啊！民工们照班、排、连管理，哨子一吹上工，哨子又一吹吃饭。劳动时在监工的监督下，几百人拉着一个十多吨的大石滚，民工们肩挑背扛，鸡公车、架架车、挑篼、箩筐、背篼，什么工具都用上了，硬是凭一双双手，抢修出一个能起降大型飞机的机场。

"一些民工生病死了，有的逃走了。部分管理民工的保长监工，克扣民工薪饷粮食中饱私囊。但我们没走，大家团结一致共渡难关。同路去的五里村岳少南，在修飞机场时脚受伤了，走不了，回来时，是大伙用滑竿把他抬回来的。太平场街上一个民工因天气炎热下到当地河里洗澡，不幸淹死了，大伙把他的尸体抬了回来交给他家，想起来寒心啊！

"但每天看见机场上有盟军的大飞机在起降，我们心里就高兴，知道小日本的日子不远了，他们也该尝尝炸弹的滋味了。"

老人一辈子帮人干活，走过许多地方。2008年"5·12"汶川特大地震时，家里的房子都倒了，他在院子里却安然无事，他说，这是老天对好人的报答。

另据修过新津机场的几位老人回忆，当时还有很多妇女和儿童也参加了劳动，捶鹅卵石，搬运沙石。为了抗战，民工们士气高昂，深明大义，通宵达旦，再苦再累也坚持出工，心中盼望修建好新津机场，使美国飞机早日进驻，向日寇复仇。

新津机场建成验收后的第三天，27架B-29超级空中堡垒重型轰炸机，就一架接着一架、威风凛凛地降落在机场了。还在工地上干活的成千上万的民工，被从未见过的这一壮观场景惊得目瞪口呆，一齐放下手中的活观看。小小的新津县城顿时热闹非凡，男女老

修筑机场的农民在机场

少都奔走相告，拍手叫好。

随后，美军第14航空队第40大队进驻新津机场，美军第444大队、第462大队、第468大队也分别降落在广汉机场、邛崃机场、彭山机场。他们的援华航空指挥部就设在新津机场。到1944年春天，美军P-38、P-61机载雷达新式战斗机也驻防新津机场，与B-29一起很快就投入对日寇的作战。不久，美军齐斯·鲁梅少将率第20航空队也进驻了新津机场。

1945年2月25日，从四川、昆明和湖南芷江机场起飞的美军轰炸机，正式开始对东京的大轰炸。

整个抗日战争时期，四川先后投入了90万以上的民工，修建了33座机场。历史不会忘记这些用生命印证了"位卑未敢忘忧国"的普通民众，这是四川人民为抗日战争作出的彪炳史册的巨大贡献。

中国第一的机场大省

云南山高谷深、江河纵横，虽有秀美的山川，经济却相对落后。但今天的云南却是中国第一航空大省，拥有目前中国省份中最多的 18 个机场，其中 10 个可以起降大型波音飞机。

鲜为人知的是，这 18 个机场竟然全部是在 20 世纪 20 年代到 30 年代末修建的 52 个机场基础上改扩建而成的。

也就是说，云南在第二次世界大战期间即拥有超过现在一多半的机场，几乎做到县县有机场，有三个县还各自拥有两个机场。

追寻往事时，笔者惊奇地发现云南当年大建机场、大办航空时，创下了多个中国第一、亚洲第一、世界第一的纪录。

说起这些昔日的辉煌，有两个人不得不提，即先后主政云南的唐继尧和龙云。

护国元勋唐继尧是个很有战略眼光的人，日本士官学校第六期留洋海归的他，十余年间开办了云南大学，修建了上百个图书馆，在昆明建立了中国最早的自来水厂，还曾担任过讲武堂的校长。在他流亡香港时，曾亲见中国的第一个飞行员冯如驾机表演，敏感地预见到空军是将来诸兵种之王，因此主政云南后，决心大力兴办"现代高科技"。

他开办了云南航空学校，培育航空技术人才，自 1921 年起，又决定修建机场。今天仍在使用的云南最大的昆明巫家坝机场，既是他主政时修建的首个机场，也是当时中国仅次于北京南苑机场和杭州笕桥机场的第三个机场。

1927 年，龙云发动兵变赶走唐继尧主政云南后，更是全力发展全省的航空。为筹办军、民两类航空，成立了商业航空委员会，除了向美、法各国购买飞机外，抗战爆发前，还陆续修建了蒙自、开化（今文山）、富州（今富宁）、泸西及婆兮、澄江、曲靖、寻甸、杨林、马龙、昭通、楚雄、大理、保山、祥云、鹤庆、丽江、元谋、永仁、武定、禄丰等 21 个机场，至此，加上昆明巫家坝机场，云南已有了 22 个机场。

今天的人们已很难想象当年每个机场建成的工期短到了什么程度。当时一两个月就能修建一个机场，所有机场的修建也都没有超过 3 个月的，最快的楚雄机场只用了 24 天，元谋机场仅用了 28 天……

全面抗战爆发后，云南成了滇缅战场和滇西抗战的最前线。因为云南为航空建设打下的良好基础，滇省便成了中国空军和驼峰空运及飞虎队的主要基地。当时云南拥有 3000 多架飞机，光飞虎队就有 2000 多架飞机停在云南，这个数字要远远超过今天云南拥有的飞机数量。

抗战期间，云南省政府出动了 150 多万人次的民工大军，在对原有的 24 个机场进行改扩建的基础上，还新建了呈贡、陆良、沾益、羊街、罗平、雷鸟、勐撒、大屯、南峤、广南、会泽、建水、孟定、佛海、巍山、雷允、橄榄坝、龙陵、镇康、江水池、宾川、弥渡、凤平、开远、下关、海子、景洪、石林等 28 个机场，机场总数从 24 个激增为 52 个。以当时云南全省 1000 万左右的人口计算，平均每 20 万人就拥有一个机场。

当时的陆良机场拥有 5 条跑道，集中了美国援华的许多 B-24、B-25 战略轰炸机和不少速度极快的单人驾驶的小型战斗机、双人战斗机以及"3 个头"的中型轰炸机与大批运输机，那时的陆良机场被认为是"亚洲最大的军用机场"。

所有这些机场无不凝聚着 100 多万云南普通百姓的血汗。笔者目前尚未找到当年修建机场的民工的相关资料，但可以想见的是和四川一样，云南的老百姓同样也付出了巨大的牺牲。

云南历史学者李晓明回忆道："以前我的老岳父见过陆良机场迎击敌机起飞时的壮观场景，机场上 5 架战机并行在 5 条跑道上同时起飞，后面还有七八十架飞机在排队等候，一趟一趟成 5 路纵队浩浩荡荡地编队起飞，他说他们当年看到的这个场景，可真是十分振奋国威、军威和民心的啊！"

"人到芷江，九死一伤"

芷江位于湖南西部，与川、黔、桂、鄂等省接壤，夹在湘、资、沅三大水系中间，东临长沙、衡阳，南瞰桂林、柳州，西枕芷江盆地，这一地区还是进出黔、川，威逼贵阳，迂回重庆的军事要冲。湘西若失，贵阳危急，重庆也将陷于不保。

我们习惯称之为"湘西"的这个地方，因其山势险峻，民风强悍，曾被孙中山先生形象地誉为"中国的盲肠"。

抗战时期流传着这样一句话："人到芷江，九死一伤。"

1938年10月，在美国航空志愿队司令陈纳德的建议下，在中国创办了第一所美式的航空培训学校，为中国空军培养飞行员。在办学之前陈纳德还建议，在西南要开辟一个大型的机场。正是在这种情况下，芷江被蒋介石亲自圈定，破土动工修建新的空军基地。因为芷江本地没有高山，只有一些平缓的丘陵，周围却是高峰环伺，非常适宜建造机场。

1938年冬天，寒风凛冽中的芷江突然热闹了起来，周边11个县的一万多人涌向这里。这一天，芷江机场的修建全面动工。

修筑芷江机场

当时的场面可谓人山人海，有用锄头的，有用簸箕的，有推独轮车的。挖土、运土、滚压等工作，都是靠人力手工完成的。民工在挖平小山头的同时，还要把剩余的土运去填塞沟洼，每填高40~50厘米，就要用碾子压实一层，最深处需要填3~4米的土层。

石碾子重达数吨，由七八十人拉。在芷江机场先后两次的扩修过程中，共投入民工近5万人，伤亡1万余人。当时附近的老百姓们常常讲，"××修飞机坪去了，没得回来了。"没得回来了，就是死在芷江了，所以才流传着"人到芷江,九死一伤"这句话。

芷江机场的建设从 1938—1940 年是第一阶段,1940—1942 年是第二阶段,当时中方的代码叫"红岩机场"或"湘西×机场"。

机场建成后,芷江这座散发着浓郁侗、瑶、苗等中国少数民族文化芳香的小镇,作为当时唯一的中美空军前方基地,一下子繁忙热闹起来。

1941 年 7 月 11 日,由 110 名飞行员、150 名机械师和医生组成的第一批美国空军志愿队员,经澳大利亚转新加坡经缅甸抵达中国。

陈纳德的美国空军志愿队被编成三个中队,机身上画着男人和女人的是"亚当夏娃中队",画着飞行员自己漫画像的是"熊猫中队",画着裸体天使的是"地狱天使中队"。也正是这群令人尊敬又不乏幽默的勇敢飞行员和奇异的飞机,使日本人头疼不已。

进驻芷江机场的援华美国空军志愿队

当年的芷江,可谓驻军云集,国民党军队以及大小军事机构多达 200 多个,约有 10 万军人,美军人数最多时也超过了 6000 人。在这里,美军的营房、仓库、商店、酒吧皆自成体系,使芷江呈现出一派独具战争特色的繁华。这里既是国民党军队的重要补给基地,又是陈纳德将军的飞虎队的起降基地。芷江的几个招待所住的都是美国人,招待所所在的那一条街也就特别热闹,人们叫它"美国街"。正是因为芷江的重要战略地位，在 1944 年的英美作战地图上，竟然只有芷江而没有长沙。

1941 年 12 月 30 日，轰炸昆明的日本轰炸机，突然遇上了一群他们从来没有见过的画着鲨鱼头的 P-40 战斗机。美国志愿队的飞行员利用他们这种俯冲速度极快的飞机，沉重打击了三菱公司生产的 KI21 型双引擎轰炸机。空袭昆明的 10 架日机被当场击落 6 架，逃跑的 3 架也在途中坠毁，只有一架侥幸逃回了河内。

陈纳德因这次盼望已久的胜利激动不已，乐得合不拢嘴的蒋介石夫妇也特意飞到芷江，亲自表彰飞虎队。接下来的几年里，中美联合空军的赫赫战绩严重威胁到了侵华日军的行动，成为了日本人进攻重庆的巨大障碍。

日本的中国派遣军总司令冈村宁次大将始终不肯放弃进攻四川的念头，而要进攻四川，就必须摧毁中美空军在芷江的军事基地。

在 1944 年的日军"一号作战"计划中，中美空军在衡阳、零陵、宝庆、桂林、柳州、丹竹、南宁等地的 7 个空军基地和 30 余个飞机场，相继

在芷江街头的美国援华飞行员

被日军占领或捣毁。1945 年 3 月，湖北的老河口美军机场也被战火摧毁。这样一来，芷江机场就成了中美联合空军在华的唯一前方机场，但由于芷江驻扎着中美空军重兵，日军的图谋始终不能得逞。

中国军队当时要死守芷江，保卫芷江，要迎接全国的反攻，日本也想占据芷江将其作为基地进犯重庆。一时间，交织在芷江上空的战云密布。

1945 年 2 月 25 日清晨，经过精心策划后，分别由四川新津、昆明巫家坝和芷江机场起飞的中美空军庞大混合编队，向着日本东京飞去，成功地轰炸了日本本土，其中的部分炸弹更是精确地命中了日本天皇裕仁

所住的皇宫。虽然这次袭击没有给皇宫造成多大的破坏，但日本人心中神圣的天皇却尊严扫地。

1945 年 9 月，中国的何应钦上将和败军代表、日本中国派遣军总司令冈村宁次大将在芷江签订了侵华日军投降书。

芷江的历史再次被写上了辉煌的一笔。

第十一章　驻守重庆

1.重庆大轰炸

日军飞机轮番轰炸

战争进入相持阶段后，日军部队因兵力所限，难以跨越崇山峻岭进入大西南腹地。为了击垮中国民众的意志，从 1938 年 2 月到 1943 年 8 月长达五年半的时间里，日军有计划、有组织地对中国战时首都重庆进行了大规模轰炸，史称"重庆大轰炸"。

据初步统计，在这五年半的时间里，日军实施轰炸 218 次，出动飞机 9513 架次，投弹 21593 枚，炸死市民 11889 人，炸伤 14100 人，炸毁房屋 17608 幢。由此可见，内迁到所谓的大后方并没有得到绝对的安全。

"重庆大轰炸"规模之大，持续时间之长，造成的损失之惨重，在战争史上是罕见的。连日本军事评论家前田哲男也不得不承认："对一个城市如此长时期固执地进行攻击，不要说在航空战争史上是第一次，就是把地面部队围攻城市的历史包括在内，也是极其罕见的。"

英国《泰晤士报》曾发表题为《重庆之屠杀》的社论，写道：

> 日机向重庆人口最密集的住宅区投弹，死者几乎全为平民，而死者之中，大部分是由焚烧而毙命的。如此大规模之屠杀，实为前此所仅见。经过这次轰炸之后，日本也许晓得此种手段，不仅未能屈服中国，且只增加了中国之抵抗意志。

日军对重庆的轰炸可分为三个阶段。第一阶段是 1938 年 2 月到 1939

年1月，为准备轰炸期；第二阶段是1939年5月到1941年8月，为狂轰滥炸期，有"五三"、"五四"、"八一九"大轰炸，并发生了"校场口大隧道惨案"；第三阶段是1941年9月到1943年8月，轰炸渐近尾声，并最终停止，原因是美国第14航空队参加中国抗战后，逐渐掌握了制空权，使日军飞机无法再肆虐大西南。

国民政府内迁到陪都后，考虑到空袭的危险，将政府机关与市区部分人口疏散到了郊区。但为了保持对外联系，市区仍设有各机关办事处。

疏散后，国民政府与国民党中央党部设于上清寺，军事委员会设于储奇门，行政院及国民政府直属的参军处、主计处、文官处等迁到歌乐山，立法院、司法院迁到北碚歇马场，监察院迁到金刚坡，考试院迁到中梁山华岩寺。蒋介石的官邸和军事委员会都设在长江南岸的黄山，林森的别墅在歌乐山，称"林园"，蒋介石的宠将、军委会政治部部长陈诚则住在歌乐山云顶寺，行政院长孔祥熙在南温泉筑有"孔园"，军委会副委员长冯玉祥则住在金刚城。

因为战争期间资源紧张，不可能大兴土木。国民政府各机关迁到郊区后，或驻在庙宇祠堂，或驻在民间空房，或搭盖茅草棚屋，有时甚至有野兽在政府机关周围出没。如教育部设在青木关温泉寺的松树林中，四周是空旷的荒野，夜里就曾发生过豹子在办公室留宿的事。

国民政府各机关尽管分散于重庆的郊区，在大轰炸中却并未幸免，但遭受最大损失的还是普通的老百姓。

哭泣的山城

1939年5月3日这天，重庆云雾散尽，天气晴朗，风和日丽，正当重庆市民沐浴在和煦的初夏阳光下时，灾难突然降临了，山城上自政府官员，下至黎民百姓，都经历了一场突如其来的战争浩劫。

上午时分，26架日机飞临重庆上空，将大批炸弹投掷在繁华的市中心区，市区27条商业街有19条瞬间化作废墟，几百栋房屋被烧毁，数千名无辜的市民被炸伤亡。

日本轰炸机群飞临重庆上空

重庆遭受轰炸后，满眼残垣断壁，许多房屋建筑被夷为平地。四分五裂的尸体满眼皆是，到处流淌着鲜血，放眼望去，殷红一片，长江和嘉陵江上也漂浮着无数具尸体，江面被鲜血染红。轰炸后的重庆停水、断电，悲愤、惊恐、焦虑的情绪笼罩着山城。

著名的英籍华人女作家韩素音回忆道：

1939 年 5 月 3 日敌机空袭时，只有我和佣人在家，我们照常没有离开。飞机就在头顶上，可以听见发动机轰鸣。不一会儿就响起爆炸声，窗户摇晃得很厉害。洪玫和我正在包装箱子，我们相互望着，不敢相信自己的耳朵，这难道是真的吗？日军怎么可能轰炸人口密集的市中心区？是错觉吧？

随着时间一分一秒地过去，我们的怀疑也加深了，轰炸的地点肯定是比想象的更远吧？这附近有什么可轰炸的军事目标呢？这时，街道上响起了尖厉的哨声。我急于知道究竟，和佣人们一起拥到门口。只见救护队员抬着担架急匆匆跑过，街上的人们三五成群站在房檐下，一边张望一边着急地询问："这是怎么了？哪儿被炸了？"

　　不一会儿担架抬回来了，一副担架上躺着一个妇女，头发上凝着殷红的血。另一副上抬着一个死去的孩子，弹片撕碎了他的躯体，这情景实在是太恐怖了！

　　人们还来不及清理敌机5月3日轰炸留下的废墟，4日，27架日军飞机再次轮番对重庆进行了轰炸，烧夷弹呼啸着从天而降，爆炸声震耳欲聋，顿时重庆城区浓烟滚滚，遮天蔽日。炸弹的爆炸声、房屋的倒塌声、人们的喊叫声交织在一起，在重庆上空回响。我亲眼看到一名交警正在交通岗亭上维持秩序，突然落下一枚炸弹，刹那间人就不见了。

　　大轰炸时，著名的日本反战人士、世界语作家绿川英子正和几个人挤在一辆行驶着的吉普车上。这时敌机飞临市区上空，而且俯冲着向吉普车投弹，炸弹就在离车不远的地方爆炸，吓得大家手足无措。绿川英子抑制住内心的恐惧，鼓励司机继续往前开。这位司机很沉着很有经验，与敌机玩起了"猫捉老鼠"游戏。他注视敌机的动向，当敌机一俯冲，他立即刹车；敌机一扬头，他立即飞奔，一行人所幸没有受伤。

　　绿川英子目睹日军的轰炸后，次日就宣布脱离日本国籍，她说：

　　"你们叫我卖国贼也行，我绝不害怕。和侵略别国的人，和在无辜的难民身上制造人间地狱的人为伍，对我是极大的耻辱。真正的爱国心绝不会和人类进步相对立……（日本）连自诩有良心、进步或是马克思主义者的知识分子，也跟在反动的军国主义者及其政客后面，无耻地为'皇军的正义'鸣锣开道，我感到愤怒和恶心。"

　　经历重庆的5月轰炸后，她创作了一首日文的散文诗《五月的首都》：

　　　　您，可爱的大陆首都，重庆哟！
　　　　银翼飞来了，恶魔出现在天空，
　　　　轰！轰！轰！
　　　　我的脚下，大地在流血，
　　　　您的头上，天空在燃烧，
　　　　……

　　　　关于这个世界的悲剧，

我怎么说，您才会高兴，

您失去了几千人，

留下了那么多可怜的孤儿、寡妇，

您哭泣

因为您折断了手，因为您烧伤了……

您正处在痛苦中

您满身流血——可是您不怕。

新中国伟大的母亲重庆，不论何时，

不管怎样，都会经受住任何考验！

"五四"轰炸后，重庆市区火海一片。重庆防空总司令刘峙见状，急令市郊正在集训的新兵火速赶赴市区灭火，数万名新兵接到命令后，跑步进城。但由于自来水厂也被炸毁了，没有水可以用来救火，无奈之下，只好到长江和嘉陵江挑水，但这是真正的"远水不解近渴"，根本没有什么效果。

被炸后的重庆市区

在这次大轰炸中，外国教会也未能幸免。法国教会的七里岗天主堂在轰炸中被炸毁，仅留下一座30米高的孤零零的钟楼，以及特地从法国运来的大钟。法国神父非常气愤，拍了几张损毁后的照片，寄回国内，并通过法国驻重庆大使馆向日本交涉，要求赔偿损失。法国人开设的圣母院及附近的难民所也遭到了轰炸，被炸死的难民有100多人，美国教会包括圣社交会堂、安息会教堂、分理会、中华基督教会等4处遭大火烧毁。

英、美等国的大使馆也在轰炸中遭受重创，英国大使馆被炸，导致一名英国人和 20 名中国人死亡，英国随即向日本政府提出了强烈抗议。当年的《生活》杂志曾刊登了一幅照片，照片里，一名德国使馆官员在使馆的院子里铺开一面特别大的纳粹党旗，似乎在告知日本飞机"这里是协约国德国大使馆"。但日本人并没有买账，使馆附近因轰炸而引起的熊熊大火迅速蔓延到德国大使馆，《法兰克福报》驻远东的一名记者介绍道：

德国代理大使和大使馆住地 1939 年 5 月前在离市区近处的后山上，由于日军轰炸，门、窗、墙壁、房顶等都遭到破坏。

烈火中的屹立

据重庆防空司令部统计，日机"五三"、"五四"轰炸造成了严重损失和巨大破坏：炸死 3991 人、伤 2323 人，损毁建筑物 846 栋、4025 间，约 10 万人无家可归。

《新华日报》发表了《这是青天白日下兽性的屠杀》的评论，描述了一幕如下的景象：

打铁街（今新华路）被毁房屋的瓦砾堆中，埋了 30 余具尸体，已挖出的凄凉地搁在路旁，从覆盖着的芦席里看到那全是赤脚的劳动者。

火舌吐出毒焰，在新丰街、陕西街一带织成一层乌黑的网……一栋栋民房被火舌舐光了，人们在火光中跳出来，抱着被褥，拖着孩子，一只鞋在脚上，另一只抓在手里。无助的老妇们弯躬的背上压着沉重的衣箱，有的妇人还抢出了锅碗什物，毕竟还要继续生活下去啊。

一张门板上躺着一名中年男子，身上的赤血一阵阵往外涌，旁边地上坐着他的妻，满身满脸灰尘，这种从未体验过的痛苦经历骇呆了她。好不容易从震塌的房屋里拖出了重伤的丈夫，却失去了两个孩子。

郭沫若写了一首《惨目吟》诗：

五三与五四，寇机连日来，渝城遭惨炸，死者如山堆。

中见一尸骸，一母与二孤，一人横腹下，一人抱在怀。

骨肉成焦炭，凝结难分开，呜呼慈母心，万古不能灰！

并题记：

死者累累，随处见如此，以志不忘。

《群众》杂志刊登专文《敌机狂炸后的难民》，讲述道：

踏进重庆市区内被炸的废墟，不断可以看见许多同胞和失去了父母的孩子，提着筐篓，拿着锄铲，一天到晚在那里扒掘，找拾些破碎玻璃、烂钉子等。有的人且在找寻葬身火窟的父母儿女，曾亲眼看见一个年轻的汉子领着他年幼的妹妹，在瓦砾中寻找他们老母的尸首……

失去了手臂的，失去了腿的，仅剩下一节肌肉在颤抖着。60岁的老太婆和她两个年幼的儿子，拖着创痛，躺在一起，年幼的次子，因伤重不救而死去了，老太婆含着眼泪，忍着伤痛，说不出什么话来。23岁的少妇，被炸伤左腿，因生蛆过多，已经被锯去，但脓血交流，发着熏鼻的臭味。她还未脱离危险期，神情迷糊中，她还嚷着要回家。

1939年6月，重庆《防空军人》上登载了署名梦星的《重庆惨炸纪实》的文章：

五日早上起来，依着昨晚回来的路线，由光华楼大阳沟一带转到油市街，火，仍在不住地吐着毒焰，噼噼啪啪的声响。火的燃烧声，房子的倒塌声，在沉重地打入人们的心坎深处。在这样的场合下，我的神经真感到痉挛和异样的刺痛了，昨晚经过的路线，因为光线昏暗，没有发觉什么，现在在强烈的阳光下，清楚地看到那沿途倒下的尸体，有的是给机枪扫射的，有的给房屋倒塌而压死的，有的直接死于炸弹下的，有的是给炸弹强烈震动而死的，街头、瓦砾下，都有不少的尸首；有的是蹲着的，有的是卧倒的，更有些尸首不完整，一不留心，脚下往往就会踏到断肢碎肉，那殷红的血渍，虽给泥尘瓦砾吸收了，尚可很明显地看出来。……

以《红星照耀中国》一书闻名的美国战地记者埃德加·斯诺，当时正作为《伦敦每日先驱报》特邀通讯员在重庆采访，他耳闻目睹了5月的重庆大轰炸，在文章中写道：

> 接连三天，日机对重庆进行了最残暴的轰炸，任何城市都还没有经受过这样的轰炸，它们是四川最初的猛烈空袭……好几百人被炸死在街道上，或被陷在火墙后边，因为在两天内烧毁了1/2的市区。大多数炸弹都在众人拥挤的商业区爆炸，商人们和工人们都挤集在商店里和其他房屋里，它们像熟透了甜瓜一样坍落下来。差不多有五十万左右的民众逃走了，商业停顿了，市政给破坏了……

> 日本可以炸毁这古老的城区范围内所有的建筑物，但依旧无法毁灭作为中国政治中心的重庆……这些空袭所毁灭的生命财产，还不及它们所创造的新生的斗志之半。

四年的苦难

1940年日军发动了规模更大的"101号作战"，主要目标是夺取制空权。在这期间，南开中学、复旦中学、四川省立女子职业学校、四川省立教育学院、复旦大学、重庆大学等均被炸，其中以复旦大学为甚。

学生洪剑以《"五二七"的北碚浩劫》为题，描述了他亲眼目睹的景象：

> 下午一点三十过后，机声又响了，这次敌机是三十六架，从西方给云山、温泉向北碚黄树镇俯冲下来，我们一起躲在树荫下的共有五个同学，当敌机向我们飞来时，我们还低头在读《民族的心理定律》。

> 北碚的炸弹首先响起，接着就是复旦农场、新宿舍，一直到黄树镇。这时黑烟滚滚，响声如雷，炸弹在空中未落下地的呼啸声和落地时的爆炸声，泥土和弹片飞起来的尖啸，机枪打

在树叶上、麦叶上的沙沙的响声，合奏成一片恐怖的交响。我伏在田沟中，泥土石沙如雨点般地打在我背上……我们五人身上都溅满了泥土，每人都挨了石片及泥块的打击……约两分钟的恐怖后，敌机向东逸去了，我们五人才爬了起来，这才发现我们四周都落了炸弹和机关枪弹……离我们五六丈远，有一位同学朱君殒命。教务长孙寒冰先生在王家花园被石头打伤头部，兼内部震动过甚，于当日下午五时逝世。

除此之外更有五位同学和一名职员殒命，伤者二十人左右，第二宿舍全被炸毁。沿河到宿舍一带投弹甚多，炸毙平民二三十人，炸毁木棚草屋六七所。

1940 年 7 月 4 日的《新民报》刊登了这样一则消息：防空警报响起时，邮务部高级职员顾不垢便带着妻儿躲进防空洞。轰炸开始后，外面的轰响，震得洞顶直掉土，顾不垢 4 岁的孩子吓得大哭。这时有人递给小孩一只桃子，小孩才不哭了。但小孩玩桃子时，桃子掉到了地上，并滚出防空洞。孩子哇哇大哭，要爸妈去捡。为了哄住孩子，顾不垢冲出防空洞去捡，刚捡到桃子要返回时，突然一枚炸弹爆炸。顾不垢被炸死，手上还捏着那桃子，离洞口只有两三尺远。

最猛烈的是"八一九"大轰炸。1940 年 8 月 19 日、20 日两天，日军投入的轰炸机最多，并启用了最先进的零式战斗机。该机速度快、火力强，中国空军难以与其匹敌。日机控制了重庆的制空权后，轰炸更加为所欲为。

一位美联社记者报道：

自 19 日 1 时 35 分至 20 日 14 时，重庆连续四次遭受轰炸，使市中心商业区、郊外及江北的广大地区遭到破坏。38 处起火，殃及房舍和商店 2000 余座，死伤数百人。巴县县城仅残留 1/5，其他全成灰烬。重庆的街道几乎已无法辨认。

据重庆防空司令部统计，日机这两天共投弹 800 余枚，炸死市民 342 人，炸伤 360 人，财产损失严重。

1941 年，对于重庆市民来说，是最痛苦的一年。日军实行了所谓的

"神经轰炸"战术，一会儿低空骚扰，一会儿又分批轰炸，重庆市民每天都生活在紧张、惊恐的状态中。

日机还把蒋介石的黄山官邸作为轰炸目标，早在 1938 年，日军大本营就向侵华日军发布了《第 241 号大陆指令》和《第 345 号大陆指令》，要求"捕捉、消灭敌最高统帅和最高政府机关"。因此，黄山官邸成为日军轰炸的重要目标。

当时，日本飞行第三团团长远藤三郎无意中获悉了蒋介石黄山官邸的位置以及房顶颜色的情报，于是向日军总部汇报了此情况，并建议轰炸黄山，此计划获得了批准。

蒋介石和宋美龄在重庆官邸的防空洞前

8 月 30 日，蒋介石正在黄山官邸"云岫楼"召开军事会议，各战区的司令官和参谋长都出席了。这时，日军二十几架轰炸机的炸弹倾泻而下，其中一颗就在"云岫楼"西侧防空洞口附近爆炸，两名卫兵当场被炸死，4 人重伤，会场一片混乱。

随即，侍从室的几名士兵冲进来，将蒋介石架起来送入防空洞，其余的人也踏着血迹一拥而入。当天和次日，中方都没有蒋介石的相关消息。远藤三郎窃喜：蒋介石应该已经被炸死了。但第三天情报人员报告，蒋介石安然无恙，今天还在"国父纪念周"上发表演讲，远藤沮丧不已。

这次意外轰炸后，蒋介石对民众的苦痛有了亲身感受，在当天的日记中他慨叹道：

> 房屋震动起来，知道是轰炸。夜里下雨，不能入睡。从这
> 次轰炸，想到重庆全市同胞受到的种种痛苦，话也说不出来，
> 国民的这种苦难已经持续4年了。

举世震惊的"六五大惨案"

尤其让重庆人刻骨铭心的是1941年6月5日发生的震惊世界的"重庆大隧道惨案"。

此前，日机都在白天轰炸，灯火初上之时，在市郊躲避空袭的市民们一般都会返回城里。不料，那天晚上6点左右，警报突然响起，24架飞机在夜幕的掩护下飞临重庆上空。霎时间街上一片混乱，刚刚回城的市民措手不及，只好扶老携幼从十八梯、石灰市和演武厅三个入口潮水般涌入位于市中心的校场口大隧道避难，人数远远超过了隧道6500人的最大容量。

该隧道三个入口的洞门很矮，宽、高都只有2米多。隧道全长2公里，每隔30多米才有一盏不明不暗的油灯，通风设备被闲置一旁。这时刚好是6月，天气炎热，洞内又被挤得水泄不通，温度不断攀升。而轰炸延续了3个多小时，洞内的氧气随着人们的呼吸急剧减少，个个感到胸闷、呼吸不畅。油灯也因氧气被逐渐消耗而熄灭了，洞里漆黑一片，妇孺的哭叫声此起彼伏，每个人都面临着死亡的威胁。

这时，人们开始骚动起来，并争先恐后地往外挤。可是，大隧道的木栅门是由里往外关的，汹涌的人群堵住了栅门，根本无法打开。栅门附近的人被挤得贴在门上，动弹不得，一些人被压死、踩死，另一些人则因窒息而亡。

惨案发生后，救援的人们劈开栅门，映入眼帘的重重叠叠的尸体一直堆到了洞顶，有的尸体还牢牢抱在一起，难以分开，衣裤被撕得破烂不堪，浑身湿透，双眼圆瞪，惨不忍睹。

当时的一名幸存者说：

> 洞内空气极度紧张，人们挣扎冲挤时，我们坐着不动，将
> 鼻、嘴紧贴在潮湿的墙壁上。约半小时后，听不到凄惨的叫喊
> 声了，洞内空气也逐渐流通了。因为洞内的人大多都死了，空

1940年6月5日重庆隧道大惨案中死难的民众尸体

气也就多起来，我们才侥幸能够活了下来。

惨案死难者中许多人披金戴银，当时防空总司令刘峙有一条命令："任何人不得私自摘取首饰占为己有，违者枪毙！"负责该项工作的是重庆卫戍司令部交通处处长姜吟冰和交通科科长刘吉龙。他们规定：凡是从洞中拖出的死者，要将其手镯、戒指、耳环等饰品取下放入一个大竹筐里。但姜吟冰在监督时突然发现担架兵黎二贵拖出的一个贵妇人打扮的女人，竟然没有一点首饰。等黎二贵再次进入洞中时，他派刘吉龙悄悄跟着去看。当黎二贵正想动手摘另一具女尸的首饰时，刘吉龙从后面用枪顶住他，大声呵斥道："你想干什么？不准动！到外面去！"黎二贵吓得面如土色，直冒冷汗，被押出了隧道后姜吟冰命令将他绑起来，从他身上搜出了不少耳环和戒指，不一会儿，黎二贵被就地处决。

惨案发生后，重庆舆论一片哗然。黑暗的隧道中究竟死了多少人？人们众说纷纭，莫衷一是，从数百人到数千人再到数万人，差距颇大。

在社会各方面的压力下，重庆防空司令部在6月7日发表公告，宣称"死亡461人"，人们认为这数字偏低。重庆市政府在6月12日工作报告中再次公布死亡人数为"有户口可籍者44人"。但这个数字更离谱了。7月3日，大隧道惨案特别审查委员会发表《审查报告》，宣布死亡992人，重伤151人。

但这时官方的报道对民众来说已失去了意义，大家都是靠自己获取的信息来了解事件的真相。《生活》杂志向世界报道了这场世间罕有的惨剧，估计死亡4000人。据参加掩埋尸体的人说："政府派了20辆大卡车，把尸体像装死猪一样，一排一排堆起来，每车装满几十具尸体，共运了一天一夜。"他们把尸体从朝天门、临江门和通远门三个方向运出去，当时在朝天门负责指挥运送尸体的贺志中说："仅从朝天门运出去的尸体就有 4000 多具。以此推算，三个门最少运出尸体 1.2 万具。"

又据重庆各大报纸和《中国抗战画史》记载："死者近万人，其中尤以贫苦人民为多。"当时住在重庆的英籍华人作家韩素音写的《无鸟的春天》中也说："约一万二千人在重庆的公用防空洞中死亡。"亲历者郭伟波也认为"一夜之间窒息压死的市民约 1 万人"。另外，《民国大事日志》甚至还记载："市民死伤约 3 万余人"。

这次惨案，使不少家庭全家灭绝，好几条街道上的店铺再也没有人打开过。究竟有多少人殒命于那黑洞洞的岩石深处，至今仍是一个无法解开的谜。

与此同时，社会舆论强烈要求国民政府当局追究有关人员的责任，于是，国民政府组织了"大隧道惨案特别审查委员会"，对惨案进行调查。最后，审查委员会向蒋介石呈交了一份调查报告，具体分析了惨案发生的原因，指出是由于大隧道的设计不科学与工程质量差、管理无方所致。

蒋介石下达手令，将防空司令刘峙、副司令胡伯翰、重庆市市长吴国祯着即"革职留任"，并给隧道惨案死难家属中的鳏寡孤独、无人抚养者发出抚恤金共 11 万元。还请了太虚法师主坛，由慈云寺方丈法云、罗汉寺方丈觉通召集僧众，在校场口做了 21 天罗天大醮，超度冤魂。

不久，宋美龄到大隧道内部视察，观看后，她体会到洞内通风条件的恶劣，照明设备的不足，并深切感受到，自己在洞内时间长了也明显感到呼吸不畅。宋美龄气愤地对随行的防空官员训斥道："今天委员长没有亲自来视察，算你们的运气，否则，你们都得上军事法庭。"

2. 不屈的陪都

越挫越勇

尽管日军为轰炸重庆做了充分的准备，但并没有达到他们预期的目标。

第三飞行团团长远藤三郎回顾了日军轰炸重庆的情况，向参谋本部呈报了《关于进攻内地的意见》，竟提出"重庆轰炸无用论"。他说："我亲自乘轰炸机，连续数次参加轰炸重庆。到达重庆上空一看，两江汇合处的重庆市街已惨遭破坏，满目疮痍。但嘉陵江两岸，特别是右岸地区，正在广泛大力发展，真不知轰炸哪里才是致命的地方……以往报道的轰炸效果有所夸大，重庆呈一片废墟的判断实属错误。据我亲自观察，不如说重庆已向周围发展。因此，单凭轰炸，使其屈服是绝不可能的。"

远藤在报告中还以德国轰炸伦敦为例来比较，一语中的：

就文明城市来说，伦敦占英国人口的1/10以上，而且是大英帝国的象征。德英仅一水之隔，用数千架轰炸机，实施一年多的空袭，尚未能使英国屈服，可见轰炸的作用如何了……因此，继续进行（对重庆的）这种攻击，以帝国的航空兵力，特别是燃料问题，不堪设想。据此，切望重审为荷。

1941年，埃德加·斯诺考察了中国各地的抗战情况后，出版了《为亚洲而战》一书，在涉及重庆轰炸的章节中他写道：

（日机的轰炸）没有"完成"上述的任务（注：指毁灭首都的民气等），不仅没有毁灭首都的民气，它们反而激起了反侵略的浪潮。

……三年来，对中心市民区的广泛滥炸所炸死的民众不到二十万人，但一切被炸城市里的几百万劫后余生的民众却因此激起了深深的狂怒和厌恶，他们对于侵略者有一种特别切身的憎恨，你如果没有钻过地洞，没有伏在田野上躲过直插下来的轰炸机，没有看见过母亲找寻她儿子的尸体的破碎头颅，没有闻过被烧死的学童的气味，你绝不可能完全了解这种仇恨。

……但最重要的，这是大轰炸在中国人的脑子里唤醒的一种重建中国的决心，比敌人能够毁灭的还要快。

（通过空袭占领重庆的）可能性既不存在于重庆，也不存在于其他大多数被日机轰炸的城市。直到一九四零年八月，日机在中国已经作了一万一千多次零星的空袭，其中六千多次是发生在远离前线的民众住场和始终没有军事目标的地区……它们不过更加提高了人民大众的抗战精神，同样提高了他们的物质力量，使人们加强了自己的团结，准备必要的措施，以实行更大的持久战斗。

有一种愤怒叫坚定

抗战时期的重庆流传着一首家喻户晓的民歌：

让你龟儿子轰！让你龟儿子炸！老子们有很好的防空洞，不怕！

让你龟儿子轰！让你龟儿子炸！老子们有广大的农村，不怕！

让你龟儿子轰！让你龟儿子炸！老子们总要大反攻，怕啥！

日军连续多年轰炸，给重庆带来了重大的损失。但重庆人以民族利益为重，以不屈不挠的斗争意志和不怕牺牲、前仆后继的斗争精神投入抢险救灾、救死扶伤的行列，展开了一场具有广泛群众性的轰轰烈烈的反空袭斗争。

在停电、停水的艰难条件下，重庆人民迎着猛烈的炮火，义无反顾地进行救护，重庆自来水公司总裁胡子昂宣告：

敌人企图毁灭重庆，纯属梦想。吾人对各种原料，早有充分准备，足以作今后补充之用。退一步言，敌人纵能将自来水公司全部炸毁，亦不能断吾水源。

重庆电力公司表示：无论在任何困难的情况下，国防工业与生产工业之电力供给，绝不辍断一日。水电工人冒着敌机轰炸的危险，迅速抢修被炸坏的水电设施。由于水电工人的顽强奋战，重庆市水电供应量有了较快增长。如重庆电力公司 1942 年的售电量为 4800 多万度，其中生活用电增加了 5 倍，基本满足了市民的水电需求。银行家和企业界人士不但主动捐款救助困难同胞，而且表示所辖钱庄、银行、商铺等"坚决留在市区，照常营业"，绝不向空袭屈服。

尤其感人的是，1939 年 5 月 6 日和 7 日，正值"五三"、"五四"大轰炸后，迁到重庆的南开中学如期举行了校运动会。张伯苓校长在开幕式上慷慨激昂地说："敌人想威胁我们屈服，我们偏不怕他威胁！我们规定要做的事，必须要照着规定的去做！我们要干到底，顶到底！"

政治部第三厅还派出大批人员，冒着浓烟大火在全市各处的建筑物上画壁画、刷标语，如：

"同胞们，看，是谁杀死了我们的父老、兄弟、姐妹？"

"看，是谁炸毁了我们的国家？"

"在废墟上创造新中国！"

为了有效地开展反轰炸斗争，1939 年 3 月，中国空军出版社建议，将义卖献金捐款用于购买"义卖号"飞机以充实国防力量。从此，陪都和全国掀起了一场声势浩大的献机运动。国民政府宣传机关还以"献机是救国，也是保家乡"为口号，号召民众参加献机运动。为加强组织领导，陪都为此专门成立了"献机委员会"。重庆市小学生们献出了"中国儿童号"，戏剧界献出了"剧人号"，新闻界献出了"记者号"，伤兵们献出了"荣誉号"，新军人献出了"新军人号"等。

就在重庆遭到大轰炸期间，重庆青年纷纷报名参军，其中不乏官宦子弟。司法院长居正的儿子居浩然就是代表，他因成绩突出而成为青年军人学习的榜样。记者采访他时，他说："一般富贵家庭子弟，多数是畏苦怕死。实则先苦而后知甘之乐，必死而后有生之望，余转战两年，不依然健在耶？"

教育家陶行知目睹青年们积极报名参军上前线的动人情景后，感触良多，赋诗一首：

> 志愿战士了不得，以一当十二当百。打一打，太阳打成一
> 团黑。打两打，日本打成二等国。打三打，日本打得快

亡国……

　　志愿战士了不得，战必胜利攻必克。打一打，世界敬我有国格。打两打，中国变成头等国。打三打，和平之光照万国。打四打，战士凯旋大请客……

后　记

在编写这部纪实作品的过程中，笔者经常问自己一个问题："什么是幸福？"

人们依据自己的价值观和阅历，对幸福有多种理解。在衣食无忧的和平年代，不少人对幸福的解读都显得苍白，有钱、有权、有地位、有名望被当作了幸福的代名词。可是当我们回顾那些血与火的往事时，我们才醒悟到，这些东西与和平、安宁比起来，是多么微不足道。

在国家和民族遭受战争浩劫的年代，人们背井离乡，失去了亲人，失去了自己的田地、自己的房屋，失去了安全，向着未知的大后方蹒跚地走去，更是不知道这些苦难的尽头在何处，心中满是哀愁和焦虑。

在那些令人绝望的年代，哪怕是一间遮风避雨的茅舍、一顿半饥半饱的粗粝饭食、一身勉强能御寒的衣物、一张平静的书桌都是很大的奢望。人们企盼着天上有静谧的白云，而不是翅膀上涂着膏药旗的轰炸机；企盼着眼中是车水马龙的繁华街市，而不是瓦砾遍地的残垣断壁；企盼着耳边有琅琅的书声和母亲的浅笑、婴儿的呢喃，而不是伤者的呻吟和垂死者的哀号。

70多年前的那场战争，被史学家们浓墨重彩地镌刻在史书上，但我们看到的多是英勇的士兵们在战场上和敌寇的浴血厮杀。当我们今天回顾往事和品味幸福的时候，更应该牢牢地记住在那场战争中民众的苦难和他们度过苦难时的坚韧，这同样是一幅波澜壮阔的画卷。

据此，笔者希望能奉献给大家一部集资料性与可读性于一身的、全方位观照抗日战争时期大撤退场景的纪实文学。但限于资料和笔者的能力，只能从大撤退的宏观方面和经历苦难的某些个人的经历去折射和透视，这也是笔者的无奈和遗憾。

在本书的编纂过程中，笔者参阅和摘编了武汉市档案馆的《保卫大武汉》、欧阳植梁的《武汉抗战史》、朱复胜编纂的《宜昌大撤退图文志》、黄振亚的《长江大撤退》、苏智良等人编著的《去大后方》、湖北省政协和武汉市政协编纂的多本《湖北文史资料》和《武汉文史资料》，还利用了大量江苏、上海和四川的《文史资料》以及中国台湾、中国香港的相关文字资料、网络资料。当然，也参阅了大量的地方志书，在此对这些编著者一并致谢。

当然，更要诚挚地感谢团结出版社的唐得阳总编和赵晓丽编辑，以及该出版社的相关工作人员给了我让这部纪实作品问世的机会。

2011 年金秋于武昌东湖补拙斋

大医传承文库·对话名老中医系列

对话名老中医
东 部 篇

主 编 高彦彬

全国百佳图书出版单位

中国中医药出版社

·北 京·

图书在版编目（CIP）数据

对话名老中医.东部篇/高彦彬主编.—北京：
中国中医药出版社，2023.12
（大医传承文库.对话名老中医系列）
ISBN 978-7-5132-7963-5

Ⅰ.①对…　Ⅱ.①高…　Ⅲ.①中医师—访问记—中国—现代
Ⅳ.① K826.2

中国版本图书馆 CIP 数据核字（2022）第 231805 号

中国中医药出版社出版

北京经济技术开发区科创十三街 31 号院二区 8 号楼
邮政编码　100176
传真　010–64405721
保定市中画美凯印刷有限公司印刷
各地新华书店经销

开本 710×1000　1/16　印张 22.25　字数 372 千字
2023 年 12 月第 1 版　2023 年 12 月第 1 次印刷
书号　ISBN 978-7-5132-7963-5

定价　99.00 元
网址　www.cptcm.com

服 务 热 线　010–64405510
购 书 热 线　010–89535836
维 权 打 假　010–64405753

微信服务号　zgzyycbs
微商城网址　https://kdt.im/LIdUGr
官 方 微 博　http://e.weibo.com/cptcm
天猫旗舰店网址　https://zgzyycbs.tmall.com

如有印装质量问题请与本社出版部联系（010–64405510）